本项目得到 [北京市哲学社科规划重大项目"北京建设世界一流旅游城市研究"（11ZDA09）
北京市教委科技创新平台项目"消费类服务业产业融合研究"（PXM2012_014221_000020）] 联合资助
北京第二外国语学院工商管理一级学科建设

丛书编委会（按姓氏笔画排序）：王成慧 王俞 许忠伟 李凡 邹统钎

春秋集团经营案例

李 凡 编著

Case of Chunqiu Corporation

经济管理出版社
ECONOMY & MANAGEMENT PUBLISHING HOUSE

图书在版编目(CIP)数据

春秋集团经营案例/李凡编著. —北京:经济管理出版社,2012.8
ISBN 978-7-5096-2121-9

Ⅰ.①春… Ⅱ.①李… Ⅲ.①旅游企业-企业管理-经验-上海市 ②航空公司-企业管理-经验-上海市 Ⅳ.①F592.751 ②F562.851

中国版本图书馆 CIP 数据核字(2012)第 233806 号

组稿编辑:王光艳
责任编辑:孙 宇
责任印制:杨国强
责任校对:超 凡

出版发行:经济管理出版社(北京市海淀区北蜂窝 8 号中雅大厦 A 座 11 层 100038)
网　　址:www.E-mp.com.cn
电　　话:(010)51915602
印　　刷:三河市延风印装厂
经　　销:新华书店
开　　本:720mm×1000mm/16
印　　张:13.25
字　　数:237 千字
版　　次:2013 年 5 月第 1 版　2013 年 5 月第 1 次印刷
书　　号:ISBN 978-7-5096-2121-9
定　　价:38.00 元

·版权所有　翻印必究·
凡购本社图书,如有印装错误,由本社读者服务部负责调换。
联系地址:北京阜外月坛北小街 2 号
电　话:(010)68022974　邮编:100836

旅游管理案例系列丛书编委会

总主编：计金标

编委会（按姓氏笔画排序）：

王成慧　王俞　许忠伟　李凡　邹统钎

总　序

随着旅游业在我国国民经济发展中所处地位的日益提升,中央与地方政府对旅游产业、旅游企业发展的关注度也明显提高。2007~2009 年,国务院、地方政府共出台了 5000 多份文件,其中 151 份与旅游业相关。2009 年底,《国务院关于加快发展旅游业的意见》(国发〔2009〕41 号)提出"把旅游业培育成国民经济的战略性支柱产业和人民群众更加满意的现代服务业"。这些文件充分说明,旅游业在国民经济中的战略性地位已经确立。

从旅游产业自身属性来看,其作为一种高成长性的服务产业,扩张能力和渗透性较好,在原有生活性服务核心业态的基础上,受到生产服务业、专业服务业、信息服务业和创意服务业的显著影响,内部结构和功能相应调整,出现了高增值性、高层次性、高功能性、高技术性和高知识性的新特点。结合北京市的实际情况,旅游产业的生态附加值、文化附加值、科技附加值、服务附加值和教育附加值等仍有很大的开发空间。旅游产业的进一步发展,必将推动北京市现代服务业的全面发展和升级。

从旅游企业这一微观层面来看,旅游企业在国际化形势下面临巨大的机遇与挑战。经过多年的发展,中国旅游企业已具备一定的规模和实力,并积累了一定的经验,但与国际大型跨国旅游企业相比,中国旅游企业仍然是"小、弱、差"的代名词。以旅行社业为例,自 1998 年《中外合资旅行社试点暂行办法》颁布以来,国外许多著名的旅游企业纷纷进入中国旅游市场,对中国的旅游市场开始蚕食。更为严峻的考验是,自 2009 年 5 月 1 日起施行的新《旅行社条例》,删除了关于外商投资旅行社注册资本最低限额等特殊要求和限制。在此背景之下,中国旅游企业必须寻求在激烈的国际旅游市场竞争中立于不败之地并实现可持续发展,实现跨国化、集团化、多元化经营的路径,因此,有许多深层次的问题亟待深入研究和探讨。

"十二五"时期,北京旅游业的发展急需智力支持。旅游业是符合"十二五"时期首都功能定位、低碳绿色、带动力强的产业。开放经济条件下,旅游企业集团化、国际化和多元化的发展迫在眉睫。2008年金融危机后,旅游企业面临的宏观环境发生了重大变化,旅游企业如何选择未来发展路径至关重要。

北京第二外国语学院旅游管理学院多年来形成了以现代服务业(旅游、会展与文化创意等)为主要研究对象,以"国际化"为发展方向的特色定位,在国内同行中享有较高声誉。经与经济管理出版社协商,我们拟推出"旅游管理案例系列丛书",通过系列专著、教材、案例分析等陆续出版我们的研究成果。此次出版的系列研究成果,旨在建国内典型旅游企业经营案例库;探寻我国旅游企业发展的现状、瓶颈及未来发展趋势;揭示国际旅游企业发展生命周期规律,探寻适合我国旅游企业集团化、多元化、国际化发展的模式;提出我国旅游企业未来发展的政策性建议,充分借鉴世界旅游产业发展的有益经验,构建北京与世界旅游城市的联盟体系。

我相信这套由我校骨干教师所完成的著作,不管对于旅游管理专业的学生,还是对于从业者,书中的真知灼见和深入的案例分析都能为其提供帮助,期待这套系列丛书的出版能起到抛砖引玉的作用,既能为我校旅游管理学科建设增砖添瓦,也能为我国旅游企业集团化、国际化、多元化的实践与发展提供智力支持。

计金标

2013年5月

前　言

上海春秋集团股份有限公司(以下简称春秋集团)是一家以旅游、会展和航空、旅游车队为主营的民营企业。其中,春秋国际旅行社有限公司(以下简称春秋国旅)成立于1981年,到现在已经30余年。1991年开始,春秋国旅在旅行社领域的业绩持续稳居第一;1997年,春秋国旅为扩大业务,尝试包机旅游,开创了国内旅行社涉足航空业的先河;2004年5月26日,从民航局获准筹建自己的航空公司;2005年7月18日,春秋航空股份有限公司(以下简称春秋航空)首航。春秋航空主打差异化和低成本的经营战略,在国内同行业中反响巨大。无论是从其旅行社业务还是从其航空公司经营业绩来看,春秋集团都有成功经验值得学习。

面对2008年金融危机以及2009年国内民营航空公司全行业的困境,春秋集团依然独树一帜,其快速增长的业绩和惊人的盈利都让业内人士惊叹。春秋集团越来越受到各界人士的广泛关注,同时也引起了学者对春秋集团内部运营机制的探究兴趣。春秋国旅如何抓住市场机遇,应对纷繁多变的市场,保持多年来的盈利?国内的国有航空公司仍然占统治地位,低成本民营航空依然处于在夹缝中求生存的艰难环境中,春秋航空何以为继?

本书主要探求春秋国旅以及春秋航空成功的内部管理模式以及有效的营销手段,并对其如何进行成本控制和创建盈利模式做了深入的研究,具体内容分别设在第二章、第三章和第四章。春秋集团的发展概述也作为本书的一部分,特设成第一章,使读者从宏观角度上更好地认识春秋集团。在本书最后一章,首先分析春秋集团所在的国内外环境,然后对其未来发展做展望并提出中肯的意见。著立本书,主要为希望对企业成长做学术研究的读者或专家提供学术参考,同时也希望能够为那些对旅行社业或低成本航空业感兴趣的业内外人士提供相对有价值的借鉴，故著书过程中力求体现以下特点：

第一，为最大可能对春秋集团做详尽的、全面可靠的分析，作者利用一切可能的搜索方法或工具，大量搜集有关春秋集团各方面的资料，做到各章节内容翔实，数据可靠。

第二，著书过程中，尤其是对春秋集团经营管理模式以及成本控制的分析中，为做到有理有据，作者广泛借鉴国内外重要文献的研究成果，力求做到分析全面透彻。

第三，考虑到读者和受众，书中分析尽量做到深入浅出，并在必要章节通过案例分析法，理论与实践相结合，有助于读者更形象、更透彻地理解。

本书共五章，由李凡任主编，并对全书进行统稿，具体各章内容安排及作者分工如下：

第一章　上海春秋集团股份有限公司概述（北京第二外国语学院旅游管理学院李凡副教授、硕士研究生章东明）

第二章　春秋集团管理框架体系（北京城市学院姒鹭讲师）

第三章　春秋集团的营销模式（北京城市学院史兵讲师，华北电力大学高阳博士）

第四章　春秋集团的成本控制与盈利模式分析（中国人民大学博士生崔亚杰）

第五章　春秋集团的发展趋势（北京城市学院史兵讲师，中央财经大学陈冰讲师）

附录　上海春秋航空股份有限公司顾客满意度调查研究（章东明、李凡）

在编写过程中，参考和引用了大量文献，在此向原作者致以诚挚的谢意。欢迎广大读者批评指正，提出宝贵意见。

李凡

2013年5月于北京

目 录

第一章 上海春秋集团股份有限公司概述 … 1

第一节 上海春秋国际旅行社有限公司的发展概述 … 1
一、国内旅行社业的发展概况 … 1
二、春秋国旅的诞生 … 6
三、春秋国旅的发展 … 8
四、春秋国旅的成功对国内旅行社经营管理的启发 … 13

第二节 上海春秋航空股份有限公司的发展概述 … 19
一、春秋航空的诞生 … 19
二、春秋航空的发展及现状 … 26

第二章 春秋集团管理框架体系 … 33

第一节 春秋国旅管理模式 … 33
一、组织结构管理 … 33
二、人力资源管理 … 38
三、顾客管理 … 41
四、质量管理 … 43
五、危机管理 … 46
六、决策管理 … 49

第二节 春秋航空管理模式 … 52
一、组织结构管理 … 52
二、人力资源管理 … 57

三、顾客管理 …… 61

四、质量管理 …… 65

五、危机管理 …… 67

六、决策管理 …… 71

第三章　春秋集团的营销模式 …… 73

第一节　宏观环境分析 …… 73

一、市场细分 …… 73

二、市场选择 …… 79

三、市场定位 …… 82

第二节　营销组合 …… 85

一、差异化的旅游产品 …… 85

二、分销渠道 …… 87

三、产品定价——以春秋航空为例 …… 92

四、促销策略 …… 94

第三节　春秋集团营销案例分析 …… 96

一、"1元"机票策略 …… 96

二、网络营销案例 …… 101

第四章　春秋集团的成本控制与盈利模式分析 …… 107

第一节　春秋集团的成本控制 …… 107

一、成本管理 …… 108

二、春秋航空和其他航空公司成本结构比较 …… 111

第二节　春秋集团的盈利分析 …… 119

一、春秋集团的经营业绩 …… 119

二、春秋航空的盈利模式研究 …… 121

三、春秋集团的盈利启示 …… 126

目 录

第三节　春秋航空公司运营战略的经验来源 …………………… 128
　　一、国外航空公司实施低成本战略的背景 …………………… 128
　　二、国外航空公司低成本战略的模式 ………………………… 130
　　三、国外低成本航空公司实践经验及启示 …………………… 138

第四节　春秋集团低成本航空模式困境及影响 ………………… 139
　　一、春秋集团低成本航空模式困境 …………………………… 139
　　二、春秋集团低成本航空模式对我国航空业的影响 ………… 145

第五章　春秋集团的发展趋势 …………………………………… 146

第一节　春秋集团的发展环境研究 ……………………………… 146
　　一、国外旅游业发展研究 ……………………………………… 146
　　二、国外民营航空业的发展研究 ……………………………… 148
　　三、我国旅游业及民营航空业的发展研究 …………………… 149
　　四、春秋集团的比较优势 ……………………………………… 157

第二节　春秋集团的发展战略分析 ……………………………… 160
　　一、"包机＋网络" …………………………………………… 160
　　二、"航空＋旅游" …………………………………………… 161
　　三、"转型＋升级" …………………………………………… 162
　　四、"传统＋创新" …………………………………………… 164

第三节　展望春秋 ………………………………………………… 165
　　一、2011年春秋大事记 ………………………………………… 165
　　二、春秋国旅发展趋势 ………………………………………… 167
　　三、春秋航空发展趋势 ………………………………………… 169

附录　上海春秋航空股份有限公司顾客满意度调查研究 ……… 176

参考文献 …………………………………………………………… 194

第一章 上海春秋集团股份有限公司概述

从1981年的上海春秋国际旅行社有限公司到如今的上海春秋集团股份有限公司(以下简称春秋集团),历经30多年春秋,春秋集团的发展壮大让世人惊叹之余也引起业界极大的研究兴趣。春秋集团作为民营企业的代表,到底具有怎样的能力,才能够走得如此辉煌?对春秋集团发展历史背景的深入研究就显得异常重要了。

第一节 上海春秋国际旅行社有限公司的发展概述

上海春秋国际旅行社有限公司(以下简称春秋国旅)始创于1981年,当时上海各大旅行社仍然以国营企业为主,春秋国旅的横空出世,为这个行业带来了新的生机和发展方向。

一、国内旅行社业的发展概况

要了解国内旅行社业的开始,就必须追溯国内旅游活动的兴起发展,各种形式的旅游活动形成了旅行社建立的必要条件。

1. 中国古代旅游活动

中国是世界上最早产生旅游活动的国家之一,其历史可以追溯到古代。我国第一部诗歌总集《诗经》以及《山海经》和《史记》中,都有许多关于先民旅行的记载。因此,中国古代最早的旅行活动始于夏、商时期。商代是中国古代奴隶社会商品经济的繁荣时期,商人足迹遍布各地,根据现在对旅游的定义,可以将这样的活动称为商务旅行,这在当时十分盛行。东周时期,社会大变革,出现了不同阶级和阶层的思想家、理论家。这些人周游列国,宣传自己的思想,孔子便是其中的代表人物。秦始皇统一中国后,五次出行,巡游全国。汉武帝时期,张骞出使西域,开拓"丝绸之路"。隋朝时期,开凿了京杭大运河,便利了南来北往。唐朝出现了杰出的宗教旅行家如玄奘、鉴真等。宋、元时期,中国发明了指南针,促进了海上航行,加强了与西方各国的贸易往来,商务旅游更为频繁。明朝时期,中国考察旅行之风盛行,航海家郑和、医药学家李时珍以及旅行家徐霞客都是这一时期的杰出代表,分别留下了丰富的航海资料、医药名著以及各地的人情风貌。到了清朝,由于政府原因,中国开始进入闭关锁国状态。清朝后期,西方列强侵华,中国境内开始出现了为西方列强服务的旅行设施①。

2. 中国旅行社业的开始

1923年以前,托马斯·库克旅行社、美国运通和日本国家观光局等已经进入中国旅行社市场,但均以在华外国人为服务对象。鸦片战争爆发以后,帝国主义列强强迫中国签订一系列不平等条约,在中国开辟通商口岸、建铁路、开工厂等,随之出现了对各种交通、住宿及娱乐设施的需求。为满足需求,各国旅行社借机在中国拓展业务,为其本国人民服务。与此同时,国内民主资产阶级为发展实业而往来于内陆各地,一些有识之士为寻求救国真理而四处考察。当时国人旅行受到外国旅行社的冷落,我国著名民族资本家和金融家陈光甫产生了自办旅行社的想法,并于1923年8月1日成立了我国第一家旅行社。最初,该旅行社是上海商业储蓄银行下设的一个旅行部;1923~1927年,旅行部先后在主要交通干线和枢纽地建立了11个分部,业务内容得到扩展;6月1日,旅行部独立并正式命名为"中国旅行社",至1928年领取营业执照开始正式营业。为了扩大影响,1927年中国旅行社创办了我国第一本旅游行业的专业杂志——《旅行杂志》,与此同时,各地还出现了许多类似于中国旅行社的旅游组织。1937年,日本侵华战争全面爆发,中国旅游业严重受创。1954年,中国旅行社香港分社重新注册,即现在香港中国旅行社股份有限公司。

3. 中国旅行社业的发展

对于中国近现代旅行社业的发展,学术界有两种不同的论断:第一种认为中国旅行社业的发展开始于新中国成立时期,以1984年中国从计划经济走向市场经济为分界线,有两个较为明显的发展阶段;第二种则认为中国近现代旅行社的真正开端始于1978年中国实行对外开放,并将中国旅行社业发展分为初步形成、快速增长、结构调整和全面开放走向成熟四个阶段。本书在第二种划分的基础上,根据在旅游界发生的典型事件将国内旅行社业的发展划分为以下几个阶段:

(1)第一阶段:1949~1989年。

1)三大社的成立(1949~1984年)。新中国成立后,厦门华侨服务社(现为厦门中国旅行社)于1949年11月成立。为满足我国对外接待工作的需要,1954年成

---

① 郭琰.全国导游基础[M].北京:旅游教育出版社,2009.

立了中国国际旅行社及其分支机构。1957年,各地华侨服务社组建成立华侨旅行社总社及分支机构,其业务是负责接待海外华侨、外籍华人、港澳台同胞,1965年全国接待外国游客仅12877人。1978年改革开放以后,中国旅游业有了真正起步和大发展。大批海外游客纷纷涌入中国,为适应旅游业的发展需要,1980年国务院批准建立中国青年旅行社;1981年12月,国务院批准中国青年旅行社成为企事业单位,此时,国内旅行社便形成了中国旅行社、中国国际旅行社、中国青年旅行社三大旅行社垄断经营的市场格局。三家总社均属于行政事业单位体制,垄断了引进客源的外联权,其分支机构分布全国各地,1984年以前,三大总社系统业务以政治接待为主,注重政治效果,基本不具备企业性质。三大社虽然占据垄断地位,总体规模却均不是很大,如中国旅行社在1966年上半年仅接待旅客500余人次;1968年接待旅客仅303人次。

2) 旅行社体制改革(1984~1989年)。1984年,国务院就我国旅行社体制做出两项重大改革:①将旅游外联权下放,允许更多旅行社经营国际旅游业务,打破旅行社的垄断情况;②规定旅行社由行政事业单位转为企业单位。1985年5月,国务院颁布《旅行社管理暂行条例》(以下简称《条例》),从法律上确立了旅行社的企业地位,标志着旅行社管理体制从计划经济体制向市场经济体制的转变。《条例》将旅行社按照业务范围分为一类社、二类社和三类社。一类社和二类社可从事国际入境旅游接待与服务,其中一类社享有对外招徕国际旅游者的权利,二类社允许接待国际旅游者,三类社只被允许经营国内旅游业务。此外,该《条例》还规定,只要符合条件并经过旅游主管部门的批准,中央和地方均允许开办旅行社,这在一定程度上促进了国内旅行社的兴起。1988年底,中国国内旅行社数目达1573家,其中一类社44家、二类社811家、三类社718家,彻底打破了我国旅行社的垄断局面。

(2) 第二阶段:1990~1994年。1988年国际旅游人数达1236.10万人次[①],1989年使中国旅游业受到了很大的创伤,国际旅游人数仅936.10万人次[②],相比1988年减少23%,国际旅游外汇收入仅18.60亿美元[③],相比1988年减少17%,这是我国旅游业继1978年以后第一次出现的负增长,带给旅行社业务不小的冲击(详见表1-1)。在此期间,中国台湾地区和苏联游客增多,并且中国政府允许中国公民出国探亲或旅游,这在很大程度上活跃了中国的旅游业,带动了旅行社业的发展。这一阶段,以三大社为代表的中国旅行社产业集中度不断下降。

---

① 国家统计局贸易外经统计司.中国贸易外经统计年鉴2008[Z].北京:中国统计出版社,2008.
② 国家统计局贸易外经统计司.中国贸易外经统计年鉴2009[Z].北京:中国统计出版社,2009.
③ 国家统计局.中国第三产业统计年鉴2011[Z].北京:中国统计出版社,2011.

表 1-1　三类旅行社的发展概况

年份	一类社(家)	二类社(家)	三类社(家)	总数(家)
1990	68	834	701	1603
1991	73	738	750	1561
1992	136	701	1755	2592
1993	164	703	2371	3238
1994	267	716	3399	4382

资料来源:国家旅游局.中国旅游统计年鉴1995[Z].北京:中国旅游出版社,1995.

(3)结构调整阶段:1995~2001年。从表1-1中可以看出我国旅行社的快速发展,旅行社总数从1990年的1603家发展到1994年的4382家。由于旅游业在中国起步较晚,快速发展的同时,开始暴露出秩序混乱的问题。针对国内当时形势,也为了顺应国际潮流,1995年1月1日,国家旅游局依照国际惯例开始实行旅行社质量保证金制度,先后颁布并实施了有关方面的法律规范。旅行社质量保证金的实施,标志着国家旅游局对旅行社的管理一方面顺应国际旅游法制化管理的潮流,切实保护消费者的利益;另一方面,也是在引导旅行社向素质企业转变。同年,国内旅行社数目从1994年的4382家减少到3826家,其中三类社数目减少598家,二类社数目减少51家,而一类社数目增加93家。

1996年,针对我国旅行社的巨大变化,国务院颁布《旅行社管理条例》,对我国旅行社做出重大调整,其中对我国旅行社结构调整影响最重要的一条是对旅行社的分类进行调整,将我国的旅行社按照经营业务的范围划分为国际旅行社和国内旅行社两种类型。这部条例与随后颁布的《旅行社管理条例实施细则》均对中国旅行社的结构调整起到了积极的促进作用。截至2001年,我国旅行社总数达10716家,其中国际旅行社和国内旅行社分别是1319家和9397家(详见表1-2)。

表 1-2　国际旅行社和国内旅行社不同年份分布

年份	国际旅行社(家)	国内旅行社(家)	总数(家)
1997	991	3995	4986
1998	1312	4910	6222
1999	1256	6070	7326
2000	1268	7725	8993
2001	1319	9397	10716

资料来源:国家旅游局.1998~2002年中国旅游统计年鉴[Z].北京:中国旅游出版社.

(4)成熟阶段:2002年至今。2001年12月11日中国加入世界贸易组织(WTO),自此中国的旅游业进入新的篇章(详见表1-3)。国务院应世界贸易组织对旅游方面的要求,对《旅行社管理条例》(以下简称《条例》)进行多次修改,于2009年针对"外商投资旅行社",设置一章新内容。在准入条件上,外资旅行社与内资旅行社没有区别,只是在审批手续和业务范围上有所要求。在审批程序上,《条例》第二十二条规定:设立外商投资旅行社,由投资者向国务院旅游行政主管部门提出申请,并提交符合本《条例》第六条规定条件(有固定的经营场所;有必要的营业设施;有不少于30万元的注册资本)的相关证明文件,国务院旅游行政主管部门应当自受理申请之日起30个工作日内审查完毕。同意设立的,出具外商投资旅行社业务许可审定意见书;不同意设立的,书面通知申请人并说明理由。在业务范围上,《条例》第二十三条规定外商投资旅行社不得经营中国内地居民出国旅游业务以及赴香港特别行政区、澳门特别行政区和台湾地区旅游的业务,但是国务院决定或者我国签署的自由贸易协定和内地与香港、澳门关于建立更紧密经贸关系的安排另有规定的除外。《条例》对我国旅行社体系结构、经营服务和监督管理等制度进行了一次全面的调整改革。

表1-3 国际旅行社和国内旅行社不同年份分布

年份	国际旅行社(家)	国内旅行社(家)	总数(家)
2002	1349	10203	11552
2003	1364	11997	13361
2004	1460	13467	14927
2005	1556	14689	16245
2006	1654	16303	17957
2007	1797	17146	18943
2008	1970	18140	20110

资料来源:国家旅游局.2003~2010年中国旅游统计年鉴[Z].北京:中国旅游出版社.

表1-3给出了2002~2008年我国国内旅行社和国际旅行社的分布情况,将其与结构调整时期给出的表1-2比较,容易观察得出步入成熟阶段以后的国内旅行社在数量上的增幅明显增大,2008年较2002年旅行社总数量增幅达76.6%。综合表1-2和表1-3中的全国旅行社总数的数据得到1997~2008年国内旅行社数目的增长趋势图1-1,从图1-1中可以很清晰地观察到这十几年中国旅行社在数量上一直呈递增趋势,并且这种增长趋势一直在持续,至2010年底,我国旅行

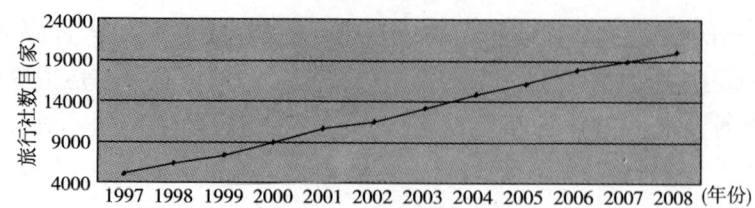

图1-1　1997~2008年全国旅行社增长趋势

资料来源：国家旅游局.1998~2009年中国旅游统计年鉴[Z].北京：中国旅游出版社.

社已达22784家①。2011年，党的十七届六中全会提出深化文化体制改革，并具体要求积极发展文化旅游，发挥旅游对文化消费的促进作用，这充分肯定了发展旅游业对于推动文化大发展的积极贡献。因此积极推动我国旅行社的发展，规范旅行社的经营，调整其结构，抓住国内外机遇，迎接市场挑战，满足多样的市场需求刻不容缓。

我国近代旅游业经过数年发展，成功地从"事业型"走到了"产业型"，树立了鲜明的产业形象和地位，而且在国民经济和发展中的作用不断扩大。2003年10月19日，国家旅游局副局长张希钦在世界旅游组织第十五届全体大会新闻发布会上说，中国成功实现了从旅游资源大国向亚洲旅游大国的历史性跨越，正在朝2020年建成世界旅游强国的目标不断迈进。

二、春秋国旅的诞生

1.春秋国旅的诞生背景

春秋国旅的成立不仅是应当时的市场需求，而且在当时的环境背景下得益于国家政策的支持。

(1) 上海旅行社市场供不应求。1981年上海人口数总计达1168.00万人②，来沪旅游人数达36.91万人次③，而旅行社数目极少，仅有十余家，平均每家旅行社接待人数高达约36910人次。当时国内旅行社中国营三大社（中国旅行社总社、中国国际旅行社总社、中国青年旅行总社）以及民营旅行社经营条件均很简陋，显然旅行社条件的不足和数量的缺乏与市场上越来越多的来沪旅行者之间存在供给需求的矛盾，为满足这种市场需求，越来越多的旅行社应运而生成为一种必然趋势。

---

① 国家旅游局.2011年全国旅行社调查公报[R].北京：中国旅游出版社，2012.
② 上海市统计局.2011上海统计年鉴[Z].北京：中国统计出版社，2011.
③ 上海市统计局.1989上海统计年鉴[Z].北京：中国统计出版社，1989.

(2) 国家政策鼓励自谋就业。1979 年开始,全国总计 1400 万名"上山下乡"的知识青年开始陆续返城,就业立即成了当时社会的大问题。至 1979 年,全国城市总待业人口已达 2000 多万①。为解决就业问题,1980 年 8 月,中共中央专门召开全国劳动就业工作会议。会议提出"解放思想,放宽政策,发展生产,广开就业门路,实行在政府统筹规划指导下,劳动部门介绍就业,自愿组织起来就业和自谋就业相结合的方针"。在这一方针的指导下,集体所有制企业和个体经济迅速发展起来。1981 年 10 月 17 日,中共中央、国务院发出《关于广开门路,搞活经济,解决城镇就业问题的若干决定》(以下简称《决定》)。《决定》明确指出:"在社会主义公有制经济占优势的根本前提下,实行多种经济形式和多种经营方式长期并存,是我党的一项战略决策,绝不是一种权宜之计。只有这样,才能搞活整个经济,较快较好地发展各项建设事业。"王正华,现春秋国旅董事长,当时任上海市长宁区政府地区办副主任、遵义街道党委副书记,接到上海政府领导的任务,响应国务院刚出台的政策,为解决知青就业,一鼓作气创办了汽车修理厂、客运公司、货运公司以及旅行社等六个企业。这个当年为解决知青就业问题的旅行社即后来的春秋国旅。

综上所述,在当时背景下的上海,即使没有春秋国旅的成立,也会有很多其他的旅行社应运而生;另外,即使有市场环境的准许,若没有国家政策的支持,很多民营企业无法存活。因此,王正华为解决知青就业而创办了旅行社既是借政策之风,也是应市场需求。

2. 春秋国旅的诞生

王正华创办的企业如汽车修理厂、客运公司、货运公司以及旅行社等,在规模和效益方面,都处于稳步发展状态。汽车修理厂可以制造出第一辆货车;客运公司平均每天有 40 辆车往来于上海与扬州之间;货运公司平均每天有 70 笔生意⋯⋯通过将这样的成功业绩和已经经历 20 年之久的朝九晚五的枯燥工作相比,王正华毅然决定辞职,准备下海经商。

上海市政府最终对王正华的辞职予以准批,但只能从创办的这六个企业中选择一个自己继续经营,其余五个企业仍然由政府管理。出于对现实因素的考虑,王正华认为汽车修理厂可能有望升级成汽车装配厂,甚至升级成汽车制造厂,但却需要一笔很庞大的资金才有可能实现,而且若要升级,人员必须相对专业,对于当时经济上并不富裕的王正华来说客观上存在一定困难;客运公司和货运公司同样面

---

① 中国共产党历史网,http://www.21com.net/articles/lsjd/lcc2/article-2010071913652.html。

临着相同的问题。王正华前思后想,全面衡量了已创办的六个企业,最终选择独立经营旅行社,放弃其他五个企业。这其中的原因可以大概归纳为三点:①这六个企业中只有旅行社资金门槛较低,当年创办资金仅 2000 元,办公处简单到仅为 2 平方米的铁房子,一张办公桌,一台传真机,就是当时的旅行社。②考虑当时国情,由于国内改革开放不久,经济日益发展,伴随着越来越多的政府外交活动,政府对旅游业的重视程度也在明显提高,国内迎来越来越多的国际旅客,但国内的旅行社数量尚未增多,尤其是上海市旅行社数目有待增加。因此,旅行社的发展势必会有很大的市场潜力。③关注国际环境,在欧美地区,这个时期的旅游已经进入了大发展时期,旅游设施已经相对很成熟,而中国是一个人口大国,经济发展速度快,数年之后的中国一定会出现像欧美国家旅游业一样的繁荣发展景象。王正华阅读大量旅游方面的书籍并对中国的旅游市场作深入研究,在深思熟虑及利弊分析之后,最终选择以经营旅行社来开始自己的从商之路。从这一刻起,王正华与春秋国旅便紧紧地联系在了一起。

三、春秋国旅的发展

1. 艰苦初创时期(1981～1993 年)

1981 年,中国国内旅游市场刚刚兴起,上海仅有十余家旅行社,国内仍然实行计划经济体制,政府对国内旅游实际采取的是"不鼓励、不提倡、不支持"的"三不"政策。虽然国内市场仍谈不上竞争,但作为公司领导人,王正华抓住国内即将兴起旅游的时间点,企图以最快的速度确定公司发展方向,找准春秋国旅的市场定位。

当时国内旅游市场上多数是国营旅行社,旅行社市场正处于被中国国际旅行社总社、中国旅行社总社和中国青年旅行社总社三大旅行社垄断的时期。由于当时国内经济水平有限,很少有人自费出游,市场上的主流旅游群体一般以团体形式的政治出游为多。而当时中国国际旅行社总社、中国旅行社总社和中国青年旅行社总社三大社的垄断局面,使得私营旅行社的市场份额比例很小。

尽管如此,春秋国旅仍然见缝插针,只要公司一有资金,便立即建立一家分公司。春秋国旅以最快的速度在西藏路开设了第一家门市,然而做成的第一单生意并没有盈利。上海至苏州一日游,由公司包车前往苏州,计划组团游客 40 人的旅游最终只接待了 20 名游客。第一年春秋国旅的营业额仅为 1 万元,王正华反复思考,多处请教,并从杭州大学借到一本名为《世界旅游业及其哲学》的书。他从书中得到启发,在发达国家成熟的旅游业市场里,散客旅游才是真正的市场主流,占市场份额的85%以上。正是这本书，真正开启了春秋国旅的后来发展之路。从这本书中，王正华认识到欧洲旅游业的发展状态，并对欧洲旅游行业进行研究和探索，大胆猜测国内旅游发展的最终趋势一定会像欧洲国家一样，不再只是团体政治出游，而当时的国内三大社几乎垄断了绝大部分国内团体政治出游的生意。随着经济水平的提高和消费者休闲娱乐意识的提高，散客旅游必是大势所趋。王正华最终定位春秋国旅的市场目标顾客是散客，这与当时国内大多数旅行社将团体游客作为市场目标的理念大相径庭。散客市场是平民的市场，随着国内经济的快速发展，王正华坚信散客市场无疑是一个潜力巨大的有待开发的市场。春秋国旅很快实现散客拼团，节约旅行社以及消费者成本，营运第二年营业额增至64万元，验证了王正华的决策。第三年营业额则为120多万元，此后，春秋国旅一直处于盈利状态，营业额更是节节攀升。

春秋国旅在质量管理上觉悟意识强。国家旅游局于1995年开始实行旅行社质量保证金制度，而春秋国旅在1983年便引入质量监控机制，保证旅行社为消费者服务的各个环节的质量，充分保护旅客的利益，从消费者的角度向消费者提供更快捷、更方便并节约成本的旅游服务，这也是春秋在以后发展中可以走远走好的一个重要原因。

1984年国家旅游局将旅游外联权下放，允许企业经营国际旅游业务，并授予其业务经营所必需的签证通知权，这对于春秋国旅来说无疑是一个绝好的消息。1987年因国内旅游业绩增长迅速，春秋国旅被审批可以开展入境游业务的国际旅行社，王正华带领春秋国旅的全体员工，抓住机遇，打开周边地区，逐渐出现以火车为交通工具的长途旅游，渐渐地随着国内经济发展水平的逐渐提高以及消费者的消费需求的提高，出现以飞机作为交通工具在境内甚至境外的长途旅游。在这以前，春秋国旅主要客源是上海本地居住者，1984年上海人口总计达1204.78万人①，而且多数租用汽车作短途旅游。至1988年底，国内旅行社数目剧增，最初的国内三大社的行业垄断在这个时期逐渐被打破，市场自由竞争渐为明显，这样的局面对私营企业而言是挑战，更是机遇。王正华在这样的机会面前，继续不断开拓自己的旅游业务，决心打开国际旅游业务，并打造公司独特的旅游产品，拥有"贵族之旅"纯玩团、春之旅（中外宾客同车游）、自游人和爸妈之旅等多种特色旅游产品。这样，在各方面条件渐渐成熟的企业环境下，春秋国旅逐渐开始接待国际旅客，国际业务不断壮大。

---

① 国家统计局城市社会经济调查司.中国城市统计年鉴1985[Z].北京:新世界出版社,1985.

2. 网络+包机+批发商(1993~2003年)

(1) 网络批发商的形成。王正华认为,国内旅行社的发展趋势将演化为三个层次:10家左右的旅行社会成为大型批发商,另外还有一批稍小一些的批发商,形成第一个层次;另外有一部分中型专业旅行社及专业领域的批发商,为第二个层次;剩下大约80%的旅行社都是零售商,代理零售批发商的旅游产品,构成第三个层次(见图1-2)。无疑,王正华创立的春秋国旅已经成为国内为数不多的大型批发商企业。

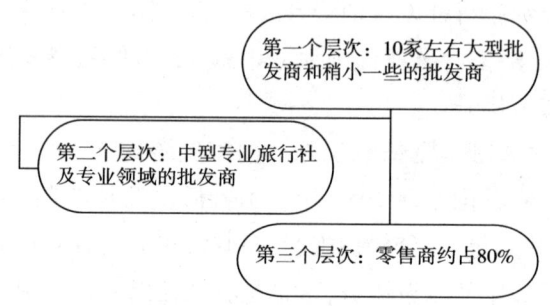

图1-2 国内旅行社的发展趋势

资料来源:吴阿仑. "春秋"霸业[OL]. http://business.sohu.com/0817/article.2003-2.

成熟的旅游市场通常有两个90%:一是国内旅游占全球旅游市场份额的90%;二是散客旅游市场占总市场份额的90%。春秋国旅充分认识到国内旅游市场中散客的重要性,并将散客市场作为企业发展的重点。依国外经验,以散客市场为主的旅行社要想做大,就必须拥有广覆盖面的服务网络,分社的分布广度决定了旅行社能做强的程度。春秋国旅不只建立分社,而且为了使其分社成为可控资源,在全国各地的分社皆为全资子公司;在建立分社的同时,春秋国旅也在全国各地培养自己的代理商,并通过一定的佣金制度来吸引中小旅行社加盟到其代理队伍中。在每一项旅游产品里,春秋国旅只获取总利润的10%,其余90%归代理商。

2001年和2002年是春秋国旅快速扩张的两年,在全国主要大中城市的分社迅速扩张到31家。另外在中国大陆地区以外的分公司也由原来美国西部的1家,扩展到美国、英国、德国、泰国、澳大利亚、日本和中国香港地区一共7家,拥有庞大的代理服务,自然会占据更大的市场份额。当游客规模越大时,包酒店房间、包飞机、包车的数量就越多,付出的单位采购成本便远远低于其他旅行社。而分布于上海50余家门店、全国31家分社、800余家代理商总计达1200余个的电脑网络终端,犹如一张网孔密集的大网,不断从全国各地网罗散客资源。这1200余个网络终端发出的游客信息被汇聚到春秋国旅总部的电脑系统里,经过分析处理后,分布于全国各地的游客被归类组团。春秋国旅总部、门店、分社和代理商之间的网络构成了一个"前台收客,后台处理"的庞大业务收揽及处理平台。而对于包括中国旅行社、中国国际旅行社、中国青年旅行社等国家老牌旅行社在内的其他旅行社而言,可实现即时信息共享的联网终端只能以百计数。

春秋国旅还着力打造区域网络,大力推广网络旅游的概念,如春秋国旅与山西省11家旅行社签订合作协议,将区域网络覆盖山西境内。区域网络能够集中散客资源,形成规模优势,保证散客也能享受到团队价格以及优质服务。春秋国旅在上海、北京、天津、重庆这些起飞地城市大幅应用网络技术。

(2)包机的开始。春秋国旅从1997年开始尝试包机。从创立到后期发展,不断拓展业务的同时,春秋国旅还一直将成本控制放在第一位。网络批发商的规模越来越大,势必带来越来越庞大的旅客队伍,选择航空旅游的游客比例也在增大。很多航空旅客的旅行费用中,乘机的交通费用往往占很大比例,多的甚至能达到50%,而这部分的费用并没有流入到旅行社,反而可能由于交通费用的高昂在某种程度上影响旅客对交通方式的选择。因此,春秋国旅从消费者角度出发,节约双方成本的资源,坚持互利的原则,1997年开始实行包机。

航空公司以2~4折的价格准予旅行社包机,如此可以大幅降低旅游成本中最主要的交通成本,这从某种程度上大大方便了旅客。"高性价比"正是对这个时期的春秋国旅的一种评价。2001年,包机300余航次;2002年,包机近4000余航次;2003年受到"非典"的影响,仍然包机近4000航次;2004年底,在春秋国旅的累计30000个航次的包机中,客座率超过99%。

3. 航空+加旅游时期(2004年至今)

(1)世界旅游业的发展规律。世界旅游业的普遍规律是当一个国家或地区的经济排名进入前10位时,旅行社就会向产业链两端延伸,以获取更多的上下游资源。例如,中国青年旅行社参与乌镇西栅开发,不少旅行社经营壮大的同时开始投资酒店等。春秋国旅花了两三年时间遍访世界旅游业最发达的欧美、日本等国家和地区,发现最为典型的是欧洲的领先旅行社,这些欧洲领先旅行社或自建航空公司,或买飞机,或向金融租赁公司租飞机来配合旅行社业务,如夏季来临时有旅行社向西班牙马约卡岛、印尼巴厘岛或泰国普吉岛等海滨度假胜地每天派十几架次甚至几十架次的飞机接送度假游客。同样是向产业链上游发展,美国运通注重旅游金融业,在全球发行运通卡;英国励志把旅游与展会相结合,在特定业务上作延伸。

(2) 春秋国旅逐渐涉足航空。春秋国旅决定学习欧洲同行,选择适合公司特点的发展路径,整合上游资源,将下一步投资放在航空上。1997年春秋国旅开始利用航空公司国际航班国内段的空余运力,一个月便组织了1.5万多位商务客、观光客来往于京沪之间。以后又尝试了短期包机,再到全年性包机,一个月的包机次数最高甚至达800航次。日益丰富的包机经验使春秋国旅开始更大规模地包租飞机,向航空公司学习经营之道,争取更多的合作机会。春秋国旅实行包机旅游后,高性价比的背后是履行租机合同的巨大压力,每年包机总数最高达1万航次,支付给航空公司的费用高达10亿元,高额的费用支出考验着春秋国旅的市场销售能力和风险承受能力。

2004年,随着改革开放的深入,民营资本被允许经营民航业务,春秋国旅抓住机遇成立了春秋航空有限公司,2011年完成股份改制,更名为上海春秋航空股份有限公司(以下简称春秋航空)。凭借多年的包机经验,春秋航空可以被认为春秋国旅包机业务的"升级版"。春秋国旅不仅开辟了更多境内游,还推出了境外游,下一步会向东南亚市场拓展。春秋国旅是目前国内唯一一家成功经营廉价航空的旅行社。经营春秋航空以后,旅游旺季时,不仅旅游客源充足,航线资源也充足,这对于春秋航空以及春秋国旅来说都是互相有利的事情。

(3) 春秋国旅现阶段经营状况。春秋国旅是中国旅行社中在国际大会协会(ICCA)最早的会员,并于2003年被指定为第53届世界小姐大赛组委会的接待单位,是世界顶级赛事F1赛车中国站的境内外门票代理,被授予上海市旅行社中唯一著名商标企业,更是我国第一家全资创办航空公司的旅行社,曾被誉为"全国旅行社业的一面旗帜"。

春秋国旅已经发展成为综合性旅游企业,盈利范围远远不只游客的接待和组团,业务还涉及酒店预订、机票、会议、展览、商务、因私出入境以及体育赛事等行业。其各方面的规模达到了多个全国第一:境内外一共有41个全资分公司,分布在北京、广州、西安、沈阳和三亚等34个国内大中城市,境外有美国、加拿大、泰国等7个境外全资公司,位居全国第一;在全国各地共有100余个全资门店,且春秋国旅的每个全资公司均有2~10个连锁店,在上海有50个连锁店,居全国第一;春秋国旅从创立之初到现在已经发展到400余家旅游代理,居全国第一。除此之外,春秋国旅还自主研制开发电脑系统销售春秋旅游产品,追求"散客天天发,一个人也能游天下"便利的散客即时预订服务。

春秋国旅"旅游+航空"的发展模式,首先,增强了对旅游产业链的控制,相比行业内的横向联合,产业链上下游的整合能够带来更强的互补性和联动作用;其次,春秋国旅已经发展30余年,在国内旅游行业中已经稳居第一位,其稳定的客流量以及不断创新的旅游线路组合,都为旗下春秋航空的客流量做了很好的保证;最后,春秋航空目的是打造低成本航空,"让人人都坐得起飞机"的服务目标受到越来越多普通游客的认可和青睐。从整个战略规划看,成立春秋航空将只是春秋国旅扩张之路的第一步,接下来春秋国旅将继续拓展经营领域,延伸产业链的覆盖范围,探索"航空+旅行社+旅游车队+旅游资源开发"四位一体的发展模式,这不仅能够满足客户的多种需求,还将大大增强春秋国旅对产业链的控制力,实现旅游产业的大融合。

四、春秋国旅的成功对国内旅行社经营管理的启发

对于春秋国旅,不管是其规模的成功扩张,还是其经营管理的成功都是中国目前旅行社业的一面旗帜,其成功的经营为当前国内旅行社的经营管理提供了借鉴和启示。目前国内旅行社的主体仍然是占较大比例的中小型旅行社,像春秋国旅在旅行社经营管理方面这样的成功毕竟只是少数,国内旅行社在总体上仍然存在诸多问题。此外,新科技发展迅速,如何把握科技的发展使旅行社在经营管理上更好地利用科技优势也是旅行社当前要做的思考。

1. 国内旅行社在经营管理中普遍存在的问题

(1)旅行社没有形成规模经济。目前国内很多旅行社还没有实现规模经济,大旅行社的规模效益也并不明显,网络化和集团化程度较低。旅行社在经营中涉及旅游产品开发、旅游服务采购、旅游市场拓展、旅游接待等经营管理链并且要面对资金、信息、人才和抵御风险等多方面情况,如果企业可以利用好这些方面的资源或者将经营管理链做到企业内部一条龙,那么实现规模效益的可能性就无形中增大了。而目前国内多数旅行社在企业内部的管理方面存在的一个突出现象是,一些大旅行社内部普遍实行部门承包或变相部门承包,强化部门权益,使得部分大型旅行社实际上成为一些业务上相对独立的小旅行社的集合体。在这种格局下,大旅行社发挥不了应有的优势,难以形成规模经济。因此,很多旅行社在有条件形成规模经济的情形下却错失机会,最终造成资源的浪费,这也是阻碍国内旅行社业快速发展的一个重要原因。

(2)旅行社缺乏明确的市场定位。春秋国旅在创立之初便调研国内外市场,

分析国内旅客和国际旅客的比例,并预测未来旅游市场中散客市场的前景,最终将目标顾客定位在国内旅游市场上的散客群体。此后针对这样的顾客群,研究顾客需求,设计出满足旅游消费者需求的旅游产品,这是春秋国旅可以在国内旅游市场一直保持高接待率、高获利的重要原因。目前就中小旅行社的总体情况而言,其特点集中表现为有限的接待数量和较低的利润水平。在接待数量方面,许多中小旅行社处于发展无望而又能勉强支撑的境地,较低的游客接待量导致低利润的现象充分说明了当前中小旅行社经营的艰难局面。市场范围狭小,定位不清,忽视国内旅游市场与国际旅游市场9:1的事实,对国内市场没有做出足够的认识,逐次舍本开发能力范围之外的国际旅游,不仅增加了经济负担,也渐渐脱离国内大片的旅游市场,行动上主动放弃了有获利空间的消费市场。而旅行社的接待服务质量差又进一步强化了社会公众对旅行社的不良印象,减少了回头客和其他顾客来源。旅行社在这种恶性循环中求生存,必然举步艰难。

(3)旅行社旅游产品单一。如前所述,春秋国旅的旅游产品丰富,拥有"贵族之旅"纯玩团、春之旅(中外宾客同车游)、自游人和爸妈之旅等多种特色旅游产品,满足不同的旅游消费者需求。而国内大多数旅行社并没有花太多精力致力于个性旅游产品的开发,旅游产品从总体上看仍然偏向单一。旅游市场上旅游产品的单一主要由两个方面原因造成:①市场上多数旅行社是中小型规模,资金上并不允许旅行社企业进行大规模的旅游产品设计,即使有,大多数旅行社也并没有认真进行过市场分析,没有根据消费者需求而盲目设计,导致所设计的产品不被消费者认可,产品生命周期短。②旅游产品缺乏专利保护,很容易挫伤旅游企业投资大量的人力、物力和财力去开发创新产品的积极性,致使很多旅行社都卖同样的产品,市场上旅游产品单一,一些企业希望提高销售量,导致市场上出现通过价格来恶性竞争的现象。

(4)旅行社经营管理制度落后。大多数旅行社还没有完成现代化的产品制度建设,仍一直沿用了传统的制度。这些旅行社的内部机制一般很不完善,经营手段单一,产权关系以及权、责、利不明,管理制度落后,旅客因为旅行社没有充分履行承诺的服务而有诸多抱怨。至1995年,国家旅游局才颁布了《旅行社质量保证金赔偿暂行办法》(以下简称《暂行办法》)和《旅行社质量保证金赔偿试行标准》(以下简称《标准》)维护旅游者的合法权益,相比之下,早在1983年春秋国旅就已经引入质量监控机制,保证旅行社有质量地运营,比国家颁布的有关制度早了十几年。1997年国家旅游局又对1995年颁布的这两项制度进行修改,《暂行办法》规定当旅行社因为自身过错未达到合同约定的服务质量标准的,或者旅行社服务未达到国家标准,或者旅行社破产造成旅游者预交旅游费用损失的,旅行社应当向旅行者承担赔偿责任,如果旅行社拒不赔偿或无力赔偿时,旅游行政机关可以适用质量保证金来赔付旅游者的损失。质量保证金主要用于因为旅行社的违约行为给旅游者造成的损失,而且为了便于旅游行政机关对合同双方的权利义务做出认定,《标准》详细地规定了在旅行社解约、导游人员不履行责任和服务不达标等各种情况下质量保证金的赔偿比例。尽管《标准》在一定程度上保证了质量保证金的操作性,在实践中的效果也是明显的,但是作为行业管理规范,必然也存在着不完善的地方。

(5)旅行社内部约束机制不完善。由于旅行社内部约束机制以及主要管理人员素质参差不齐等因素,旅行社内部缺乏对部门及员工的监督约束力,相应的检查、评比和激励机制不完善,而且多数旅行社注重短期利益,缺乏长远发展目标,从而影响了服务的质量,引发信誉危机。从每年的旅游投诉通报中可知,在所有投诉事件中旅游服务质量的投诉事件占了较高比例,导游、供应商和旅行社管理人员都被涉及。近几年,旅游市场上甚至涉黑、超范围经营、非法转让许可证、零团费和负团费以及虚假业务广告、黑车、私拿私受等回扣现象,严重影响了旅游行业的信誉。

以上出现的问题均与旅行社的经营管理体系模型有直接关系,因此,为了尽可能减少以上情况对旅行社的影响,就必须采取相关措施对旅行社的经营制度进行完善。

2. 春秋国旅给当前旅行社业在经营管理中的启示

首先,旅行社设计旅游产品或提供旅游服务时,品牌意识薄弱,只为提供服务而提供服务,没有很好的品牌战略意识,很少有旅行社为本企业制定愿景或者计划打出品牌效应的举措;其次,市场定位不清,只为盈利而拉客,没有认真细化市场,很难从广阔的市场中分析出本企业能够拿下的目标群;最后,企业内部积极性不高,只为工作而工作,造成企业工作环境不佳,员工与旅游者的沟通不畅,服务态度不尽如人意,屡有顾客投诉事件,造成恶性循环。

相比国内普遍的旅行社经营环境,春秋国旅能够连续多年稳居业绩第一,并且在全国多项评比中总是稳居第一,这光荣的业绩背后,离不开春秋集团员工上下科学的经营管理实践,这些成功的管理理念同时启示着业内其他旅行社同行。

由于旅行社提供旅游产品或服务时的品牌意识薄弱,产品没有特色,只停留在较低层的价格竞争和相同的产品重复利用上,旅游产品单一;企业在打造品牌战略时往往虎头蛇尾,注重短期利益,没有长远目标;营销手段落后,不注重整合营销,无法形成规模经济,产生规模效应,因此,旅行社想要在市场上树立形象,就必须提供优质的旅游服务以及产品,打造出消费者认可的企业品牌,并将品牌效应作为企业的长远目标。加强品牌效应可以主要从旅行社的经营模式和管理模式着手,具体措施可以参考以下几个方面:

(1) 旅行社在经营模式上实行品牌经营策略。

1) 树立良好的旅行社企业文化。旅行社企业文化是指在一定的社会经济条件下通过社会实践形成的并为全体成员所遵循的企业精神、企业经营理念、企业的价值观念、经营的目标、经营的方针、管理机制、服务质量、社会责任、品牌诚信和员工素质等方面的总和,它是旅行社个性文化的根本体现,贯穿于旅行社的发展战略和经营管理之中,是旅行社生存和发展的灵魂,更是旅行社企业核心竞争力的重要组成部分。旅行社企业文化的建设是一个长期的过程,通过企业文化向企业的每位员工渗透企业的精神,让每位员工真正理解企业所经营产品的长远目标,在企业内部形成一股凝聚力,使得企业员工可以积极主动地为企业的经营献计献策,而不是被动地只为工作而工作。如何建设好旅行社企业文化可以参考以下几个方面:首先,企业领导人根据本企业的组织特点和员工综合素质来选择符合本企业的统一的价值标准,将企业的核心和灵魂抓住,使企业上下有一个共同的价值标准行事,而不是员工在企业内部的我行我素;其次,可以通过必要的典型人物或事件的宣传强化企业内部价值观的认同感,也可以通过培训教育的方式达到同样的强化目的;最后,已经树立的企业文化需要长时间的巩固并不断地加强深化,不失时机地调整、更新、丰富和发展企业文化的内容和形式。

2) 加强产品品牌的经营管理。加强产品品牌的经营管理可以从以下几个方面尝试:首先,设立品牌经理来推动旅行社的品牌经营,品牌经理的主要工作职责是对营销计划进行协调及管理以广告宣传、市场运作等环节的品牌推广工作,其核心便是评估品牌现状、制定并组织实施品牌策划方案。其次,进行正确的市场定位,确定品牌的目标消费群。旅行社品牌经营的主要对象是最有价值的客户,并且要对旅行社当前资源进行有效配置才能最大效率地将有价值的资源用在最有价值的客户上,从而得到最大的收益和利润。确定目标客户以后,旅行社便可建立一体化的服务体系,从各个方面为客户提供优质的服务,从而为旅行社的品牌经营打下良好的顾客基础。最后,优化产品结构,突出产品特色。市场上旅游产品单一造成顾客旅游体验单一,很难吸引回头客,进行品牌经营时,为提高旅行社的市场竞争力,应当引导产品向特色化、多元化发展。产品的特色主要从产品的选型、质量、功能、服务、品牌以及文化氛围等方面来反映。特色化的产品可以满足消费者个性化的需求,让消费者从心理上得到更高层次的满足,从而提升了旅行社的品牌知名度,反过来使消费者对品牌更加忠诚,而多元化的产品也为消费者提供了更大的选择空间。

(2)旅行社在内部管理上围绕品牌建设,完善管理机制。完善的管理机制是企业品牌经营的基础保障,因此旅行社在管理上应采取以下几点措施:

1)完善旅行社的分工体系,并权责明确。旅行社的分工方式应从前期的横向分工转向纵向分工,如成立专门的旅游信息部门和客户信息服务中心,各部门做到权责分明,员工履行职责时不相互推诿,享受权利时不相互挤兑,调整好员工工作情绪,旅游者才可以享受到高质量的服务,为旅行社品牌经营这一长远目标打下基础,提供保障。

2)尊重员工,注重员工的感情投资。民国时期,著名的金融界和商界名人陈光甫先生创办了中国第一家旅行社,即后来的中国旅行社,在经营旅行社的实践中,陈光甫先生尤其强调人本管理,并将这一思想始终贯穿于旅行社的经营管理中。现代社会学的研究也表明,一个群体的内聚力有三个高低不同的层次:第一层次是情感关系;第二层次是人们价值观念的一致性;第三层次是群体目标内化成自觉意识与动机的程度。情感关系是最基本的群体关系,企业领导者制定企业远大愿景时,固然知道公司愿景的实现绝不是几个高层管理者伏案苦思就可以实现的,必须动员企业全体员工的一致性行动,这里不仅需要企业员工的专业技能和权责分明的岗位设计管理,企业领导者同时也须注重企业的情感管理。管理者必须知道员工的工作是公司盈利的基础,注重对员工的感情投资,调动员工的积极性,提高员工的工作效率和工作热情。企业可以尝试采用合理的激励制度,包括对员工的工作技能培训、奖励旅游或者股权分利等,从而在企业内部达成共同实现企业目标的主动并积极的工作场景。

3)注重保持并提高服务质量,培养顾客的忠诚度。如果说员工是企业运营的基础,那么顾客就是企业运营的中心轴,吸引顾客最有效和最直接的办法就是为顾客提供优质的服务,更高的服务质量离不开服务的创新性。随着经济和消费者消费行为的成熟,旅行社不可以再将理想的服务模式定位在规范化服务这一点上,而是要为每一位顾客提供可以满足其个性需求的产品或服务,即定制化的服务。企业不仅要做到定制化的服务,而且在提供服务后进行服务效果评估,得到旅游者的反馈意见,定期做顾客满意度和忠诚度的调查,注重培养顾客的忠诚度,才能保持一定的顾客回访率并借此吸引其他的顾客群。

3. 新信息技术给旅行社的经营管理带来的影响

时代在进步,科技在发展,一次又一次的科技革命影响着现代社会的进程。自1994年3月美国正式批准中国进入互联网,我国国民的生活各方面就已经开始了翻天覆地的变化;即将步入的物联网时代,势必会对社会上各个领域有着再一次的冲击,其中,对旅行社的影响当然不能忽视。

(1)物联网对旅行社的经营模式可能产生的影响。当前是网络化、数字化的时代,任何企业的发展都离不开现代化的科学技术。因此,在企业进行品牌经营时,一定要将旅游的经营机制与现代化的科学技术合理地结合在一起,尤其是如今即将进入物联网时代,即不仅会有人与物的网络连接,更有物与物之间以互联网为基础的相互连接,庞大的物物之间的信息交换和通信将开启另一个时代的到来。物联网时代下的旅行社经营将有可能出现以下三种趋势:第一,旅行社的经营业务将由组织和出售旅游线路变成提供旅游信息服务咨询。其实,这一种发展趋势已经可见,春秋国旅建立自己的网站,为旅客提供各方面的信息服务就是这样的开始;此外,携程等在线旅游网的活力不得不说明这种旅游经营方式在大众心中的认可程度,随着消费者对网络认识的逐渐深刻,旅行社最终会以提供信息为主的经营模式,组织团体出游的情况将会大幅度减少,散客市场有扩大的可能。第二,信息时代最重要的资源就是信息,在物联网时代旅行社之间、旅行社与旅游者之间对信息的争夺会越来越激烈。旅行社为使自己提供的信息更有效、更专业化,一定会对客源市场细分后再选择某一细分市场进行营销。未来将会看到越来越多更专业化的旅行社,它们所提供的服务比传统旅行社更加专业化和细致化。第三,旅行社产品的个性化和服务的人性化,产品的个性化是由市场的细分和游客需求的多样化而产生的,旅行社需要新的产品来适应它们的需求。

(2)旅行社在信息技术时代的经营管理策略。尽管物联网将带来智能化的时代,但是人的作用始终不可代替,尤其是导游。虽然导游在景区的讲解功能会逐渐弱化,但其提供给顾客安全感和处理突发事件的能力在短时间内却不能被技术替代,这也是旅行社将继续存在的原因。然而,物联网对于旅行社的生存必然也存在一定的威胁,并且考验着旅行社的经营管理水平。在高度信息化的时代下,旅行社更要注意企业的科技信息发展,跟上信息时代的步伐,为消费者带来新科技的消费体验。利用科技信息化提高旅行社的生产经营效率,同时注重开发专业化和个性化的服务。

物联网被认为是继互联网之后的又一次产业革命,必然会对各行各业造成一定冲击。由于旅行社具有信息依赖强的特点,在物联网带来的又一场信息浪潮之前,旅行社必须做好充足的准备,在机遇和挑战面前,分析并选择适合本企业的生存策略,抓住挑战背后的机遇,才能在物联网时代继续竞争和发展。

第二节 上海春秋航空股份有限公司的发展概述

春秋国旅不满足于已有的成绩,开始涉足航空业,打造了国内首家低成本航空公司——上海春秋航空股份有限公司,最终走出了一条产业融合的新路。

一、春秋航空的诞生

春秋航空的经营宗旨是打造廉价航空,让普通老百姓都能坐得起飞机。这样的低成本航空公司在全球上并非偶然,也不是先例。20世纪60年代末,在美国就出现了全球第一家真正意义上的低成本航空公司;随后,20世纪90年代的欧洲也出现了这样的低成本航空公司。

1. 美国西南航空时代

美国西南航空公司(以下简称西南航空)于1967年由美国人赫伯·凯莱赫在得克萨斯州达拉斯市成立,创立之初资本仅是56万美元资金、3架波音737客机以及3条短程航运业务(达拉斯、休斯敦和圣安东尼奥),自1978年美国国会通过的《航空公司放松管制法》,放宽了国家对航空业的管制后,美国国内便掀起一股低价航空公司发展的热潮。先后有100多家低成本航空公司纷纷效仿西南航空,在激烈竞争的环境下,西南航空不断提高核心竞争力,逐步占据了得克萨斯州的主要航空市场,至20世纪70年代,西南航空几乎所有的业务都集中在得克萨斯州之内的短航线。西南航空的航班票价低、航班频率高的特点,进一步巩固了西南航空在得克萨斯州航空领域的主导地位。80年代是西南航空的大发展时期,客运量保证300%的增长率,公司航线开始以得克萨斯州为中心向周边地区辐射。1987年,西南航空继续凭借低运营成本,大胆实行价格竞争。当时休斯敦至达拉斯航线的单程机票普遍价格是79美元左右,而西南航空仅仅收费57美元,差额巨大的收费标准为西南航空赢得了更多的市场。至1989年12月,西南航空每英里航线的成本控制在10美分以内,比美国航空业的平均水平低了近5美分。

20世纪90年代初,西南航空的创始人凯莱赫发现西南航空在航空业已经独占鳌头时,迅速意识到另一片可以竞争的公路市场,西南航空希望可以做到让更多原本愿意乘公路交通工具的旅客也可以换乘航空交通。一方面,西南航空迅速扩张航线,至1993年,其航线已经遍布美国15个州中的34个城市,拥有141架波音737型客机,每架飞机每天起落11架次,尽量缩短飞机的过境时间,最短过境时间控制在30分钟以内;另一方面,西南航空不断扩大宣传,吸引原公路乘客。由于西南航空的迅速扩张,高频率的飞机起落以及庞大的客流量,西南航空得以继续捍卫全美最低票价和最低经营成本的地位,航班平均票价仅为58美元。

西南航空公司在美国的迅猛扩张,一方面逼退了同时期而起的民营航空公司,另一方面吸引了某些城市主动请求西南航空是否可以增开该城市的航线。当美国西南航空公司进入加利福尼亚州时,几家大型航空公司由于无力与西南航空公司展开价格竞争,最后都不约而同地选择退出洛杉矶—旧金山航线。同时,还出现了斯卡拉蒙托市派该市商会主席和该市机场经理两名代表向西南航空游说增开新航线。

2000年开始,美国西南航空开始注意信息化建设,实现了旅客可以在网络上直接订票和航程确认的功能。2002年,公司开始引入自助登机系统,丢弃传统的可回收塑料登机牌。2005年,公司与航空运输协会开始共享代码……这不仅为公司营运节约了成本,还为公司带来了客观的盈利收入,仅共享代码这一项技术改革,就为公司带来了近5000万美元的收入。

美国西南航空的经营实践一直稳中求胜。即使在2001年"9·11"恐怖袭击事件使传统航空的运营严重受创时,旅客对西南航空的依赖有增无减。如1993年,西南航空在加利福尼亚州的十个城市的开始运作时,就已经拥有70%的市场占有率,为低成本航空领域的发展做出了积极的表率。至2005年,美国低成本航空占美国总客运量30%的份额,并继续增长。

2. 欧洲民营航空市场

20世纪90年代初期开始,欧洲也开始放松航空的管制。1985年,爱尔兰的民营航空公司瑞安航空公司成立。但是瑞安航空公司(Ryan Air)(以下简称"瑞安")创立之初,经营不顺。运营开始的五年内,换了五个首席执行官。危机关头瑞安创始人托尼·瑞安为挽救企业,派公司财务顾问迈克尔·奥利前往美国西南航空总部,约见西南航空首席执行官赫伯·凯莱赫请求指点迷津。这次的会面结果直接改变了瑞安今后的经营模式,改变了瑞安的命运。

20世纪90年代初期,欧洲廉价航空市场开始兴起,美国西南航空公司成功经营的经验影响到了欧洲,在欧洲迅速刮起了低成本航空公司的热潮。刚刚接受低成本经营思想的瑞安在这段时期成为欧洲低成本航空领域的领军企业。自从1990年瑞安的首席执行官开始对公司进行重大改革后,这标志着欧洲低成本航空的真正开始。瑞安的客运载量从1990年的不到100万人,到2001年的900万人,2005年更突破2500万人,营业额首次达到30.45亿欧元,每位乘客的平均花费仅53美元。截至2008年,瑞安拥有250多架飞机,并且往返于欧洲十几个国家的数百个城市之间,已然成为欧洲廉价航空业的"领头羊"。

瑞安的成功转型和后期的辉煌业绩,开辟了欧洲廉价航空的天地。同时,也引来了很多效仿者。1994年,易捷(Easy Jet)航空公司在英国伦敦成立,是欧洲另一家具有相当影响力的低成本航空公司,并在后期经营中成为瑞安的强劲对手。易捷航空充分利用互联网技术改革传统的销售和管理,这是当时的瑞安还没有做到的。2003年10月,以约2.12亿美元的低价收购兼并了另一家低成本航空公司——旅行航空公司(Go Airlines)。此后,易捷航空公司成为欧洲最大的低成本航空公司,取代瑞安。2004年易捷航空公司进入东欧市场,利用在柏林的飞机数量优势,在很多新加入的国家中均设置航点。截至2008年,易捷航空公司已经拥有107架A319和30架B7373-700,并且在23个国家的88个机场运营352条航线,每天运营航班905个。

据英国咨询管理集团OAG在2006年发布的研究报告,低成本航空公司在欧洲的航空市场的占有率已经上升到20%,说明低成本航空不仅仅在美国可以成功,在欧洲同样可以有一片天地。

3. 亚洲民营航空市场

亚洲发展低成本航空的步伐要比全球速度略慢。美国及欧洲的低成本航空在航空业带来的影响以及为旅客带来的实惠,正受到越来越多企业的关注以及消费者的青睐。随着经济全球化的发展,这些低成本航空的经营模式正在慢慢进入人口众多、具有庞大消费潜力的亚洲地区。2001年12月12日,马来西亚亚洲航空公司(Air Asia Bread)创立,成为亚洲第一家真正意义上的低成本航空公司。此后,新加坡虎航(Tiger Airways)、泰国天空亚洲航空(Sky Asia)和澳洲蓝色维珍航空(Virgin Blue)等低成本航空纷纷成立。

从20世纪60年代末至今,不断有新的低成本航空公司加入到廉价航空的行列(见表1-4)。随着越来越多的新成员的加入,激烈的价格竞争和成本竞争必然会带来航空公司之间的优胜劣汰。

表 1-4　世界主要低成本航空公司（2008 年）

航空公司名称	成立时间	基地	主要描述
美国西南航空	1971 年	美国达拉斯	美国最大的航空公司
瑞安航空	1985 年	伦敦 STANSTED 机场	总部爱尔兰，欧洲第一大低成本航空
易捷航空	1995 年	伦敦 LUTONJ 机场	总部伦敦，欧洲第二大低成本航空
新加坡虎航	2003 年	新加坡	总部新加坡樟宜国际机场
春秋航空	2005 年	上海虹桥机场	中国首家低成本民营航空公司

资料来源：温志宇.春秋航空低成本战略研究[D].厦门：厦门大学，2008.

4.中国民营航空市场

(1)中国民营航空市场环境。1980 年，中国民航告别军队建制，走上企业化道路。1987～1992 年，中国民航进行管理局与航空公司、机场分立的管理体制改革，从行业内部引进竞争机制。此后，地方政府开始投资航空公司，并逐渐形成以政府为主控力量的航空公司。2002 年，中国民航进行了前所未有的体制改革。同年 10 月，原中国民航总局直属的九家航空运输企业联合重组，成立了中国国际航空集团公司、中国东方航空集团公司和中国南方航空集团公司，即现在常说的"三大航"。

中国民航业的监管正在逐步开放，而且放宽速度在加快。1994 年，中国民航局和国家有关部门就进一步扩大民航对外开放、放宽外商投资我国民用航空业的限制颁布了政策规定。根据这个规定，我国民航允许外商以合资或合作经营的方式在我国境内投资建设民用机场。除优先考虑可以建设机场飞行区外，还可以投资建设诸如候机楼、货运仓库、飞机维修、地面服务以及航空燃料等项目。

世界主要航空公司对中国的航空市场均持非常乐观的态度。美国西北航空公司副总裁兼中国区总经理华金声，于 2000 年 5 月 31 日在美国西北航空公司媒体答谢会的午宴前接受采访中说，中国是一个巨大的航空市场，人均收入在提高，并且增长速度一直在加快；沿海地区人口也在扩大，收入水平较高，中国的市场具有强大的潜力，会有更多的旅客加入到航空和商务旅游中[①]。美国西北航空公司将每周新增一次上海—底特律的航班，并增加上海至底特律的全货运服务，这些都充分展示了美国西北航空公司对中美航线的极大信心。

中国民航业正处在高速发展的时期，每年客运量不断增长，有望成为继美国和

[①] 陈秀明，关怡.引领中国航空市场的先导——访美西北航空公司副总裁兼中国区总经理华金声先生[J].出国与就业，2000，6(13)：61-62.

欧洲之后的航空大国。基于这样的市场潜力,目前有46家境外航空公司在中国开航,包括美国联合航空公司、美国西北航空公司、英国航空公司、德国汉莎航空公司和法国航空公司,以及世界著名的联邦快递和UPS都纷纷抢滩中国市场,建立各自的分公司和办事处。

2004年,春秋国旅申请筹建航空公司时期,国内低成本航空发展处于初级阶段。随着经济的逐渐发展,我国民航市场保持着强有力的增长势头。2004年航空旅客运量实现18053749人次,旅客周转量334770330万人公里,2004年航空业全年收入达到1250亿元;2005年仅1~6月,运输总周转量便达1186443万吨公里,比2004年同期相比增长11%,总旅客运输量62828558人次,比2004年同期增长11.9%,旅客周转量总数量为9265651万人公里,比2004年同期增长13.2%[①]。2002年国务院对民航业实行体制改革,放宽了民航业的投资准入和投资范围,允许各种投资主体均可以投资除空中交通管制系统外的所有民用航空领域,包括公共航空企业、民用机场、服务保障以及其他民用相关企业。2005年3月中国民航总局发表一项统计报告显示,中国2004年总旅客运量达1.2亿人次,比2003年增长37%,成为亚太地区最有潜力的航空市场。2005年初,国家正式颁布《国务院鼓励支持和引导个体私营等公有制经济发展的若干意见》(以下简称《意见》),主要内容为:允许非公有资本进入垄断行业和领域,加快垄断行业改革,在电力、电信、铁路、民航、石油等行业和领域,进一步引入市场竞争机制。国家民航总局为了配合《意见》,2005年1月15日正式实施《公共航空运输企业经营许可证》,放宽了民营航空市场的准入,允许介入航油供给等业务,这意味着我国民航的大门彻底向民营资本敞开。

随着中国城市化进程加速以及经济的高速发展,我国出行需求量持续增长,航空运输业随之高速发展,乘坐飞机出行的旅客也越来越多。国内对民航业的低成本需求巨大,即面向普通旅游者和对价格敏感的旅客市场有巨大的市场潜力,而低成本航空运营会使一部分选择陆路的旅客逐渐接受航空旅游。因此,中国低成本航空市场前景广阔。

(2)春秋国旅投资航空市场。最初,春秋国旅考虑到通常旅客的旅游费中有50%会是交通费用,为了节约双方的旅游成本,春秋国旅从1997年开始尝试包机,这在当时国内可以算较为大胆超前的举动。此时,春秋国旅开始接触航空作业。但是,与航空公司签订包机协议,除了巨额的租机费用外,还要承担客流不满的资

---

① 中国投资咨询网.2006年中国民用航空业分析及投资咨询报告(上、中、下卷).2006.

源浪费的风险。虽然春秋国旅的上座率一直很好,但巨额的租机费用对于成本型节约的春秋国旅来说是一个要急需解决的问题,因此包机不是春秋国旅的最终目的。王正华一直筹划着某天春秋国旅可以独立创办航空公司,并坚持向民航局传递这种想法。但是,当时的民航业处于高度垄断状态,王正华一边进行包机经营,一边三个月或半年一次向民航局递送报告,汇报旅游包机经营状况和心得。从1997年到2005年春秋航空正式首航的八年里,春秋通过包机方式开展航空客运,共组织有3万多个航班,平均客座率达99.7%①。由于每次的报告内容丰富,并经常对如何提高客座率和挖掘航空旅游市场等当时国内热门航空旅游问题提出细致的解决方法,终于功夫不负有心人,王正华递交的报告陆续得到了领导的批示。2003年中国政府提出,适应市场经济发展需求,允许民营资本进入航空运业,决心打破民航业的行业垄断。这对于拭目已久的春秋国旅来说是一个千载难逢的机会。2004年1月,国家民航总局局长杨元元在新闻发布会上透露"有一个大的旅行社,我们准备批准它们成立航空公司"。王正华听到这个消息后,立即写申请,并获杨元元足足一页纸的批复。

春秋国旅在获准筹建航空公司以前,已经在航空包机旅游的产品策划、分销和客源组织上积累了相当多的经验。2009年的数据显示,美国每人每年乘坐飞机2.6次,中国只有0.14次;低成本航空市场占全球航空市场份额的19%,而这19%的份额中,欧洲占29%,美国占29%,亚洲总体占12%,中国只占1.5%(见图1-3)。这对于当时的春秋国旅董事长王正华来说,更加坚定了廉价航空将是全球航空业的流行和发展趋势,更是中国有待发展的"蓝海",这也将是春秋航空的发展趋势。

经过国家民航总局和华东管理局"地毯式"和"刁难式"的安全搜索,春秋航空于2005年7月通过运行合格审定,并于7月18日首航。从1997年到2004年获准筹建,再到2005年首飞成功,春秋航空历经7年孕育而出。

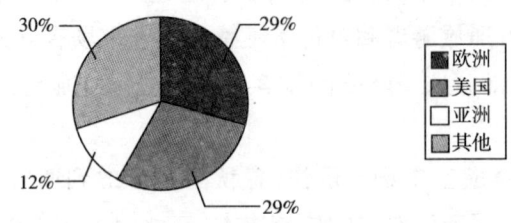

图1-3 全球低成本航空市场份额分布

资料来源:吴丹.在夹缝中"低"飞前行[OL].http://www.caac.people.com.cn/GB/114094.2009-12.

---

① 谢鹏.春秋航空:台上一年,台下十年[J].商务周刊,2006(12):96-97.

(3)国内其他主要民营航空公司。中国三大中央直属航空公司分别是中国国际航空股份有限公司(代码"CA",简称"国航")、中国东方航空股份有限公司(代码"MU",简称"东航")、中国南方航空股份有限公司(代码"CZ",简称"南航"),这三大央企在资产总额或者航线网络上相对于一般的民营航空公司具有绝对优势。2005年前后,国内主要民营航空除了春秋航空以外还有以下几家:

1)奥凯航空有限公司,2005年3月11日正式开航(见表1-5)。它是中国内地第一家投入商业运营的民营航空运输企业。奥凯航空有限公司的注册资本有3亿元,总部设在北京,以天津滨海国际机场为主运营基地,下设天津分公司、杭州基地和14个驻外营业部。截至2008年,奥凯航空有限公司拥有五架B737系列客机、三架B737系列货机、一架新舟60支线飞机和两架Y8通用飞机。客运方面,奥凯航空有限公司经营天津至长沙、合肥、昆明、哈尔滨、三亚、杭州和海口等近20条航线,奥凯航空有限公司客运方面的重点是打造干支结合的客运航线网络,其客座率始终高于民航平均水平。

2)成都航空有限公司(前身为"鹰联航空有限公司"),2005年7月26日开航,它是国内第一家获得中国民航局批准成立的民营航空运输企业。成都航空总部设在成都,主营运地在成都双流国际机场。2009年10月,鹰联航空有限公司濒临破产,中国商用飞机有限责任公司、四川航空集团公司和成都交通投资集团有限公司注资重组即将破产的鹰联航空,使鹰联航空股本金由原来的3亿元增资到6.8亿元,并更名为成都航空有限公司。成都航空有限公司截至2010年共拥有7架A320系列飞机,现已开通广东、深圳、南京、武汉、南宁、桂林、杭州、长沙、宁波、温州、昆明、贵阳、丽江、济南、大连和三亚等40多条国内航线。

3)上海吉祥航空有限公司,系"中国民企百强"均瑶集团全资控股的航空公司。截至2009年末,公司注册资本3亿元人民币。公司以上海虹桥机场、浦东国际机场为基地,经营范围涵盖国内航空客货邮运、通用航空、商务旅游包机、航空器械维修和零配件加工修理以及其他相关业务。上海吉祥航空有限公司拥有14架A320系列飞机,定位于中高端公务、商务和商务休闲航空市场。依托上海空港,拥有深圳、成都、昆明、沈阳、长沙、太原、哈尔滨、三亚、温州、青岛、郑州、大连、长治、黄岩、桂林、连城、北海、南宁、珠海等地在内的30余条国内航线。

4)东星航空有限公司(简称"东星航空"),由东星集团有限公司下属湖北东星国际旅行社有限公司、湖北东盛房地产有限公司和湖北美景旅游投资有限公司共同投资组成。2005年5月16日在武汉市人民政府和湖北省人民政府的支持下,通过中国民用航空局批复准予筹建,是中国第四家被授权筹建的民营航空公司,也是华中地区以及中南地区第一家民营航空公司。东星航空主要经营航空干线客货运输业,2006年5月19日,东星航空首航,从湖北武汉飞往上海。然而很快于2009年8月26日,武汉市中级人民法院做出最后裁定,驳回申请人湖北东星集团有限公司破产重组的申请。东星航空宣布破产,成为中国民营航空史上首家破产的航空公司。

除上述几家民营航空公司以外,国内还有深圳的东海航空有限公司、贵阳华夏航空有限公司以及郑州鲲鹏航空有限公司等民营航空公司。

二、春秋航空的发展及现状

1. 春秋航空的经营情况

2004年5月26日,春秋航空获准筹建的同一时期,民航局还授权了其他几家民营航空公司筹建权,分别还有奥凯、鹰联以及东星等。这些航空公司创立之初的状况详见表1-5。

表1-5 国内三家同时期的民营航空情况

公司名称	批复日期	注册资金	首飞时间	机队规模	基地机场
奥凯	2004/05/26	3亿元	2005/03/11	3架B737	天津滨海国际机场
鹰联	2004/02/10	0.8亿元	2005/07/26	3架A320	成都双流国际机场
春秋	2004/05/26	0.8亿元	2005/07/18	3架A320	上海虹桥国际机场

资料来源:http://news.carnoc.com/list/48/48586.html. http://www.aq200.com/jt/2008/0227/article-1293.html. http://www.scba2003.org/xinwen/200412/728.html.

2005年7月18日,春秋航空首航,第一架飞机A320从上海虹桥机场飞往烟台。运营第一年,平均票价比市场平均价格低约36%,并凭借丰富的包机经验和有秩序的管理,春秋航空在运营第一年就取得了中国民航"五率"(飞行事故征候万时率、公司原因航班不正常率、旅客投诉万人率、航班正常执行率和公司基金缴纳率)加权积分总评比第一名。从首航至2005年12月31日,春秋航空的平均客座率达94.8%,位居第一,开局形式一片大好。因此引来新加坡航空公司(Singapore Airlines Ltd.,简称"新航")期望4亿元购买春秋航空的团队意愿,然而出于对廉价航空的信仰,以及对中国低价航空市场的信心,王正华断然拒绝了这笔买卖,坚持独立发展。至2006年底,春秋航空仅凭一架在空中飞行的A320为公司获取利润2000万元。

2008年金融危机突然来袭，全球经济低迷，航空业顿时陷入噩梦。根据国际航协公布的数据，全球航空业在2008年亏损约40亿美元，航空公司在12月的股价比2008年初平均下跌了近60%。金融风暴的冲击，令市场需求疲软，中国同样也受到一定的影响。年报显示，中国国际航空股份有限公司（Air China Limited，简称"国航"）2008年亏损超过90亿元人民币，中国东方航空股份有限公司（China Eastern Airlines Corporation Limited，简称"东航"）净亏损近140亿元人民币，中国南方航空股份有限公司（China Southern Airlines Company Limited，简称"南航"）亏损也达48亿元人民币。放眼全球，中国这三家航空公司近300亿元的亏损额，约占全球航空公司2008年亏损额的48%。全球经济危机、航运需求低迷、航油成本高以及燃油套期保值交易失利，成为各大航空公司巨大亏损的重要原因。

这样的国内外航空业环境让春秋航空董事长王正华决定进一步缩减公司开支，从管理干部的减薪30%开始，同时手机费用、出差费用都要减半，航材、会计、税收等公司各个环节的成本均需要重新核算并做到最低支出。飞机客运方面，公司取消了一般飞机的所有餐车，减少了飞机的燃油，并要求根据线路需求决定是否载带饮用水，避免不必要的加重而影响机身重量从而导致燃油增多。类似这样关于节约成本的规定，春秋航空细化出了上百条。在全球行业亏损的大环境下，春秋航空缩减开支，控制成本，逆势飙升，总营业额16.2亿元，盈利2100万元。

2009年中国民营航空业进入全行业困境，尤其上半年，中国民航业发生了三件大事：政府注资三大国有航空公司，以国有航空为主导的集体涨价，以及东星航空有限公司（East Star Airlines Co.，Ltd.，简称"东星航空"）进入破产环节。而奥凯航空公司向民航局主动申请停飞后，没有客票销售的收入，失去了现金流，造成资金短缺，成为中国民航史上第一个接受"停飞令"的航空公司，12月6日，以天津为运营基地的奥凯航空公司的13条航线全部停运。2009年3月，最先进入民营航空的鹰联航空有限公司（United Eagle Airlines Co.，Ltd.）由于资金问题，接受四川政府注资2亿元，改制为成都航空，从此，鹰联航空公司变身国企；同月，由兰世立创立的东星航空，由于拖欠机场费用，被法院判决重整，2009年8月6日，武汉市中级人民法院一审裁定东星航空破产，成为中国民营航空史上第一个破产的公司。民营航空刚刚开始的短短四年时间里，就不断出现民营航空公司或破产，或被政府收购的情况。然而，春秋航空从2005年7月18日首航以来，营业额一直处于上升趋势，尤其是在民营航空遭遇集体衰败的2009年，春秋航空财政部于2010年公布2009年春秋航空的营业收入达19.9亿元，比2008年增长27%，净利润达1.58亿元,比 2008 年增长 524%[①],并且 2010 年净利润达 4.7 亿元人民币,同比增长 240%。春秋航空这一连串惊人的数字震惊业界,成为民营航空发展的一个奇迹。春秋航空之所以能在这样的行业背景下孤独求胜,是与春秋航空坚定的经营理念以及公司上下齐心一致的努力分不开的。

表1-6 春秋航空的业绩和规模

年份	2007	2008	2009	2010
营业额(亿元)	12.3	16.2	19.9	43.2
盈利额(亿元)	0.8	0.21	1.58	4.7
利润率(%)	6.5	1.3	7.9	10.8
机队规模(架)	8	10	16	22

资料来源:http://www.baike.baidu.com/view/141019.html. http://www.traveldaily.cn/article/318774.html. http://news.carnoc.com/list/135/135974.html.

截至 2011 年 9 月春秋航空拥有飞机 24 架,且统一为 A320 机型。王正华预计公司机队规模在 2015 年会达到 100 架飞机。2004 年春秋航空的注册资金是 8000 万元,其中上海春秋国旅出资 4800 万元,占出资比例的 60%;上海春秋包机旅行社公司出资 3200 万元,占出资比例的 40%;而截至 2011 年 3 月,春秋航空的注册资金已经扩充到 3 亿元,经营范围囊括了国内航空客货运输的多条线路,包括内地至香港、澳门特别行政区和周边国家的航空客货运输,而且还经营工艺礼品、家用电器、通信设备和日用百货批发零售等诸多业务。

从 2005 年 7 月 18 日春秋航空首航以来,公司相继抛出 1 元、99 元、199 元、299 元、399 元的超低价机票,"99"系列机票价格相当于同程的传统航空公司全票价的 2~3 折。其中,从上海飞往济南的最低票价仅为"1 元"。经过一系列低成本的有效尝试,航线网络已覆盖上海、广州、珠海、厦门、昆明、海口、三亚等城市,航线达 30 余条,到目前为止,春秋航空的平均客座率达 95%[②]。

2. 春秋航空的信息化系统的发展

(1)采用移动商务管理。2005 年 7 月 18 日,随着春秋航空首航的成功,春秋国旅利用亿美软通的移动商务短信平台打造的低成本航空运营模式也正式投入运

---

① 春秋航空:利润是扣出来的[J].竞争力(三联财经),2010(3).
② 资料来源:www.china-sss.com.

转。通过亿美软通提供的短信平台,春秋国旅实现了全面移动商务管理,包括票务系统管理、客户关系管理、员工管理和客户沟通等多个方面的应用,当时国内航空公司或机票代理与客户的机票确认多数通过电话沟通,耗费大量人力、物力和财力。使用基于短信平台的票务系统,能够在客户预订机票的同时,生成包含订票信息的短信,根据客户的手机号码自动发送短信进行确认。由于移动商务的全面应用,旅行社管理了大量的客户、员工信息或者渠道资料,根据需要随时使用短信群发,或者通过定时短信提醒等方式进行管理,使企业降低通信成本,并且能够做到及时沟通。移动商务的实际应用和商业价值在旅游行业有了深刻体现,开辟了旅游业成本控制的新思路。

(2)互联网技术的开发与应用。随着科技的发展,信息化是任何一个行业能够继续前进的必要保障。航空业本身是一个高投入低回报产业,而现在处于全球热潮发展中的低成本航空公司,与传统的航空公司相比较,若要确保长期运营必须要有充足的资金。由于民营航空得到国家政府注资的机会很小,几乎独自打拼,因此民营航空首先必须尽量控制成本。成本控制表现在低成本航空公司运营的各个环节中,其中客票销售既是航空公司直接面向旅客的部分,也是公司开销直接支出的环节,还是低成本航空公司探讨研究如何控制成本的突破点。

早在1992年,春秋航空控股母公司春秋国旅,组织力量开发了中国最早基于NOWELL的旅游网络销售系统。这是当时旅游业的第一个信息化网络系统,系统成功覆盖全国30多个中心城市,获得良好的市场反馈,为打开销售渠道和扩大市场范围做出了一定的积极作用;同时春秋国旅这次研发锻炼出了一批在网络信息化系统方面有经验的IT人才。2004年春秋国旅递交筹建航空公司申请书的同时,这支IT团队就开始研发如何满足春秋航空低成本特色并且方便旅客的信息化系统。在春秋航空最高领导的推动下,加之春秋航空是一个新成立的公司,没有历史包袱,没有历史操作惯性,容易接受新事物、新思维,更离不开公司不断优化的研发团队,成功地研发出春秋航空电子商务平台是水到渠成的事情。

(3)电子商务与传统销售渠道的简单比较。传统的航空公司售票通常由航空公司将可以提供的票务信息通过中央预订系统(Central Reservation System,CRS)提供给旅游代理商,而CRS也将代理商对机票的售卖情况跟踪传递给航空公司。在此过程中,航空公司不仅必须支付一定的佣金给代理商,还要支付订座费给CRS。目前世界上主要存在的四种CRS分别是Sabre、Galileo、Amadeus和Worldspan,这些CRS联系全世界主要的航空公司,航空公司依靠CRS拓展代理商的业务。在中国,这样的CRS是由中国民航信息网络股份有限公司(简称中航信)来担任的。航空公司依赖于中航信的售票服务,并且借助各个代理商来售票,这样在某种程度上,航空公司为了使本公司的票务售卖业绩提升,必然想到如何与其代理商沟通,或者选择更好的代理商,如此在航空公司竞争代理商的过程中,代理商索取的佣金必然上升。这对于航空公司而言无形中增加了票务成本,而且航空公司每售出一张机票,就要支付给中航信一定的订座费用。一般航空公司的总售卖任务由代理商销售和航空公司的直接售票窗口所售两部分组成,其中70%～90%依赖于代理商。因此,航空公司对票务的销售在很大程度上要依赖代理商,而每100元的机票销售额中支付给代理商的佣金占10%～40%甚至50%,更重要的是,航空公司对机票定价基本没有主动控制权,票价全由国家民航总局控制,由此可见,航空公司的售票收入只能依靠旅客上座率来达到盈利的可能。显然,航空公司采用传统的售票方式时,中间支付给代理商的佣金以及支付给CRS的订座费用其实是航空公司的利润流失。

全球范围内,早在20世纪70年代,美国西南航空公司就已经将互联网技术应用到客票销售中,从而降低企业经营成本。美国西南航空公司和欧洲的瑞安航空公司都率先使用了信息化系统,纷纷建立自己的网站来销售客票,美国航空公司(American Airlines, Inc.)甚至采用100%网络直销模式。据资料显示,全美做电子商务最成功的是股票交易,其次就是旅游业。日本也很早就应用该项技术,据日本电子商贸促进局与安盛顾问公司调查显示,日本的网上零售交易总额由1999年的250亿港元飙升至2005年的4910亿港元,其中旅游开支占日本网上零售销售总额的比例从1999年的7%上升到2005年的18%。2000年3月,英国航空公司宣布将投资一亿英镑,开发新的网上航空旅游服务。可见,航空业的电子商务市场很大。

电子商务大大简化了旅客和航空公司在客票买卖的环节,并直接带来成本优势,票价因此自然降低,为旅客节省一笔费用。相较于其他零售业,机票销售更适合走电子商务之路,主要有以下几个方面原因:①机票是标准化产品,统一价格,统一票样,不存在个性需求的满足,而电子商务利用的互联网销售平台由于顾客不能看到实物,所以更适合售卖标准型的产品。②航班座位不同于一般的零售产品,它是不可储藏产品,具有时限性。售票数目越多,越可以节约成本。采用网上订票方式则是可以解决航空公司积压机票的风险,也为旅客订票提供了方便。③零售业可能会因为物品配送问题而最终难以实现电子商务,但是机票销售就可以利用顾客机场登机的时间,整合机场服务,而尽可能地实现网上订票并登机拿票。这样,发挥航空业的行业优势,使电子商务在航空业的机票售卖上实现零配送成本,并且还可以有票到付款的优势,消除了消费者对网上支付安全性的顾虑。④电子客票节省成本,航空公司通过本公司直接创立网站进行机票的网上预订和信息详询业务,免去了支付给 CRS 的订座费和支付给代理商的佣金,大大降低航空公司的成本,为航空公司赢得更多的盈利空间。

相比之下,传统销售网络的中间环节和渠道层级较多,我国民航长期以来采用行政管理模式,航空企业销售渠道被人为划分成很多层级,层层环节必然造成人力、财力的额外支出。因此,采用电子商务模式,利用网络平台,直接实行网上订票,已经是航空公司机票售卖的必然手段,必将成为日后机票销售的主要方式。

3. 春秋航空的航线争取

2005 年 7 月 18 日,春秋航空首航。春秋航空最初的四条航线分别是上海—桂林、上海—烟台、上海—绵阳、上海—南昌,后来增加了上海飞往天津、郑州、青岛、福州、温州、厦门、广州、珠海、昆明、常德、长沙、重庆、大连、沈阳、哈尔滨、三亚、海口、长春、泉州、天津—三亚、昆明—常德、昆明—南昌等 50 多条航线。虽然春秋航空的航线和飞机数目随着其对市场份额的扩大而越来越多,但是京沪航线的经营权一直没有被许可。2011 年 8 月 15 日,经过六年马拉松式申请后,春秋航空关于京沪航线的经营权终于得到了民航局的批复,这也是国内民营航空公司首次获得京沪航线的经营权,并于同年 9 月 30 日晚 9 点 45 分 A320 机型的 9C8892 机从上海虹桥机场出发,00:20 抵达北京国际机场。春秋航空依然推出 10% 比例的"99"系列票,9 月 30 日当天的京沪航线首航机票最低 580 元、最高 800 元,其他时间的航班最低票价仅为 290 元,相当于打 2.5 折,即使加上 190 元机场建设费和燃油附加费,也比京沪高铁二等座便宜一些。

春秋航空的航线范围多数以中短途航线为主,目前春秋航空的航线已经覆盖至国内绝大部分旅游城市,除此之外,春秋航空还争取国际航线。2010 年 7 月 28 日,春秋航空开通了它的首条国际航线,上海浦东—日本茨城;同年 9 月 28 日,开通上海—香港的航线;2011 年 4 月 8 日,又开通上海—澳门航线;同年 7 月 15 日,春秋航空正式开通上海—日本香川县高松定期航线,方便大阪、神户、京都等地的游客往返于日本和中国;2012 年 1 月 18 日,春秋航空还开通了上海—日本佐贺定期航线,为福冈地区的游客提供方便。

4. 小结

加入 WTO 后,我国民营航空市场趋于多元化,中国民营航空企业迎来许多航空进口税率降低的利好局面,如润滑油、燃料和零备件等航空产品。不仅如此,作为 WTO 的成员之一的中国,使中国航空企业自然更直接地受到来自国外航空企业竞争的挑战。中国加入 WTO 后,对世界贸易做出了很多关于关税、投资等方面的承诺。自 2001 年 12 月加入 WTO 至 2002 年结束这一年时间中颁发了很多条例,其中包括关于外商投资的条例。2002 年 6 月 21 日,颁布了《外商投资民用航空业》,自 2002 年 8 月 1 日起开始实施。《外商投资民用航空业》从投资范围、投资方式、投资比例和投资管理权力四个方面明确和完善投资我国民航运输业的政策和导向。在投资方式上,外商除了可以以合资或合作的方式投资经营外,还可以通过购买股票投资;投资范围划为除了国家机密航空领域以外的通用航空领域;外商投资比例上,由原来规定的民用机场外商投资比例不得超过 49%,放宽为"外商投资民用机场,应当由中方相对控股",原来规定公共航空运输业的外资比例不超过 35%,有表决权比例不得超过 25%,改为"中方投资应该掌握控股权,同时,多家外商投资的情况下,一家外商投资份额不得超过 25%";在投资管理权力方面,由原来规定外商投资民用机场、航空运输企业,董事长和总经理必须由中方担任,改成外商投资的民营航空企业董事长、总经理是否由中方担任没有限制条件。新出台的《外商投资民营航空业》进一步加快了外商投资我国民营航空运输业的步伐。

  春秋航空从成立到现在,经历了 2008 年的金融风暴,也走过了 2009 年民航业哀鸿遍野的时期,现在的春秋航空正处在一个平稳上升发展时期,它是国内首家成功运营的低成本民营航空,更是国内为数不多的仅凭 8000 万元注册资金且不靠政府注资的航空公司。然而,由于中央直属的中国国际航空股份有限公司、中国东方航空股份有限公司、中国南方航空股份有限公司有着比民营航空公司明显的资本优势,加之国内逐渐涌现的数目不断增多的民营航空公司,春秋航空董事长王正华以及首席执行总裁张秀智认识到,春秋航空在未来的发展中仍然不可懈怠,还要清楚分析国内的竞争环境,以及春秋航空的内部优势和外部威胁。中国现在已经走向国际化,各国之间的交往频繁且密切,国际间的航空往来使航空业的未来市场不可估量,有市场就有竞争,放手国内的春秋航空须抓住国际机遇,不断提高核心竞争力,以期在世界的蓝天上飞翔春秋航空的 A320。

第二章 春秋集团管理框架体系

企业的发展是一个循序渐进的过程,春秋集团在长期经营与管理活动中针对企业的自身情况,结合市场环境的现状及发展趋势,逐步制定出一套科学的管理框架,主要包括企业的组织结构设置、人员管理、质量管理、决策管理及服务等,为企业的发展壮大奠定了基础。本章主要以春秋国旅和春秋航空为例介绍春秋集团的管理框架体系。

第一节 春秋国旅管理模式

春秋国旅的管理主要包括组织结构管理、人力资源管理、顾客管理、服务质量管理、危机管理和决策管理。组织结构是企业各部门及各层次之间所建立的一种人与事、人与人的相互关系,它是人们实现组织目标的手段,合理的机构设置和科学的组织管理直接影响春秋国旅的运作效率;企业的竞争从本质上讲是人才的竞争,人力资源作为一种重要的资源在旅行社的发展中起着巨大的作用;对于企业来讲顾客是上帝,服务质量是企业的生命线,顾客管理和服务质量管理是春秋国旅管理的重要内容;加强危机管理能够降低突发的危机事件对旅行社的经济损害;管理层决策的正确与否在整个企业的管理体系中占据重要地位。

一、组织结构管理

组织管理是企业围绕自己的目标和任务,在责、权、利统一的基础上,对生产与经营活动进行分工、协调、指挥、监督和控制的过程。

1. 组织机构设计原则

春秋国旅的组织机构设计原则是指对本企业所有组织均适用的设计准则与要求,尽管企业的机构设置必须适应企业各自的目标与环境,但设计原则可以被认为是组织机构是否合理的必要条件。

(1) 目标任务原则。目标任务原则要求春秋国旅在进行组织机构建设时应因事建立机构、因事设立职务、因事分配人员,而不是因人设职或因职找事。企业的组织机构的设置、调整、合并,甚至取消均应以有利于实现春秋国旅自身的目标和任务为宗旨。作为企业,春秋国旅是一个自主经营、自负盈亏的经济主体,通过接待旅行者获取旅游收入,追求利润的最大化。春秋国旅的主要业务是销售旅游产品和招徕旅游者,并为旅游者提供旅游服务和组织旅游活动。为实现上述目标,企业必须相应设立市场销售、服务采购、导游接待等业务部门。随着企业的发展、企业经营范围的改变,旅行社组织结构也应作出相应调整。

(2) 分工协作原则。分工协作是社会化大生产的客观要求,春秋国旅同样如此。春秋国旅的内部运营实行垂直分工系统,即按市场开拓、分析、计划、调度、票务、接待、服务回访等环节进行部门划分,进行专业化分工,实现流水线操作,分工使企业的规模优势得以体现。

(3) 集权分权原则。在春秋国旅的组织设计中,权力的分配是重要环节。集权与分权的关系是通过统一领导与分级管理实现的,权力的过分集中会降低决策质量,权力的过度分散会导致部门与个人的本位主义,使得集体行动的组织成本增加。因此,企业的权力集中程度应以组织决策是否有效为标准,而权力的分散则应以不失去有效控制,同时又能充分发挥下属积极性为尺度。分权的程度并非完全取决于上级对下属的信任度及领导的民主作风,更多意义上与有效的组织控制和及时的组织决策有关。

(4) 执行与监督分设原则。执行与监督分设原则要求机构设计时应将执行机构与监督控制机构分开,只有机构分设才能使监督机构起到有效的控制作用。例如春秋国旅须设立专门的机构进行监督控制来保证服务质量与成本效益,片面强调下属的自我约束控制,把监督职能并入业务部门之中,只能引起权力的滥用与失控。当然,监督也并非只是单纯的对下属行为监督,更是对监督部门的服务。

(5) 稳定与适应相结合原则。稳定是相对于一定的企业目标与任务而言,当企业目标任务没有变动时,企业组织结构的相对稳定有助于各方面工作的正常进行,频繁的组织变动只会增加组织的管理成本,导致人心不安定和组织无效率。然而对于春秋国旅生产经营的内外部条件来说,稳定并不等于不变,更不是组织结构的僵化。僵化的组织结构将使领导层决策缓慢,很难抓住市场机会,严重时会造成企业经营决策的失误;僵化也会令部门职能不能正常发挥,人浮于事效率低下,组织内部纪律涣散,成员贪图安逸,企业缺少创新,员工缺乏工作积极性和创造性。因此,春秋国旅的组织设计必须兼顾企业经营目标的长远性与外部经营环境变化的随机性,以稳定为基础,提高企业的适应能力。

2. 影响旅行社组织设计的因素

春秋国旅的组织设计过程中存在诸多干扰因素,只有解决好这些问题,才能使企业运行于科学、规范、合理的环境中,这些影响因素主要体现为以下几个方面:

(1)企业经营的专业化程度。在春秋国旅的经营过程中,各种业务均具有不同的专业特点,在组织结构设计时,应充分考虑业务的专业化,也就是说,将一项复杂的工作分解成多项相对简单的业务单元,并把细分出来的各业务单元分配给具体的业务人员去操作。

1)专业化的优越性。首先,将一项复杂的工作分解成具体单元,使之易于操作。旅行社通常以低于市场的价格,向住宿、交通和参观游览点等旅游服务供应商,批量购买旅游者在旅行过程中所需的服务要素,并组合加工,形成本旅行社的最终产品,销售给旅游者。因此,旅行社并不是其产品各主要"零部件"的生产者,而是采购者,是实现重新组合的"组装者"。其次,旅行社业务分配合理,使业务人员能够专注于相对简单的工作,提高业务的熟练程度、操作精度和工作速度等。通常情况下,旅行社一个从业人员可以同时扮演"采购者"、"组装者"和"销售者"三种角色。或者说,在旅行社业工作中,独立的业务工作者或一个部门完全有能力负责对外销售、采购或接待工作。最后,细分各项具体的业务,便于对业务人员做工作的量化和业绩的考评。

2)专业化的弊端。旅行社业务工作的专业化也存在相应的弊端。首先,相对于其他行业来说,旅行社业务的专业化程度不是很强,对业务进行细分后,导致业务工作显得简单、机械、重复,容易使员工心理过度放松、产生厌烦情绪;其次,旅行社业务工作的专业化,使在具体的环节上工作的员工感受不到责任感、成就感,找不到工作的意义,难以激励员工上进;最后,旅行社业务工作的专业化,人为地将旅行社的业务分工过细,造成旅行社部门间不必要的协调障碍,增加经营成本。

(2)企业组织设计的部门化。部门化就是把整个组织划分成若干个管理单位,是建立组织结构的首要环节或基本途径。春秋国旅内部即按市场开拓、分析、计划、调度、票务、接待和服务回访等环节进行部门划分,实现专业化分工和流水线操作,分工使企业的规模优势得以体现。

1)职能导向的部门化。职能导向的部门化是指各级行政单位除主管负责人外,还相应地设立一些职能机构。比如在总经理下面设立职能机构和人员,协助总经理从事职能管理工作。这种结构要求行政主管把相应的管理职责和权力交给相关的职能机构,各职能机构就有权在自己业务范围内向下级行政单位发号施令。因此,下级行政负责人除了接受上级行政主管人指挥外,还必须接受上级各职能机构的领导。

但是,在上级行政领导和职能机构的指导和命令发生矛盾时,下级就无所适从,影响工作的正常进行,容易造成纪律松弛,生产管理秩序混乱。由于这种组织结构形式的明显的缺陷,企业一般均以非常慎重的态度对待职能导向的部门化。

2)产品导向的部门化。产品导向的部门化主要是以企业所生产的产品为基础,将生产某一产品有关的活动完全置于同一产品部门内,然后在产品部门内细分职能部门,进行生产该产品的工作。这种结构形态,在设计中往往将一些共用的职能集中,由上级委派以辅导各产品部门,做到资源共享。

3)地区导向的部门化。对于在地理上分散的旅行社来说,按地区划分部门是一种比较普遍的方法。其原则是把某个地区或区域内的业务工作集中起来,委派一位经理来主管其事。按地区划分部门,特别适用于规模大的公司,尤其是跨国公司。这种组织结构形态,在设计上往往设有中央服务部门,如采购、人事、财务、广告等,向各区域提供专业性的服务。

(3)企业组织结构类型。春秋国旅的组织设计包括两个方面:一是企业的组织结构设计;二是旅行社企业的组织运行设计。这两者的有效结合才能满足春秋国旅经营战略对企业组织设计的基本要求。组织结构是企业运行的载体,组织运行是企业实现经营目标的运行平台,因此企业组织设计的特点主要表现在运行方面,这就是为什么常常见到许多旅行社虽然有类似的组织结构,在实际的运营中却表现出巨大差异的组织效率。

随着市场竞争的日益激烈,不可预测的因素增多,春秋国旅必须不断地审视自身组织结构是否合理,是否有进行管理结构和业务流程重新规划的必要。由于行业、市场环境、战略目标的不同,需有不同的组织结构来匹配,旅行社才能获得长期的竞争优势。春秋国旅的组织结构由旅行社的战略目标所决定,而如果旅行社的发展战略得不到有效的组织结构的支撑,企业战略的实施也将受到严重影响。因此,春秋国旅内部的结构重整、流程再造以及战略定位均是息息相关的。春秋国旅在设计组织结构模式时,有众多的结构模式可作参考。

1)国内常见的组织结构图(见图2-1和图2-2)。

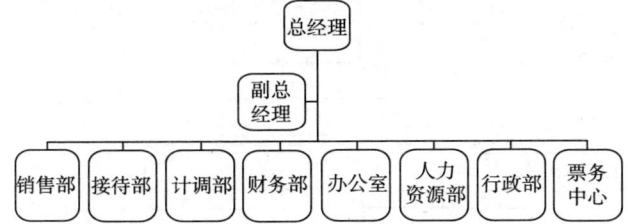

图 2-1　我国旅行社现行组织机构设置之一

资料来源:http://www.docin.com/p-105197785.html.

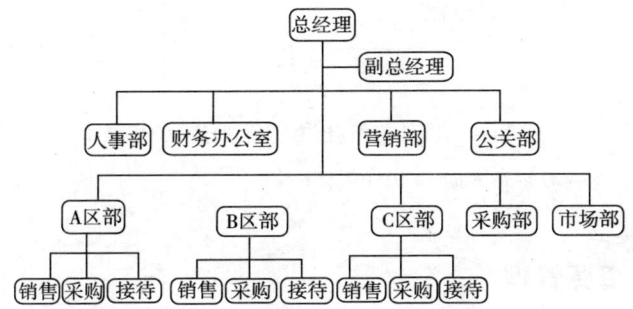

图 2-2　我国旅行社现行组织机构设置之二

资料来源:http://www.docin.com/p-105197785.html.

2) 国外常见的组织结构(见图 2-3 和图 2-4)。

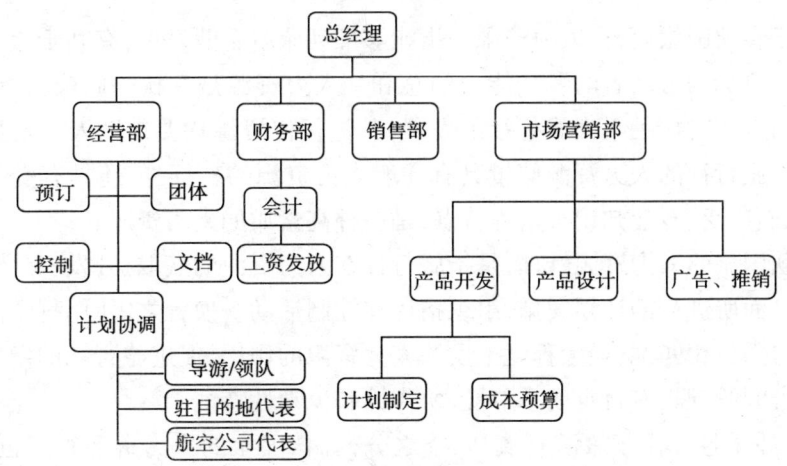

图 2-3　国外旅行社(旅游批发商)组织结构

资料来源:http://www.docin.com/p-105197785.html.

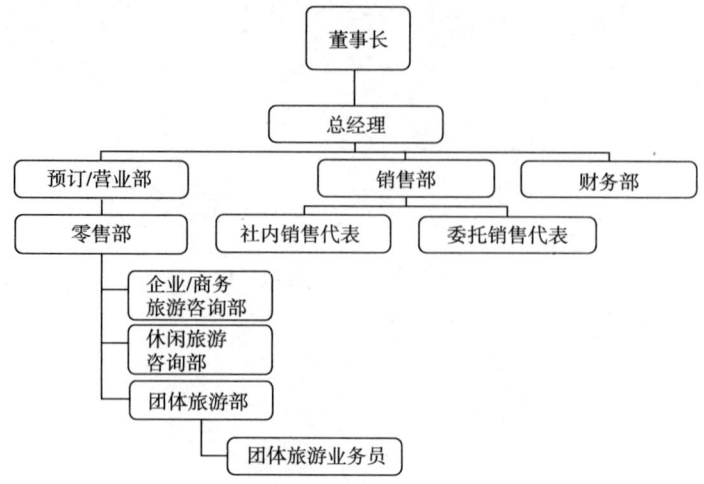

图 2-4　国外旅行社(旅游代理商)组织结构

资料来源:http://www.docin.com/p-105197785.html.

二、人力资源管理

企业的竞争从本质上讲是人才的竞争,人力资源在旅行社的全部资源中占据很大比例,在旅行社的发展中起着巨大的作用。人力资源作为一种重要的资源,须春秋国旅通过对人力资源的管理不断开发调整,以发挥人力资源的效用。

1. 春秋国旅人力资源管理的内涵及特征

对于春秋国旅而言,人力资源是指能够推动旅游企业发展,有利于旅行社实现预期经营目标的劳动者的各种能力的总和。人力资源是春秋国旅最宝贵的资源,劳动者的素质直接关系到旅行社的发展,其他任何资源均要借助人力资源才能发挥作用。旅行社的人力资源储量具有一般人力资源的特征外,还具有受教育程度高、知识面广泛、专业知识丰富等特点,是一种高素质的人力资源。

春秋国旅的人力资源管理,是指旅行社在人力资源的获取、开发、保持、引用和利用等方面所进行的计划安排、组织指挥和控制活动。换言之,使用科学的方法使得个人与岗位相匹配,最大程度上发挥人力资源的作用,促进旅行社的发展。旅行社人力资源管理具有自身的季节性、协作性和流动性特征。

(1)季节性。由于旅游有淡、旺季之分,春秋国旅的人力资源管理也呈现淡、旺季略有不同的特点。在旺季需求量大,旅客增多的情况下,旅行社要相应地增加临时工作人员,因此,如何管理好旺季的临时工作人员,是旅行社人力资源管理者的重要内容之一。

（2）协作性。春秋国旅是各部门相互关联的企业，旅行社产品从生产、销售到售后服务的全过程须各部门相互协调完成，因此人力资源管理也须各部门相互配合、密切合作，才能达到预期的人力资源管理的目标。

（3）流动性。由于旅行社的总体数量较多，对人才的需求量较大，相比来讲，优秀人才数量相对不足，因此会导致一些优秀人才为了自身更好地发展，不断在各旅行社之间流动，使得员工的流动性较大。如何吸引和留住优秀人才也是春秋国旅人力资源管理须应对的挑战。

2. 春秋国旅人力资源管理的主要内容

关键是用人

"我喜欢超脱一点，总有一两个人分担具体的事务。"王正华于是获得了他恣意想象的空间。春秋有一些独特的用人观。其一是走掉的人不再要；其二是在其他国内旅行社待过的不要。王正华的理由是，在旅游这个行业存在许多小毛病，染上的人可能三四年都改不了；但好的习惯，新来的大学生一年就形成了。

王正华信奉官教兵、兵教兵的内部培训机制。春秋国旅还设立了一所全日制企业大学，每年有上百名员工在这里受训。

"WTO 的关键还是人。"王正华当年的"经理"现在美国的分公司负责，手下除了华侨，也有不少白人。春秋国旅在国内各地除了财务经理和负责人，主要也是本地人。

有人说，如果中国人都像温州人，WTO 都会怕了中国。

虽然没有被首批批准为可设立独资旅行社的境外企业，日本最大的旅行社交通公社十几年前就在北京开设了办事处。"他们用日本的方式训练了一批中国人，比日本人还好用。"王正华说。

日本企业在中国旅游业对外资逐步开放的进程中最为活跃。文化上的接近使日本旅游企业更可能成为中国旅游企业的劲敌。"日本旅游企业在美国也干得很不错。"王正华认为，外资进入中国旅游行业的力度尚与国际上各国旅游企业互相渗透的程度有些差距。

"但是，如果我们通过学习，提高中国旅行社从业人员的素质，提高中资旅行社的竞争力，按照各旅游发达国家的现状来看，旅游市场的大部分还是属于本国企业的。"王正华还提醒国内同行，不要过于热炒出境游，要看到世界上大的旅游企业 80% 的市场仍然在国内游。

资料来源：新华网。http://news.xinhuanet.com/fortune/2004－12/10/content_2316749_2.htm。

每个独立的企业在用人时都会考虑到本企业的特点，而不是盲目地聘用做事人才，符合本企业的战略规划以及对今后员工管理培训和薪酬管理方面都要做统筹考虑，具体到春秋国旅的人力资源管理，主要涉及以下几个方面的内容：

（1）战略规划。根据春秋国旅的经营目标和发展规划，结合当前旅行社的人员情况，分析旅行社对人员需求的数量和标准，做好人力资源开发管理的规划，进行旅行社人力资源管理的数量预测和质量评估。人力资源规划是一项长期的战略性工作，对企业的稳定发展具有重要的意义。春秋国旅的人力资源规划是其他各项工作的基础和依据，在规划中应遵循如下原则：

1）协调原则。恰当的人力资源规划具有内外协调的一致性，一方面，春秋国旅的人力资源规划必须与旅行社总体发展目标相一致；另一方面，人力资源规划内的各项任务，如招聘、培训、绩效考核等也应相互匹配。

2）互利原则。春秋国旅的人力资源规划应以人为本，不仅须考虑企业的长期发展，也要考虑员工的职业发展。要激发员工的积极性和创造性，使员工的个人价值得到不断挖掘，员工个人目标和企业目标得以共同实现，达到企业和个人的共赢。

3）预测原则。春秋国旅的人力资源管理要能根据企业的社会和行业环境，对企业未来的发展状况进行预测，并以这种预测为前提，对旅行社未来的人才需求进行估算，以便进行相应的调整。

（2）员工招聘。春秋国旅是人才密集型企业，人才是企业各种生产要素中最活跃和具有能动性的要素。春秋国旅须根据人力资源规划的内容进行人才招聘，员工招聘是春秋国旅为了发展须向外吸收具有劳动能力的个体的全过程。春秋国旅应根据不同的岗位，选择不同的招聘方式，一般来说，分为内部招聘、外部招聘和临时招聘。在招聘的具体步骤上，首先制定雇用计划及用人要求，然后发布招聘信息，在对应聘人员进行考核后，确定录取并签订录用合同。

（3）开发培训。春秋国旅也是知识密集型服务企业，所处的旅行社行业发展迅速，作为春秋国旅的工作人员须不断更新知识，提高技能。除了员工自发学习之外，春秋国旅企业内部制度化的培训也非常重要。春秋国旅应针对不断发展的外部环境，对企业所有员工进行适合各自岗位发展的、连续有效的素质培训和专业培训，同时还应该结合每个人的自身特点和能力，进行个人的职业生涯规划，充分发挥个人才能，实现人员和岗位相匹配。

在员工培训内容上，主要以知识技能、职业道德培训为主。知识培训是旅行社员工获得持续提高的基础，通过培训使员工获得本职工作所必需具备的知识，只有掌握扎实的旅游行业的专业知识才能在旅游行业领域内有更好的发展。在员工具备了扎实的理论和实用的技能后，还须有正确的价值观、积极的工作态度和良好的思维习惯，须培养员工对所从事的旅游事业的热爱，培养员工在工作中具备良好的敬业精神和态度。

(4) 绩效考评和薪酬管理。制定科学合理的绩效考评制度，对员工进行绩效考评和素质评估，以绩效考评结果为依据，对员工进行晋升、奖罚调动等动态管理。同时，还要建立科学的薪酬福利制度，根据绩效考评的结果和岗位的具体情况，给予员工与自身贡献相符合的工资奖励和福利，增强员工的工作满意度，激励员工的工作积极性。比如，制定合理公正的奖金制度和福利制度，允许员工参与企业股份，重视员工的发展，营造良好的工作环境等。春秋国旅则在产权制度和激励制度方面尽量能让员工感受到春秋的"以人为本"。

春秋国旅是从一个街道企业开始的，2002年春秋国旅完成了产权改革。身为创始人的王正华持有最大股份，任命为董事长。职代会，上海市长宁区政府以及春秋十几位管理层骨干分别持有相应的股份，经过股权改革后，春秋国旅基本上形成了一个全员所有制的民营企业。这种产权制度对员工有一种内在激励作用。春秋股金的基本操作方式是，从每个员工奖金中提出15%，然后由旅行社基金贴进15%，两者相加占员工奖金的30%，如此一来，年底员工手中的分红金卡一目了然，有利于调动企业的全体人员。在春秋国旅，没有八小时工作日以及双休日的概念，每个员工都是非常努力地将公司的事看作自己的事，认真完成工作。每一个人都是主人。

三、顾客管理

旅行社的产品具有无形性，产品信息具有不透明和不对称的特点。由于旅行社产品的生产与消费的同步性，顾客在门市或网站购买旅游包价产品时，无法完全了解产品的内容，购买的只是未来旅游行程的一个预期，是旅行社的"生产计划的订单"，同时旅行社对于向顾客提供的服务并不完全掌握，尽管旅行社在设计行程时，或者计划调度部门在预订交通、饭店、餐饮、景区、购物、当地陪同等服务项目时，对于接待企业的执业资格和服务质量应有所了解，但在实际旅游过程中，受一系列不确定因素的影响，组团社对于顾客服务的质量并不完全可控，但是旅行社对旅游者在旅游过程中的服务质量应该负责。根据春秋国旅的产品组合形态不同，可分为团体旅游和散客旅游，因此在顾客管理方面也分为团体旅游的顾客管理、散客旅游的顾客管理以及顾客投诉的管理。

1. 团体旅游的顾客管理

团体旅游也称"集体综合旅游",顾客一般根据旅行社制定的日程、路线、交通工具、收费标准等作出抉择后事先登记,付款后到时成行。其优点是日程、线路、所住旅馆、参观节目均按照计划进行,收费比单独出游低。团体旅游顾客管理一般分为准备阶段和接待阶段。旅游团抵达前的准备和旅行团抵达后的实际接待过程必须经过一套科学而严密的程序化管理,只有这样才尽可能避免旅行社在提供服务时的随意性,保障顾客的权益。

(1)准备阶段。团体旅游的特点就是具有较强的计划性,制定完备的接待计划是顾客行程顺利的保证。春秋国旅要在认真研究顾客行程以及顾客身份、年龄、兴趣爱好、受教育程度等因素的基础上,对于顾客的食住行游购娱等各要素均做有针对性的详尽安排。旅游接待常常会受到市场、自然乃至政治因素等多方面的影响,因此在保证计划性的同时,还要兼顾机动性,准备充分的补救措施,防止在旅游旺季超负荷运转。同时还要随时准备应对团队临时取消、突然增加接待任务、顾客人数增减等突发情况。

(2)接待阶段。在接待团队旅游时,春秋国旅要对团队旅游活动进行必要的督导和检查。主动掌握旅游接待计划实施的进展情况,了解顾客的反映,而不是仅通过导游员的简单汇报获取顾客信息,只有这样,才能更好地把握整个旅游接待工作的实施情况,防患于未然,最大程度地减少不必要的顾客投诉。

2. 散客旅游的顾客管理

散客旅游又称自助或半自助旅游,在国外称为自主旅游。这种旅游方式由顾客自行安排旅游行程,零星预付各项旅游费用。散客旅游并不意味着全部旅游事务均由顾客自己办理,事实上,很多散客旅游的顾客除了旅游日程、线路等由自己安排选定以外,其他的诸如机票、旅馆、导游等事项均要借助旅行社的帮助。

通常来说,散客旅游的决定比较突然,如在飞机场、火车站、长途汽车站及旅游饭店的门市柜台招徕的客人多为临时性消费,他们往往出于兴趣或仅为消磨时间而购买旅游产品,因此要求春秋国旅必须能够在短时间内为顾客办理好相应的出行手续。

散客旅游由于预订的周期短,故形成安排达不到很周密,这样会在一定程度上影响行程完成的流畅性,同时散客旅游的顾客经济支出心理承受能力较强,消费水平差别大。散客旅游的顾客所要求的服务项目千差万别,有些消费水平高的顾客,可能要求在档次较高的星级饭店下榻就餐,乘坐豪华客车,增加购物时间;而另一些消费水平相对较低的顾客可能对住宿、餐饮、交通工具等要求不高,希望增加参观游览的时间,减少购物时间,这就导致同样的散客旅游中,顾客消费水平的差异。因此,对于散客旅游的顾客,春秋国旅应逐渐从以组团、接待为主,转变为以中介服务为主,比如帮助客人订房、推荐景点、提供信息等。旅行社要利用自身的资源、信息和规模经济优势,协助散客旅游的顾客以低廉的价格享受更好的旅游经历和优质的服务。同时,与团队旅游不同,导游面对的不是一个团队,而是几个甚至一个顾客,其作用更侧重于翻译、向导和沟通,因此导游应提供更专业化、个性化的服务,以满足顾客的要求。

3. 顾客投诉的管理

顾客投诉是指旅游者为维护自身和他人的旅游合法权益,对侵害其合法权益的旅游服务机构,以书面或口头形式向旅游行政管理部门提出投诉,请求处理并要求得到相应补偿的一种手段。一般来说,顾客投诉缘于自身的权益受到侵害,因此春秋国旅应积极主动与顾客沟通,而不应回避问题。核实顾客权益侵害的事实后,旅游接待人员要秉承以客为尊的服务宗旨,及时处理,认真弥补。对待顾客投诉时,旅行社可通过多种渠道挽回不良影响,如在物质方面给予补偿,精神上给予慰藉。某些引发投诉的问题可能与旅行社并无直接关系,但是旅行社也有义务为顾客从道义上谋求相应补偿。

春秋国旅在处理顾客投诉的同时,也要做好总结工作,相关责任落实到人,总结经验教训,分析问题产生原因,避免再次出现同类问题。

四、质量管理

在春秋国旅为顾客提供的旅游服务过程中,任何服务细节的差错均会影响顾客对整体服务质量的感觉,可以说服务质量是春秋国旅的生命线,为了提高顾客对旅游服务质量的感知,旅行社必须加强服务质量管理。

1. 服务质量管理的概念

(1)春秋国旅的服务质量。制造业通常用是否符合标准来定义产品质量的好坏,而服务业则更多使用顾客满意度来衡量服务质量。服务质量是顾客感受到的服务与其期望的服务之间的差距,顾客的期望在质量判断中占据重要的作用,而顾客期望的形成有赖于顾客过去使用这一产品的经历、公司的形象、口碑、公司的宣传以及产品价格。

春秋国旅的服务须同时满足物质、精神两方面需求,设计出满足不同层次的游客需求线路和旅游活动,食住行游购娱等项目的供应标准要做到质价相符。同时,服务中热情周到、谦和礼貌、舒适方便和及时快捷的服务也是必不可少的,以使游客得到精神上的满足和愉悦。

(2)春秋国旅服务质量的衡量标准。旅行社向顾客提供的是服务,顾客通过旅行社的服务可以获得物质、精神上的多重满足感。提供优质的服务,最大程度地满足顾客的合理需求是春秋国旅竞争实力的核心内容,也是旅行社生存与发展的根本之道。旅游服务质量的提高不仅要靠旅游主管部门建章立制加以规范引导,以及媒体客观公正的舆论导向,更需要其服务对象——顾客的积极配合和监督,但是归根结底要靠旅行社自身的努力。只有将顾客放在首位,从企业内部质量管理入手,树立以顾客为主的理念,建立保障服务质量的机制,以完善的管理机制来控制春秋国旅服务的整个过程,才能实现高质量的旅游接待服务。

一般来说,衡量旅行社的服务质量主要从技术质量、功能质量和社会质量三方面入手。技术质量是指服务过程的结果维量,主要体现在顾客的旅游客观需求是否得到满足,旅游者的食住行等是否物有所值,是否与约定的标准相符合。功能质量是指旅游者与服务提供者相互交往的过程维量,主要体现在旅行社人员尤其是导游人员为顾客提供的服务过程中的态度、言谈举止和仪容仪表等方面。这种过程维量表现为可信性(执行已承诺服务的可信赖性和精准性的能力)、责任心(帮助旅游者和提供快捷服务的心甘情愿的程度)、保证(员工的知识和礼貌以及他们传播信任和信心的能力)、同情心(对旅游者照顾、个性化关心的规定)。社会质量是指旅行社向顾客提供的服务应该符合社会伦理道德规范和旅游管理部门的规章制度,是符合法律法规的正常服务。

(3)春秋国旅质量管理的内涵。对春秋国旅而言,质量管理是指旅行社为了保证和提高产品质量,综合运用一整套质量管理体系、思想、手段和方法来进行系统的管理活动。旅游是一项跨越时间和空间的活动,旅游者在旅游过程中需要食住行游购娱等多种服务,因此,旅游的过程也是一系列过程的总和,旅游者只要对其中某一项感到不满意,就会影响他对于整个服务质量的评价。

服务企业经营的最高目标是让顾客满意,并让企业有所收益。而顾客的满意度源于他们对服务的评价,顾客对服务的评价主要根据五个标准:可靠、敏感、可信、移情、有形证据。其中除可靠与技术质量有关外,其他的几个标准均与服务过程的质量相关。换言之,服务过程的质量对顾客感觉中的整体服务质量有极大的影响,因此要加强企业的质量管理。

2. 服务质量管理的内容

春秋国旅的产品质量是由各个部门和人员共同协作而实现的，须对旅行社进行全面系统的管理。一般来讲，旅行社的质量管理包括全面质量管理、全过程质量管理和全员质量管理。

(1) 全面质量管理。春秋国旅的全面质量管理要求从旅游线路的设计、服务过程质量控制和售后问题的处理三方面进行全面的考察，实施全方位和全因素管理。旅游活动涉及面非常广泛，若要确保顾客的旅游活动顺利进行，春秋国旅就必须进行大量组织与协调工作，确保合作各方实现各自利益的前提下，协同旅游业各有关部门和其他相关行业，保障顾客在旅游活动过程中的各环节的衔接与落实。

(2) 全过程质量管理。顾客对春秋国旅服务的评价和体验，是从旅游产品经营销售到旅行社具体的接待服务活动，以及行程结束后的售后服务中得出的综合结论，因此春秋国旅要从产品的设计直到售后阶段的全过程加强质量管理。

旅游前阶段的重点是管理好旅游产品的设计、宣传、销售和接待的服务质量。在设计时须充分考虑顾客的需求，针对不同层次的需求推出大众化、个性化并有特色的旅游产品，时间安排、交通工具及旅游景点的选择上均要合理，以满足顾客的需求。

旅游中间阶段的重点是管理好导游人员的服务质量并注意保证环境质量。旅游过程是游客与旅行社交易的主体内容，这一阶段顾客对服务质量的感觉会对旅行社品牌忠诚度造成较大的影响，因此，旅游中间接待过程中的质量管理是全程服务质量保证体系的重点环节。就服务质量而言，一方面，须对导游的服务态度、方式、项目、语言、仪表和职业道德等方面制定标准，进行规范化管理；另一方面，还要督促导游人员根据顾客的具体情况提供个性化的服务，使顾客通过导游的服务对旅行社产生好感。在游览过程中，导游是团队的核心，导游的服务质量至关重要，甚至影响到顾客对旅行社的信誉。

旅游后阶段的重点是做好旅游产品质量的检测和评定，优良的旅游后服务是提高顾客对整体服务质量感觉的重要环节。春秋国旅须运用各种有效方法，积极收集顾客对旅游服务质量的评价，建立服务质量信息系统，不断改进服务质量。要加强与熟客的沟通和联系，完善服务功能，这对培育顾客的品牌忠诚度非常重要，此次旅行的结束意味着下次旅行的开始，做好熟客的服务工作就是使他们在下次旅行时非常可能再次与该旅行社联系。

(3) 全员质量管理。要使顾客得到优质服务，春秋国旅必须要激励全体员工做好服务工作,自觉为游客提供优质服务。管理人员为服务人员服务,后台为前台服务,上一工序为下一工序服务,旅行社全体员工的相互服务,只有这样才能从根本上提高春秋国旅的服务质量。

五、危机管理

旅游业具有高度敏感性,容易受到很多因素的影响和干扰,如近年来发生的局部战争以及各种恐怖活动对全球旅游业的冲击、经济危机对全球旅游业的重大影响、世界各地发生的各类突发事件对旅游业的沉重打击等。因此,有必要采取相应的方法措施来应对这些突发的危机事件,以降低其对区域旅游业的不利影响,减少对旅行社的经济损害。

1. 旅游危机的内涵及影响

现代旅游业是建立在市场经济基础之上的,是在异域时空环境下的一种体验与经历,换言之,旅游是人们的生活理想在时空上的拓展。旅游业是为旅游者提供这种体验与经历所衍生出来的一个新兴服务产业。旅游业的综合性和关联性使得旅游业具有天生的脆弱性,表现为旅游业容易遭受各种不利事件的干扰和破坏,从而影响旅游业的正常发展,这种影响旅游业正常发展的不利事件就是旅游危机。

2003年5月世界旅游组织在制定的《旅游业危机管理指南》中将旅游危机定义为:"那些有可能动摇旅游者对旅游目的地的信心,并且影响旅游目的地正常运营的任何突发事件,这类事件可能以无限多样的形式在许多年中不断发生。"旅游危机不一定只发生在旅游目的地,在客源市场地区或国家发生的危机事件也能影响当地居民的出游信心,从而对目的地的旅游业也产生巨大冲击。

危机事件通常具有突发性、高度不确定性和紧迫性特征。突发性是指危机发生的时间、地点和造成的危害不可预知,没有任何预兆,完全出乎意料之外,"突发"是相对于正常的社会秩序和组织内外环境而言;高度不确定性是指危机变化无规律可循;紧迫性是指针对危机事件的发展变化,对其反应时间非常有限,非常紧迫。除此之外,危机还具有事件相对的独立性、两面性、信息的不完全以及各种变化的联动性等特征。

旅游危机的影响有很多方面,对于不同的受损主体,危机影响程度和范围也不同。对于一个地区和国家整体旅游业的直接影响表现为旅游人次骤减,旅游收入大幅减少,各类旅游设施、交通的大量闲置,造成短时间内旅游行业性大失业。因此必须树立危机意识,建立长效的危机预警机制。在危机发生前,能够准确预警;

在危机发生时,能够对其作出迅速反应,实施有效的组织管理,控制和引导危机变化趋势向良性发展;在危机结束后,尽快消除危机的不利影响,以恢复正常的生产生活秩序,这就是危机管理。

2. 旅行社危机管理的原则与功能

旅行社危机管理即旅行社对在旅游开发和经营过程中形成的危机因子进行有效预警和化解;在危机发生时,进行有效控制和引导;在危机结束后,进行有效生产恢复和形象重塑等一系列系统科学的管理过程。基于旅游危机事件的特征和影响的特殊性,旅行社危机管理不同于其他事件的危机管理,通常遵循以下基本原则:

(1) 长期性原则。影响旅游危机因素的多样化,使得危机爆发在时间上没有周期可言。因此,对于旅行社来说,即使眼下没有明显的危机事件,仍需采取一些必要防范措施,为危机爆发时刻做好准备和必要的演练;当危机真正爆发时,在日常措施的基础上,采取专门针对危机的早期、中期和后期处理措施。

(2) 加强沟通与协调。由于旅游危机受损主体和管理主体的多元化,因此在实施旅游危机管理时应加强彼此间的沟通和协调,以避免因信息误导、信息不完全而出现更为混乱的局面。

(3) 重视危机预测。旅行社须及时掌握有关旅游目的地的入境旅游者的相关数据,以评估每一阶段危机影响的范围及规模;同时还应搜集以往危机的相关数据为管理决策者制定可行性解决方案提供借鉴。

实施旅游危机管理对于不同的主体,其功能和意义均不尽相同。对于旅游目的地来讲,实施危机管理在于减少旅游危机给当地的社会、经济和环境带来的灾难性影响和损失,促进旅游地的旅游业持续、快速、健康、稳定和谐地发展;对于旅行社来讲,实施旅游危机管理可以降低危机带来的利润损失,一定程度上规避旅游危机带来的经营风险,增强其市场免疫力和竞争力,可以说旅行社的危机管理是企业发展的内在要求。

3. 春秋国旅的危机管理机制

春秋国旅的"非典"危机

2003年"非典"疫情使中国旅游业普遍遭受业绩上的滑坡。春秋国旅因此在4月16日出现了经营史上的首次降薪和暂停营业。各部门经理主动要求降薪,春秋国旅董事长王正华也只拿535元的工资。4月21日、22日、27日,国家旅游局连续下发三份紧急通知,要求国际游、国内游、省际游和本地游一律暂停。"五一"前后,是旅行社名副其实的"黄金周"。然而,接到旅游局下发的三份紧急"叫停"通知后，春秋国旅和其他旅行社一样，悲怆地迎来了前所未有的退团高峰。4月以来退款的数额，国内旅游退款2600万元，国内出境旅游退款810万元，海外入境旅游退款860万元。全国"春秋"退款总额高达6070万元。

在这艰难时期，总经理王正华与员工同甘共苦，卧薪尝胆，整个春秋国旅表现出了惊人的凝聚力和集体感，这段时间公司上下并不是坐以待毙，而是积极应对，善于利用机会，公司修改完善了1996年版《春秋规范条例》，并提升公司内部电脑网络系统。部门经理展开了国外企业先进案例学习的演讲竞赛，业务骨干掀起经验交流的高潮。"春秋"还开始了"生产自救"。企划部为客户公司设计广告、制作灯箱、拍VCD、做横幅广告，以尽量减轻损失。早在5月中旬开始，"春秋"就已经着手准备一旦旅游解禁的对策。下旬，它们就迅速向国航、川航、南航等23条航线递交了新的包机报告，还制定了"后非典时期"的旅游计划，并加强了网上宣传力度，重新设计旅游路线。正是这样一种积极的态度，在7月上海决定全面恢复上海市内、市郊旅游线路后，"春秋"在第一时间迅速推出了"市内一日游"等短线旅游线路及《健康生态旅游指南》，终于在悲情春天过后引来灿烂夏季。

资料来源：人民网. http://www.people.com.cn/GB/paper40/9390/869752.html.

"非典"事件不只是春秋国旅也是整个旅游行业的危机事件，处理危机事件有章可循。

旅游危机与其他危机事件并无本质区别，不同之处在于旅游危机更强调对于旅游产业的影响和危害。因此，与其他危机事件一样，春秋国旅的危机管理机制也包括危机预警机制、应急处理机制和沟通协作机制三方面内容。

（1）危机预警机制。旅行社危机预警机制是一种将危机扼杀于潜伏生成期的作用机制，也是当前在旅行社危机管理系统中迫切需要建立的重要机制。建立危机预警机制就是将危机事件预测和准备工作制度化、科学化和系统化的一个举措。

旅行社要通过相关的目标、政策以及制度使员工明确企业对于危机预警的态度、预警的目标及应对的原则等，使员工树立利用系统的方法管理各自危机预警活动的态度。春秋国旅的不同部门或员工对危机的看法和态度不尽相同，因此应在企业范围内制定危机以及危机管理的词库，形成统一规范的危机预警语言，作为企业员工共同的语言标准。

危机预警需要旅行社运用系统思维解决企业面临的各种危机。首先分析春秋国旅不同部门的危机因素，而不是只分析有关安全、财务等个别危机因素；其次分析各种危机因素之间的相互关系，从春秋国旅整体角度出发对各种危机进行评价、分类、排序。由于旅行社可以利用的危机管理资源和技术条件是有限的,因此要从整体角度出发制定系统化的危机预警策略。

(2)应急处理机制。在旅行社危机应急处理机制中,危机预案的制定是危机处理的基础环节。春秋国旅应建立旅游危机信息库,主要收集旅游行业常见的危机类型及处理方案,同时也要收集比较特殊的旅游危机案例及处理方案的得失,做到有备无患。春秋国旅还应组织员工进行危机事件模拟训练、重大事故处理演练、游客紧急疏散演习等,以提高企业员工对旅游危机事件的适应能力和对危机处理控制能力。

旅游行业是一个对环境十分敏感的服务产业,旅行社的从业人员均应树立危机意识,同时具备旅游行业危机处理的相关知识和技能。因此,春秋国旅应重视培养员工的危机意识,通过宣传和培训,强化员工的危机意识。

对于任何危机的应急处理均须一个强有力的领导机构,组建危机管理机构能够体现企业对于危机的快速反应。一般来说,危机领导小组由春秋国旅的行政负责人和相关部门领导组成,并由企业高层领导任组长,这样危机处理决策才更具权威性,决策方案才能得到有力的贯彻执行,决策措施才能得到快速有效的实施。

(3)沟通协作机制。由于旅游危机的诱因很复杂,因此有效的旅游危机管理须各部门之间的密切沟通配合,组织成员之间的团结协作才能完成,因此春秋国旅的危机管理须建立良好的沟通和协作机制。

在危机处理过程中,春秋国旅应与相关机构建立起互动的沟通网络,在企业内部建立部门间横向和纵向的沟通关系。建立良好的沟通网络关系,能够在危机事件发生时,节约危机处理的时间,有利于危机处理时信息采集渠道的多元化,及时准确的信息是危机处理决策方案的直接依据,还能够拓展危机处理渠道,好的危机解决方案是挽救危机影响的良方。企业一旦建立起良好的行业沟通协作关系,在遇到危机和困境时,就能够得到同行以及相关组织的更多的援助,在危机过后,也将拥有更多的商机,得到更多的发展机会。

六、决策管理

决策科学是随着现代社会化大生产、现代科学技术和现代管理科学的发展,为了适应管理而形成的一门独立科学。春秋国旅决策的正确与否在整个企业的管理体系中占据重要地位。

1. 科学决策的原则

春秋国旅的决策管理是为了实现企业发展的某一目标,根据企业客观条件,在调查研究掌握信息的基础上,借助于科学的理论和方法,从提出的若干备选行动方案中,选择一个满意合理的方案进行分析、判断和决定的完整过程。决策是否具有科学性是旅行社决策目标能否实现的关键,可以说决策管理是春秋国旅管理的重要环节。每个企业在具体运营的每一步其实都是在做相关决策,春秋国旅也不例外。春秋国旅成立之初,就面临着是否接受外资的决策。

"春秋"拒绝外资

国内旅游业早已对外资开放,外资参股国内旅游公司也不再是新闻。春秋国旅却未涉足其中,原因是王正华曾因与外资合作而受到对方的掣肘,用他的话说就是"摸索出许多经验,也走过一些弯路",他也因此而"形成了自己做旅行社的思路"。1996年,春秋国旅与美国罗森布鲁斯国际商务旅行管理有限公司开始合作,管理方为罗森布鲁斯大中华区总经理,中国台湾人。那时,罗森布鲁斯是世界上最好的商务旅游企业之一,因其国际客户在中国的商务活动越发频繁,该公司于1994年便在中国寻求合作伙伴。王正华的春秋国旅成了其"新娘"。春秋国旅成立一个罗森部,由台湾籍总经理负责,专门处理罗森布鲁斯在中国境内的业务,"亏了算罗森的,赚了算春秋的"。

不幸的是,这位台商月营业额竟达20多万元,致使罗森布鲁斯总部怀疑自己与王正华合作的正确性。此人坐不住了,一年后找到王正华,情愿让出大权。王正华毫不犹豫地接管罗森部,营业额连月翻番,月营业额收入迅速增长到400多万元。罗森布鲁斯在美国本土远不及运通,在中国市场上却将对手远远地抛在身后。

双方的合作渐入佳境之际,这位台商却将罗森部的管理权收归己有。一天,台商设下酒宴,邀请了春秋罗森部的全体员工,独独漏掉了王正华。台商向这些年轻人许以高薪,并说可以把跟随他的人送去美国培训。这对当时的年轻人产生了巨大的诱惑力。春秋与罗森的合作戛然而止。此举令春秋国旅损失惨重。一朝被蛇咬,十年怕井绳,从此,王正华不再青睐外资,头上有个"太上皇",无异于自套紧箍咒,什么事都做不好。他掌管下的春秋系甚至不再有什么"海归"。在各地建立分社时,除了总部派出经理与财务人员之外,他坚持招聘没有经验的当地人员。

资料来源:新浪财经.http://finance.sina.com.cn/leadership/crz/20050801/18071877034.html.

从以上案例可以得出,一个企业在经营运作时每作出的一个决策都将关系到该企业以后的发展方向,具体在决策时,企业应遵循以下几点:

(1)正确的决策目标。目标是决策管理的指导,是决策的起点,也是决策的最终归宿。目标的确定必须符合客观规律,从实际出发,把握问题的核心。正确的决策目标,必须能够被科学地定量,具有可预测性。

(2)最优的决策方案。提供给旅行社管理者决策的方案有很多,备选方案一般均具有各自的优势,应以全面衡量、整体最优为原则,选择最优的决策方案。一般从技术先进性、经济是否合理合算、实践是否切实可行以及战略是否衔接有利等几个方面进行考量。

(3)重视决策的时空性。天时、地利一直被认为是企业成功的重要因素,因此在决策时,要注重科学地分配时间和空间,注意劳动实践在不同部门之间的分配,注意把握良好的决策实施机会,作出适时适地的决策,还要注重时间和空间因素的变化对旅游活动的影响,有时候在某段时间被认为优质的方案换做彼时彼地也有可能变成一个极其糟糕的方案。

(4)坚持创新精神。创新是决策的生命力,旅游业向顾客展示真、美、新、奇,求新和猎奇是顾客主要的旅游动机之一。同时,作为一个新兴的现代化产业,旅游业的发展本身也要面对各种新问题、新挑战,机遇与风险并存,风险与成功相伴,没有创新,不愿冒险只能因循守旧。因此,在旅行社的决策管理中,要敢于创新,在科学地预测风险之后,做好应对各种变化的准备,再做出具有适度风险的决策,才能在复杂多变的竞争环境中立于不败之地。

2. 决策的程序

春秋国旅的决策管理是逻辑分析与综合判断的过程,是一个完整的科学体系。尽管决策对象具有复杂多样性,决策过程更不是同一划定,但是仍然存在决策的一般规律。一般来说,决策的程序包括如下步骤:

(1)提出问题。问题是决策的起因,问题的解决是决策的终点,因此,找准问题就是成功的一半。在充分调查并研究分析的基础上,科学地提出决策问题,是有效决策的开始。但值得注意的是,提出的问题应该是那些切中时弊、亟待解决的问题。

(2)确定目标。决策目标是决策方案付诸实施后期望得到的结果。所有的决策均是围绕着决策目标开展的,因此目标必须是明确的;目标的成果必须是可测量的,落实的时间必须是明确的。决策目标不仅有全过程的目标,而且要有各阶段的目标;不仅有整体目标,而且要有各部分的目标。同时,目标还须确立最低目标和最高目标。

(3)收集信息,科学预测。信息和预测是决策的基础。信息反映的是决策依据的各要素的状况,准确完整和及时的信息是科学决策的前提。预测反映的是在未来时段内所依据的各要素的变化和发展趋势。对决策对象的未来是否有科学的预测,预测的准确程度如何直接决定了决策是否具有超前意识,也反映了决策能否在未来的变化中适应环境,可以说科学的预测一定程度上决定着决策的质量。

(4)制定方案。理想的决策方案应具备整体的详尽性和方案的互斥性。整体详尽性是指全部备选方案应包括所有的可行性方案;相互排斥性是指各方案之间有原则区别,而不是细节的差异。因此要求在制定决策方案时要集思广益,集中各种意见、看法和建议;同时,方案与对策的确定要明确限制性因素和主导限制性因素,明确限制性因素在空间层面的关系以及时间层面的先后顺序。

(5)方案评价。这一阶段要对各种备选方案进行全面比较,对方案的优劣进行科学的评价。首先要对各种方案进行可行性论证,包括技术的先进性、实现的可能性、经济的合理性以及产生的社会效益等。然后再选择科学的方法,根据统一原则和标准对方案进行评价。

(6)权衡后决策。方案的权衡包括三方面含义:①全面比较方案的优劣,尤其是关键步骤的优劣;②要从全局出发,从政治、经济和社会的角度,以现在与未来的视角出发对方案进行全方位的权衡,估计各备选方案实施后的可能结果;③要从更高一级决策目标对本决策的基本要求和平行的各项决策之间的关系综合考量。总之,在经过全面分析、重点考虑、总体权衡后做出最终决策。

(7)及时反馈。对于决策管理而言,方案的确定并非是决策的终点,而是新阶段的开始。执行是检验决策效果的唯一途径,一旦决策执行出问题,再好的决策方案也难免功亏一篑。因此,应通过及时反馈,掌控决策实施的过程,了解决策在执行过程中出现的误差与不足,收集新的信息与动态由决策中枢对整个决策实施过程进行动态干预,实现目标的动态优化。

第二节　春秋航空管理模式

关于春秋航空的管理模式下面也从组织结构管理、人力资源管理、顾客管理、质量管理、危机管理和决策管理六个方面予以介绍。

一、组织结构管理

组织结构的合理性直接影响服务与管理的效果,特别是春秋航空,因其服务管理的网络化和客户需求的多样性均要求航空公司一方面须满足运营管理的一体化,另一方面还须满足客户服务管理的灵活性。因此,春秋航空如何构建组织结构,配置资源,制定相应的组织制度与服务标准,是提升航空公司管理的关键性因素。对春秋航空来讲,组织结构、组织资源、组织制度与组织标准决定了企业的战略、文化、制度建设、工作环境、标准体系、薪酬体系和激励机制等,而这些因素又对企业的人力资源管理、顾客管理等产生重要的影响。

自1987年民航体制改革以来我国各大航空公司发展迅速,在运输总周转量、旅客、货邮运输量均有突飞猛进的增长,同时一个重要却容易被忽视的问题随之而来,现行"直线型职能制"的公司组织结构已经不能适应企业的发展需要,甚至阻碍了航空公司的发展。因此,借鉴国外航空公司组织管理的先进经验,进行管理模式的比较研究,结合我国具体实际,建立具有可操作性、成长性的组织管理框架模式是提高我国航空公司管理水平的重要内容。

1. 国外先进航空公司的组织管理框架模式①

相对于我国的航空公司,欧美以及个别发达的亚洲国家的航空公司的历史较长,分析它们的特点和长处,并借鉴它们组织机构的成功经验,有益于我国航空公司组织管理模式基本框架的建立。

(1)瑞士航空公司。瑞士航空公司组织结构的趋向是集权,偏重于市场活动。最大特征是从总体上改变了原来体制中运输业务与销售、飞行与客舱服务、工程与维修、财务与经济四大块的划分,将"市场活动和销售"职能分开,而将飞行与客舱服务、工程与维修合为一体组建为"技术与飞行"职能部门,机上服务仍在其中,强化了"人事与组织、计划与财务"的职能。

(2)新加坡航空公司。新加坡航空公司的组织结构中,主要组成部分是"客舱服务、机务工程、航务、市场活动(广告)和市场计划"五大系统。管理过程中高度分权,在顾客服务方面,它享有很高的声誉。市场活动(广告)、市场计划、客舱服务等部门均要直接向常务董事汇报。新加坡航空公司对新加坡国家经济发展做出了重大贡献。

(3)德国汉莎航空公司。汉莎航空公司也是一个高度分权的组织管理机构,但与其他航空公司不同的地方是,汉莎航空公司设立了负责管辖地区销售和飞行的"地区管理部门"。地区分权的概念对航空公司组织机构的构思产生越来越大的影响,主要系统为市场活动与广告、运输业务、航务、运营、工程、航材、维修;地区

---

① 张小平.讨论我国航空公司组织管理模式的基本框架[J].中国民用航空,2006(4).

管理部门涉及法兰克福总部、德国国内、欧洲、近东、非洲、北美和中美、南美、远东八个地区或国家。

2. 国外航空公司的机构设置①

(1)英国航空公司。英国航空公司采用了一种新的组织概念——由市场形成商业组织结构,旨在建立以利润为中心的运营,能够应对市场的不断变化,有利于改进顾客服务。新的组织结构以英国和爱尔兰共和国、北美洲与加勒比、北欧、南欧、非洲、中东与印度次大陆、澳大利亚与新西兰、远东八个市场为中心,覆盖旅游、包机和货运三个不同性质的业务。

(2)北欧航空公司。北欧航空公司作为丹麦、挪威和瑞典三个国家共有的航空公司是很独特的。北欧航空公司曾把管理重点放在技术改造上,以期在航线生产方面得到更大改进,增强竞争力。由于这种技术改造最终没能面向市场,反而由于沉没成本、人员资源的减少导致服务质量降低,最终造成生产力与服务质量双重下降的"恶性循环"。北欧航空公司终于认识到:航空公司必须注重面向市场,必须合理配置资源,提高资源利用效率。为此,北欧航空公司重新设计了面向市场的崭新组织模式,并且成为欧洲最能严守航班时刻的航空公司之一。

(3)澳洲快达航空公司。澳洲快达航空公司成立于1920年,是世界上历史最久的航空公司。该公司全部经营远程航线,多数航段的飞行时间在10小时以上。在现行组织结构中,澳洲快达航空公司结合自己的特点,大胆地采用了运营和市场活动两大块的运行格局:航务、维修、客舱服务、运营服务、机场地面经营和悉尼配餐六个业务全部划归运营系统管理;市场计划、市场服务、销售、广告、外场服务和货运六个业务统一由市场系统管理。财务由于涉及收入结算、分析研究等也单独设置一个系统。总部管理职能部门由计划、方针制定、公众事务、人事、合同、支援服务六个分支组成,显得比较精干。

(4)日本航空公司。日本航空公司的组织机构经历了多次变革,目前是向更富有市场活动的方向发展,在强调分权的同时加强了人事管理职能。日本航空公司的特点在于:①操作平面上以六个主要功能为主(运输服务、机务维修、航务、销售与广告、货物邮件和客场服务),几乎包括任何航空公司的主要功能。②特别重视总体研究和规划工作,有一名高级副总裁专管此项工作。③采购作为一个独立的部门进行管理,大大减少成本和工作环节。④日本航空公司非常关注各类专业

---

① 张小平.讨论我国航空公司组织管理模式的基本框架[J].中国民用航空,2006(4).

人员的合理配比,如因地面最容易实现机械化从而缩小地面人员比例;机组人员比例控制稳定(10%左右);因飞机架次的不断增加及更新使乘务组人员比例上升。

3.春秋航空的组织机构设立的原则

春秋航空组织管理模式的基本框架应考虑到未来5~10年的发展规划,紧紧围绕"航班生产和飞机运营"来进行组织设计。

(1)"政策制定与执行管理分开"的原则。整个系统由决策层、执行层和职能层组成。决策层集中精力负责制定政策和重大经营决策以及长期战略计划;执行层负责一般经营决策和本系统生产经营决策以及生产第一线的指挥;职能层负责各个专项的职能管理,协助决策者进行管理。

(2)执行部制与混合制相结合的"扁平式"的组织形式。整个模式由四大系统和两大中心组成:运营系统、维修系统、市场系统、供应系统、基地管理中心和地区销售中心。四大系统实行执行部制,各经营中心采用事业部制;两大中心实行混合制。在管理上,四大系统采取相对独立的核算,拥有较大的自主权,所属职能部门除财务部门外,不要求实行上下对口管理。

(3)统一指挥航班生产经营的运营系统。从春秋航空多年的实践经验来看,把涉及航班生产经营管理活动的单位放到一个系统内集中、统一管理,利远大于弊,既可以减少大量的、不必要的横向协调工作,还可以提高组织机构的工作效率与应变能力,便于航班生产经营的一体化管理。

(4)统一的国际、国内市场营销活动。统一管理国际、国内市场的营销活动,强化市场活动和广告功能,增强市场开发和航班网络规划能力,统一管理国际、国内市场的营销活动。航班生产(航务)、飞机维修和市场营销历来是春秋航空的三大支柱,航空企业要想取得好的经济效益,要想在激烈的市场竞争中立于不败之地,拥有强有力的市场营销系统和卓越的广告市场策划能力是极为重要的。

(5)必要的职能部门合并。总部职能管理层的机构设置应充分体现"精干、高效、科学"的原则,将一些性质相似、职能相近的部门进行合并。

4.组织结构的基本模式①

(1)决策层。

1)董事长办公室,是董事长的办事机构,负责董事会和董事长的日常事务;秘书局负责处理董事会和董事长的日常事务;股东局负责处理股东咨询、查询事务,

---

① 张小平.讨论我国航空公司组织管理模式的基本框架[J].中国民用航空,2006(4).

负责接待股东来访;关系室负责处理对外关系、对外联系和政府联系事务;研究室负责经营战略、经营决策的研究管理;负责政策咨询与经济、金融、科技、航空、企管、商务、航务、机务等方面的课题研究与管理。

2)咨询委员会,是总裁的智囊团,由政府代表、经济金融界权威人士、教授学者、企管专家、民航总局代表、航空界权威人士、国内外有影响的航空公司总裁组成。其中外部委员应占2/3以上,因为外部委员均知识渊博、见多识广、消息灵通,具有很高的政策、专业水平和提出问题的敏锐洞察力,况且又不在企业任职,观察、解决问题的立场更为公正、客观,从而在进行经营决策时站得更高、看得更远,进而提高决策的科学性、准确性和稳定性。

(2)执行层。执行层由四大系统(运营系统、维修系统、市场系统、供应系统)和两大中心(基地管理中心、地区销售中心)组成,具体负责日常航班生产的指挥活动。

1)运营系统,将日常航班生产经营体系中几乎所有涉及航班生产的各个部门全部纳入,以便切实提高运营效率和效果。运营系统下设飞行控制中心、乘务服务中心、运行控制中心、地面保障中心、信息控制中心等部门。

2)维修系统,即飞机维护系统。负责各类机型的维修维护、定检、大修,承担其他航空公司委托代理的各种飞机的维修。维修系统下设航线维护中心、部件大修中心、航材供应中心、设施设备中心和计量质量中心等部门。

3)市场系统,指航班销售与服务系统。负责航空运输市场的营销管理、广告管理及货运管理。下设航班计划中心、销售控制中心、客运业务中心、货运业务中心以及广告策划中心等。

4)供应系统,即采购与配置系统。它将除航材以外的采购、供应、配置活动集中统一管理,下设机供品中心、餐饮品中心、综合品中心、机上娱乐中心、物流控制中心等部门。

5)基地管理中心,是指遍及全国各地的分子公司管理系统。它把过去原有的分子公司和国内营业部进行重新编排,按照重点地区进行划分管理。国内营业部不再单独作业,全部并入基地管理系统。统一负责本地区内航空运输业务,空勤机组、乘务组、客运、货运、服务、机票销售、飞机维护、定检管理以及航班签派、申请管理。基地管理中心按区域一般可设:华东、华北、中南、西南、西北、东北和北京、上海、广州、深圳基地管理中心。

6)地区销售中心,即国际及港、澳、台地区办事处系统。它把原有的国外办事处按照地理位置和客货运输量进行整合,统一负责所辖地区的客货运输业务。地区销售中心一般可设：日本及韩国、东南亚、中东、大洋州、北美、欧洲、中东、非洲、南美洲以及中国港、澳、台等地区销售中心。

(3) 职能层。职能层由四大总部组成，设置十分简捷，是总部的职能管理部门，协助总裁进行公司的经营管理。主要有以下几个部分：

1) 行政总部，主要有总裁办公室、综合管理部。总裁办公室主要负责日常事务、文秘、档案管理，专包机任务管理，护照与签证管理，协调政府、企业间和驻场海关、边防、机场当局、空管、航油、安检等有关单位的关系。综合管理部负责行政、基本建设、车辆设备、总务和房屋物业管理。

2) 管理总部，主要有企管研发部、财务结算部。企管研发部负责经营战略、经营决策研究管理，负责中长期规划、计划管理，机队规划与引进管理，经济活动分析与计划统计管理，负责运输服务质量管理；企业形象与标志的设计、策划、监制、督导；负责经济指标考核管理，负责整个系统的信息反馈、监督控制管理，负责业务流程规章管理与标准化、规范化、程序化管理。财务结算部负责国际、国内票务收入与结算管理；负责财务政策、法规管理与投资管理；负责财务计划、预决算、经济活动分析管理；负责融资租赁与外汇管理。

3) 技术总部，主要有飞行安全部、机务工程部。飞行安全部负责飞行专业管理与安全监察、飞行技术与天气标准放飞、航务与技术引进以及空防安全的管理。机务工程部负责机务专业技术与放行标准以及飞机设备设施引进与技术改造的管理。

4) 人事总部，主要有人力资源部、教育培训部。人力资源部主要负责劳动工资、劳动保险的管理；负责定员定编、技术职称的管理；负责组织人事、组织机构的管理；负责人才资源、人才开发的管理；负责工资总额、奖励基金、福利基金的管理。教育培训部主要负责飞行、乘务、机务、商务专业培训；负责干部职工培训、经理进修培训；负责飞行员、乘务员模拟舱培训管理。

二、人力资源管理

1. 人力资源管理的概念

(1) 人力资源的概念及特点。人力资源，又称劳动力资源或劳动力，是指能够推动整个经济和社会发展、具有劳动能力的人口总和。在现代科学技术飞跃发展的情况下，经济发展主要靠经济活动人口素质的提高，随着生产中广泛应用现代科学技术，人力资源的质量在经济发展中将起着愈来愈重要的作用。人力资源是一

种特殊而又重要的资源,是各种生产力要素中最具有活力和弹性的部分,它具有以下基本特征:

1)时代性。人力资源的数量、质量以及人力资源素质的提高,即人力资源的形成受时代条件的制约,具有时代性。

2)连续性。人力资源是可以不断开发的资源,不仅人力资源的使用过程是开发的过程,培训、积累、创造的过程也是开发的过程。

3)能动性。人力资源的能动性是指人力资源是体力与智力的结合,具有主观能动性,具有不断开发的潜力。

4)两重性。指人力资源既有生产性,又有消费性。

5)时效性。指人力资源如果长期不用,就会荒废和退化。

6)再生性。人力资源是可再生资源,通过人口总体内各个个体的不断替换更新和劳动力的"消耗—生产—再消耗—再生产"的过程实现其再生。人力资源的再生性除了受生物规律支配外,还受到人类自身意识、意志的支配,人类文明发展活动的影响以及新技术革命的制约。

(2)人力资源管理的内容。春秋航空的人力资源管理是指根据企业发展战略的要求,有计划地对人力资源进行合理配置,通过对企业中员工的招聘、培训、使用、考核、激励、调整等一系列过程,调动员工的积极性,发挥员工的潜能,为企业创造价值,确保企业战略目标的实现,是企业的一系列人力资源政策以及相应的管理活动。这些活动主要包括企业人力资源战略的制定、员工的招募与选拔、培训与开发、绩效管理、薪酬管理、员工流动管理、员工关系管理、员工安全与健康管理等。即企业运用现代管理方法,对人力资源的获取(选人)、开发(育人)、保持(留人)和利用(用人)等方面所进行的计划、组织、指挥、控制和协调等一系列活动,最终达到实现企业发展目标的一种管理行为。

根据定义,可以从两个方面来理解人力资源管理,即一方面对人力资源外在要素——量的管理,就是根据人力和物力及其变化对人力进行恰当的培训、组织和协调,使二者保持最佳比例的结合,使人和物均充分达到最佳状态;另一方面是对人力资源内在要素——质的管理,主要是指采用现代化的科学方法对人的思想、心理和行为进行有效的管理(包括对个体和群体的思想、心理和行为的协调、控制和管理),充分发挥人的主观能动性,以达到组织目标。

2. 春秋航空人力资源管理的内容

(1)人力资源规划。人力资源规划是指春秋航空从战略规划和发展目标出发,根据其内外部环境的变化,预测企业未来发展对人力资源的需求,以及为满足这种需要所提供人力资源的活动过程。春秋航空的人力资源规划的制定必须依据企业的发展战略目标而定。人力资源规划要适应春秋航空内外部环境的变化,制定必要的人力资源政策和措施是人力资源规划的主要工作。人力资源规划的目的是使组织人力资源供需平衡,保证春秋航空长期持续发展和员工个人利益的实现。

人力资源规划是春秋航空发展战略的重要组成部分,同时也是实现春秋航空战略目标的重要保证。人力资源部门必须分析企业人力资源的需求和供给之间的差距,制定各种规划来满足对人力资源的需求。人力资源规划是企业人力资源管理的基础,它由总体规划和各种业务计划构成,为管理活动(如确定人员的需求量、供给量、调整职务和任务、培训等)提供可靠的信息和依据,进而保证管理活动的有序化。人力资源管理在实现春秋航空目标的同时,也须满足员工的个人需求(包括物质的和精神的),如此才能激发员工持久的积极性。人力资源规划有助于检查和测算出人力资源规划方案的实施成本及其带来的效益,通过人力资源规划来预测春秋航空人员的变化,调整企业的人员结构,把人工成本控制在合理的水平上,这是春秋航空持续发展不可缺少的环节。

(2)人员招聘与配置。人员任用需做到人岗匹配,适岗适人,聘用合适的人才并为其安置合适的岗位才算是一次有效的招聘。招聘和配置有各自的侧重点,招聘工作是由需求分析、预算制定、招聘方案的制定、招聘实施、后续评估等一系列步骤组成。其中关键在于做好需求分析,首先明确企业到底需要什么人,需要多少人,对这些人有什么要求,以及通过什么渠道去寻找公司所需的这些人;目标和计划明确之后,招聘工作会变得更加有的放矢。人员配置工作事实上应该在招聘需求分析之时予以考虑,这样根据岗位"量身定做"标准,再根据此标准招聘企业所需人才,配置工作将会简化为一个程序性的环节。招聘与配置不能被视为各自独立的过程,而是相互影响、相互依赖的两个环节,只有招聘合适的人员并进行有效的配置才能保证招聘意义的实现。

(3)员工培训与开发。培训与开发能够帮助员工更好地胜任工作并有助于发掘员工的最大潜能。具体到春秋航空的有效培训,就内容而言,包括春秋航空的文化培训、规章制度培训、岗位技能培训以及管理技能开发培训。培训工作必须具有针对性,须考虑不同受训者群体的具体需求。培训工作能够帮助新进员工适应并胜任工作,也能够帮助已经在岗的员工掌握岗位所需的新技能,并帮助他们最大限度地开发自己的潜能。

(4)绩效管理。绩效考核的目的在于借助一个有效的体系,通过对业绩的考核,肯定过去的业绩并期待未来绩效的不断提高。传统的绩效工作只是停留在绩效考核的层面,而现代绩效管理则更多地关注未来业绩的提高,关注点的转移使得现代绩效工作重点也开始转移。体系的有效性成为人力资源管理关注的焦点。一个有效的绩效管理体系包括科学的考核指标、合理的考核标准,以及与考核结果相对应的薪资福利支付和奖惩措施。纯粹的业绩考核使得绩效管理局限于对过去工作的关注,更多地关注绩效的后续作用才能把绩效管理工作的视角转移到未来绩效的不断提高。

(5)薪酬福利管理。薪酬是员工因向所在的组织提供劳务而获得的各种形式的酬劳。狭义的薪酬指货币和可以转化为货币的报酬;广义的薪酬除了包括狭义的薪酬以外,还包括获得的各种非货币形式的满足。薪酬福利管理是员工激励的最有效手段之一,薪酬与福利的作用有两点:一是对员工过去业绩的肯定;二是借助有效的薪资福利体系促进员工不断提高业绩。一个有效的薪资福利体系必须具有公平性,保证外部公平、内部公平和岗位公平。外部公平会使得企业薪酬福利在市场上具有竞争力,内部公平须体现薪酬的纵向区别,岗位公平则须体现同岗位员工胜任能力的差距。对过去业绩公平的肯定能让员工获得成就感,对未来薪资福利的承诺可以激发员工不断提升业绩的热情。薪酬福利必须做到物质形式与非物质形式有机地结合,这样才能满足员工的不同需求,发挥员工的最大潜能。

(6)员工关系管理。员工关系是指劳资双方及员工之间的关系对企业的发展潜力产生强烈的影响,这种关系取决于不同的社会环境以及管理者对员工的基本看法。管理者既要把员工看作是须通过资源投入才能够形成的一笔财富(即真正的人力资源),也可以将员工仅仅看作是实现最小化支出的一项成本。

员工关系的处理是以国家相关法规政策及公司规章制度为依据,一旦发生劳动关系,就需明确劳动者和用人单位的权利和义务,在合同期限之内,按照合同约定处理劳动者与用人单位之间权利和义务关系。对于劳动者来说,须借助劳动合同来确保自己的利益得到实现,同时对企业尽到应尽的义务;对于用人单位来说,劳动合同法规更多地在于规范其用工行为,维护劳动者的基本利益,但是也保障了用人单位的利益,包括对劳动者供职期限的约定,依据适用条款解雇不能胜任岗位工作的劳动者,以及合法规避劳动法规政策,为企业节约人力资本支出等。总之,员工关系管理的目的在于明确双方的权利和义务,为企业业务开展提供一个稳定和谐的环境,并通过公司战略目标的达成最终实现企业和员工的共赢。

三、顾客管理

顾客管理的成效好坏是服务企业赢得竞争的关键。作为典型的服务型企业的代表,春秋航空是否可以有效地进行顾客管理,关系到激烈市场竞争中的胜败。

1. 顾客管理的原则

无论是航空公司、机场还是客货销售代理企业,在实施顾客管理过程中,必须遵循一定的原则,主要有以下几点:

(1) 诚信原则。让顾客满意,最重要的就是要做到真正尊重顾客。对顾客的尊重,一方面体现在服务中坚守诚信原则,另一方面则要保证与客户信息交流的对称性。在春秋航空运输服务链中,由于其自身服务的特性,决定了诚信原则是与其顾客交流的基础。当前,在物流业中频频发生的黑代理卷款潜逃事件或者客票销售市场上频频发生的电子客票欺诈事件等,均给航空运输服务链的顾客管理流程带来很大的负面影响,在这种背景下,坚守诚信的原则显得尤为重要。

(2) 长久合作原则。顾客管理关注的是客户的终身价值,而不是客户一次性交易所带给企业的价值大小。在春秋航空运输服务链中,航空公司、机场或是客货代理人,均希望自己拥有稳定的客源货源,这是春秋航空运输服务成功的关键。因此,春秋航空的顾客管理,应该以长远的眼光看待与顾客之间的关系。在一些企业中,做顾客定期或不定期的回访,目的就是要掌握顾客对服务的感受,了解顾客需求的变化,分析产品与服务的优缺点,修正与改善原有的产品或服务,为顾客创造更多的价值。只有不断地改善企业产品与服务,才能让顾客满意,保持顾客的忠诚,从而提高顾客回访率,并不断地发展新的客户,开拓新的市场。

(3) 利益共享原则。利益共享原则包括两方面含义:一方面是指服务链内部的利益共享,另一方面是指企业与外部客户的利益共享。对于春秋航空运输服务来说,顾客的管理要求服务链中的各企业必须能够协同作业。然而,在实际服务于管理过程中,由于各种原因,航空运输服务往往须多个具有独立法人地位的企业合作完成。如在某些机场,从候机楼服务到地面行李,货物的装卸与运输服务分属不同的利益主体,往往由于利益分配的原因,使得彼此之间不能充分共享信息资源,无法紧密合作与协调地完成服务,严重地影响了机场的服务质量,从而造成顾客满意度不断降低。因此,为了提高服务质量与服务效益,要求各利益主体在遵循统一的服务标准的基础上,充分考虑联合作业成本的最小化,消除服务链中由于企业间的效益背反性所带来的不利影响,充分共享信息资源,实现服务的完整性与一致性,确保整体效益的最大化。

2. 顾客分析与分类管理

顾客管理的首要环节就是充分收集顾客信息,根据企业服务与管理的要求建立顾客信息库的基础上,运用相应的分析方法进行顾客分析,并根据分析的结果对顾客进行分类管理。

(1)顾客分析的方法。

1)ABC 分析法。ABC 分析法也称帕累托分析法,是根据实物的某一特征进行分类、排队,分清重点与一般,从而做到有区别地实施管理,其基本原理可以概括为分清主次,分类管理。将管理对象分为 A、B、C 三类作为管理对象,在具体运用时,要先确定某一管理问题的因素,收集关于这一问题的特征数据,把主要特征值的累计百分数在 70%~80% 的若干因素称为 A 类,累计百分数在 10%~20% 的若干因素称为 B 类,累计百分数在 10% 的称为 C 类。

以春秋航空客运为例,若公司须对直销的客户进行分析,判定谁是大客户、谁是潜在的客户,就可以采取这一方法。分别以客户的消费额与该客户为春秋航空带来的利润为特征值,并对客户的消费额与顾客利润贡献进行统计分析。分析过程中会发现,那些累计消费额较大的顾客群,为公司贡献的利润额相对较小,而能为公司贡献较大利润的顾客群,累计消费额却相对较小。由此,可以根据 A、B、C 分类结果,权衡管理力量和经济效果,对顾客进行 A、B、C 管理,A 类大客户重点管理,B 类潜在大客户管理稍重,C 类一般客户则只须按标准的管理方式即可。

2)FDR 分析法。FDR 就是根据 F(Frequency,顾客在最近一段时间内购买的次数)、D(Distance,客户在最近一段时间内旅行的航程)、R(Revenue,顾客在最近一段时间为春秋航空创造的单位收入)作为衡量指标,分析客户对春秋航空利润的贡献度,迅速发现客户的状态,分析顾客的结构,发现可能流失的客户,从而便于采取相应的挽救措施。

(2)顾客分析的内容。顾客分析包括对顾客行为和特征的分析,以及对顾客价值的分析。顾客的行为与特征分析包括顾客需求、行为及结构分析等;顾客价值分析包括顾客对春秋航空的利润贡献度、顾客忠诚度以及顾客终身价值等的分析。

1)顾客需求分析。顾客的需求可以分为真实需求和潜在需求。真实需求是指已经在购买和使用企业产品与服务的顾客。对于某种产品或服务来说,顾客的这种购买与使用行为会因为顾客的感受而存在一定的重复性。潜在需求是指只具备购买或使用的愿望,还没有将愿望变成事实的顾客,这种需求必须在调查的基础上,运用一定的数学模型加以预测。

需求分析,就是要在了解这两种需求的基础上,结合企业自身的产品或服务特点,按照一定的标准对顾客的需求进行分类,分析并选择企业能够提供或生产的需求。对于春秋航空而言,运营管理过程中的注入,如新航线开辟、航班时刻安排、机型选择与运力配置、仓位布局等,就是基于客户需求分析的基础上完成的。一般来说,不同航线的顾客群体特征不同,相应的要求也必然不同。

2) 顾客行为分析。行为是需求实现的手段,真实需求必然伴随着消费行为的出现,潜在需求可能须一定的诱因才能变为行为。从航空运输服务的特点来看,顾客的行为有很多,如购买机票行为、购买折扣机票、提前购票、通过网络或销售点购票以及服务享受行为等,顾客行为分析就是希望通过对顾客的上述行为进行分析,从而为企业的营销方式与服务方式的选择提供依据与参考。

3) 顾客结构分析。顾客结构分析是指运用 ABC 分析法与 FDR 分析法,对顾客的购买频率、为企业带来的贡献以及对企业的未来价值等进行分析,并在此基础上完成对顾客的分类。对于春秋航空而言,重点顾客是指在顾客群体中占5%的部分,虽然比例很小,但是购买力相对较强,并且对产品和服务价格不敏感,为企业带来的利润是最大的;潜在重点客户是指在购买力上仅次于重点顾客,但对价格具有一定的敏感性,一旦企业的服务能够消除顾客的疑虑时,这种敏感性就不会存在,他们是疏于企业顾客群体中15%的部分,对企业的利润贡献率仅次于重点客户。

(3) 顾客的分类管理。顾客分析是为了对顾客进行分类管理,在运营管理过程中,管理者不仅须依据顾客分析的结果,还须依据管理与战略发展的需要,综合顾客自身特点进行分类管理。

从市场营销的角度来看,可以将春秋航空的顾客分为经济型顾客、道德型顾客、个性化顾客和便利型顾客。经济型顾客,只关心产品或服务的价格,在没有合适的价格时,他们很可能会选择替代品,如公路或铁路;道德型客户,对企业的社会责任要求很高,他们的购买行为在很大程度上会受到企业承担的社会责任的大小的影响;个性化顾客,重视人际间的认同感和满足感,因此对顾客管理的要求较高,要求企业能够适应柔性化生产与服务;便利型顾客,对于他们而言,服务的便利性是第一位的,因此,他们更须门对门的服务方式,这需要企业具有较完整的服务链。

从春秋航空管理需要的角度来看,可以将顾客分为常规顾客、潜力顾客、关键顾客和临时顾客。常规顾客大多是经济型顾客,看重服务链产品或服务的价格;潜力顾客不仅只为了享受服务,更希望从与企业的关系中增加价值,从而获得附加的财务利益和社会利益；关键顾客对服务链的产品与服务的需求量很大，也希望从服务链的产品与服务中获取直接的顾客价值和社会利益，对服务链的效益贡献是最大的；临时顾客则是从常规顾客中分化出来的，他们可能只偶尔购买服务链的产品或服务。

不论从哪个角度对顾客进行分类与管理，最终的目标均是要确定客户服务与管理的策略，以顾客价值的创造为策略目标，以提高顾客满意度为手段，在实现自身财务利益的基础上，追求顾客价值的最大化与服务链价值的最大化。

3. 顾客关系的维护

在春秋航空运输服务领域，顾客关系维护与服务质量控制是最困难的，也是最关键的环节。通常可以从以下几方面来维护企业与客户的关系，控制好客户服务与管理的质量。

（1）增强顾客体验。顾客体验与传统的顾客满意不同，顾客满意关注的是产品、结果与意外的惊喜，而顾客体验关注的是顾客、服务过程与意料之中。顾客的满意来自顾客对春秋航空服务质量与自己的期望值之间的比较；如果春秋航空的服务质量高于顾客的期望，顾客就会满意；反之就会不满意。而顾客体验则要求春秋航空全面考虑顾客航空旅行中的各种体验因素，包括从顾客购买咨询、购买机票、获得机票到机场的交通、候机、登机、机上服务、目的地机场到旅行目的地的交通等旅行过程总的体验，这就要求春秋航空必须更多地从顾客的角度出发，在真正理解顾客更高层次要求的基础上，设计出相应的产品与服务内容。

（2）制定有效的顾客服务标准。顾客对春秋航空的服务质量是否满意，主要取决于顾客对春秋航空服务过程的感知，但是顾客服务标准如何，与顾客的期望值差距多大，也是春秋航空服务质量高低的不可或缺的因素。同时，为了统一员工服务，管理与监督员工服务的质量，也应该制定有效的顾客服务标准。

制定有效的顾客服务标准，首先要从顾客的需求出发，服务内容应符合顾客的需求，制定的标准应高于顾客对服务质量的期望值；其次要强调重点，由于顾客的航空旅行过程复杂而多变，春秋航空不可能面面俱到，因此在制定标准时，要选择关键因素强调重点，从对员工服务质量管理的角度来看，如果确定的质量标准过于烦琐，势必会使员工无法了解所需达到的主要要求；最后要明确责任与权利，客户对春秋航空服务不满意，很大程度在于服务的权责不够清晰，因此在制定顾客质量标准时，应明确在每项服务中春秋航空与顾客的责任与权利，建立一个责权清晰的服务标准体系。

(3)实施全面质量管理。顾客的满意和认同是赢得长远市场,创造价值的关键,因此,实施全面质量管理必须做到以顾客需求为中心,并将这一思想贯穿到整个春秋航空服务流程的管理中,从市场调查、产品设计、产品服务的各个环节牢固树立"顾客第一"的思想。全面质量管理是一种长效机制,行为目标也是针对长期企业战略成功而言的,因此全面质量管理的方法和工具均是为了帮助企业持续不断地改善产品或服务的质量,确保企业获取对手难以超越的竞争优势。

春秋航空若要在质量管理方面保持稳定的绩效,就有必要形成适合本企业特点的质量文化,将提高质量与企业的形象、员工的工作环境以及顾客的关系等紧密联系起来,强调塑造企业形象、关注顾客利益从而使企业可持续发展。

四、质量管理

1. 质量管理的概念

质量是指产品、体系或过程的一组固有特性满足顾客和其他相关方要求的能力,是反映实体满足明确和隐含需要的能力的特性总和。质量是以产品、体系或过程作为载体的,其内涵是由一组固有的特性组成,并且这些固有的特征是以满足顾客和其他相关方的需要和期望,然后将其准确完整地转化为产品、体系或过程的质量要求,根据质量要求,使产品、体系或过程的固有体系得以实现,使其达到规定的要求。对于服务行业来说,还应在遵守法律法规的前提下,以满足顾客的需求和价值为主导因素,包括利润和时间等要素。

航空服务属于第三产业,其最大的特征就是服务性,因此航空公司要想适应不断变化的市场环境和多样的顾客需求,就必须将服务质量作为核心和重点。服务是为满足顾客的需求,所提供的服务应与顾客的教育程度、文化需求相适应。服务属于实体范畴,因此服务质量是一种由服务固有的特性来满足航空公司顾客及其他相关方需求的能力。航空公司建立服务质量体系力求本公司提供的服务能够尽可能地满足市场需求能力。

质量管理是指制定质量方针、目标和职责并在质量管理体系中通过诸如质量策划、质量控制、质量保证和质量改进使其实施的全部管理职能的所有活动。其中,质量策划是确定质量以及采用质量体系要素的目标和要求的活动,包括产品策划、管理和作业策划,以及编制质量计划和作出质量改进的规定;质量控制是为达到质量要求所采取的作业技术和活动;质量保证是为提供足够的信任表明实体能够满足质量要求,而在其质量体系中实施并根据需要进行证实的全部有计划和有系统的活动;质量改进是为向自己及其顾客提供更多的收益,在整个组织内所采取的旨在提高活动和过程的效益和效率的各种措施。

质量管理是指导和控制组织与质量相关的相互协调活动,须对质量、计划、人事、设备、环境等进行有序的管理,因此质量管理是组织各项专项管理的重要内容,深入开展质量管理能推动组织其他的专业管理,质量管理也是最高管理者的职责。

2. 春秋航空质量管理的内容

春秋航空目前的质量体系是将旅客、机组的需求通过一系列的工程、生产、控制、监督、支援等活动转化为旅客机组操作使用都满意的适航的航空器的过程的统称。一系列的过程主要体现在四个环节:设计规划(P)、生产及控制(D)、监督反馈(C)、改进提高(A),这四个环节体现出春秋航空质量体系 PDCA 循环的四个方面。其中,设计规划环节主要通过 MIS 规划、管理手册程序制定、管理指标建立来体现;生产及控制环节的质量体系主要通过重点项目的监控实现;监督反馈环节的质量体系通过过程控制实现;改进提高环节的质量活动是通过偏差控制、质量调查、差错调查、风险管理等方式进行控制。

春秋航空的稳步经营与严格的质量管理分不开,确保一个严密有效的质量管理体系须基本做到以下几点:

(1)企业上下树立质量管理意识。人是保证产品质量的第一重要要素,特别是在春秋航空的生产服务过程中,人的作用更为突出。在航空企业生产的每一环节,无论是否直接面对顾客或货物,每一项工作均关系到服务的质量,在航空运输市场激烈竞争的时代,生产质量或服务质量均关系到企业的存亡。因此航空企业的每一个员工均必须认识到质量是企业的生命线,建立起牢固的质量意识,只有在牢固而广泛的质量意识基础上,产品的质量才能得到真正的保证。

同时,还要在航空运输生产的每一个环节均建立岗位责任制,严明每一道工序的质量责任,形成严明的质量控制网络体系。建立质量责任制,不仅对生产人员有明确的生产任务和质量指标,而且有明确赋予的责任和职责,通过严格的规章制度,有效地保证质量责任制的贯彻实施。

(2)航空公司生产须标准化。要保证产品质量,在生产和管理过程中,必须有保证生产质量的手段和措施,要考核产品能否达到要求,必须具备衡量质量的标准。生产的标准化,首先是标准化工作,即在春秋航空的生产过程中,对重复性的事物和概念通过制定、颁布和实施标准,达到统一。这种标准的制定,必须以国家标准或国际标准为基础,标准化是春秋航空推行质量管理的基础,是衡量生产质量和工作质量的依据,也是指导和从事各项管理活动的行为规范和行为准则。

春秋航空的生产标准化工作分为产品标准化和管理业务标准化,涉及日常工作标准、管理标准和技术标准,并依据这一系列标准,使得航空企业的管理和生产具有统一的规范和规程,使得工作结果具有检验的基础。

(3)企业建立质量信息管理系统。质量信息管理是生产质量的反馈,比如顾客对于购票、候机、乘机或行李托运等的意见和建议,通过对质量信息的收集、分析和处理,总结出规律经验,为企业全面质量管理提供可靠的指导依据和借鉴经验。航空公司的质量信息管理主要包括:市场反馈的产品质量信息,包括航线设计、航班安排、机型选择、服务要求、货物托运、吨位分配等;生产过程中的质量信息,包括候机、行李交运或提取、登机、机上服务、异常情况的处理等;管理工作失误造成的误差、事故等信息。

(4)企业须提高员工的工作技能。提供生产质量,不仅要有鲜明的质量意识,建立健全规范和标准以及严密的生产管理体系,而且要加强对生产管理者和生产第一线人员的培训,提高他们的管理水平和生产技能,才能保证有效地按照标准从事管理和生产。对管理者进行培训,以提高对生产过程和质量控制的管理能力和决策水平,对生产第一线人员进行培训,以提高操作熟练水平和操作技巧,提供对生产质量规范和标准的认识与理解。

五、危机管理

航空业是一个高风险的行业,从自然环境和国际政治、经济、军事状况到国家产业政策,从公司战略到航班运行各个环节,春秋航空的许多内外环境变化均会对其经营产生巨大影响。同时由于航空业的高投入低回报,航空公司对这些影响非常敏感,很容易就陷入危机之中,如何应对如此频繁发生的危机成了航空公司面临的一个重要而迫切的问题。显然,将危机管理作为公司管理中一个必不可少的部分,借助危机管理的理论和实践,构建一个完善的航空公司危机管理体系是春秋航空经营管理的重要内容。

1. 危机管理的理论概述

(1)危机的定义。国内外危机学者从不同的角度对危机进行理解判断并给危机概念下了不同的定义。其中罗森塔尔(Rosenthaletal)等把危机定义为对一个社会系统的基本价值和行为准则架构产生严重威胁,并且在时间压力和不确定性极高的情况下,必须对其做出关键决策的事件。罗森塔尔的定义比较准确地反映了危机这个概念的内涵,但他是从社会学的角度来对危机进行理解的。从广义的角度上我们可以将危机定义为:一个对组织系统的基本价值和行为准则架构产生严重威胁,并且在时间压力和不确定性极高的情况下,必须对其做出关键决策的事件。

危机的发生必须具备三个基本因素:危机诱因(危机源)、环境以及二者的交互作用。其中,危机诱因是指引起危机发生的各种因素,即危机发生的必要条件;环境是指能导致危机诱因引发危机发生的各种情况;交互作用是指危机诱因与环境的相互影响过程。

如北方航空公司2002年5月7日发生的空难事件,是犯罪分子张××将汽油伪装成饮料带上飞机,并在飞机尾部卫生间纵火所致。它使北方航空公司陷入了严重的安全危机事件中。在这个危机事件中,犯罪分子及其携带的汽油是危机诱因,机场安全检查部门缺乏对将汽油伪装成饮料这种特殊情况的认识以及机组人员缺乏灭火知识和训练的情况是导致危机诱因能引起空难发生的环境,机场安全检查人员没能发现犯罪分子携带的汽油、卫生间的起火没有得到及时的发现和扑灭是危机诱因和环境的交互作用过程。

(2)危机管理。

1)危机管理的含义。危机管理是指个人或组织为了预防危机的发生,减轻危机发生所造成的损害,尽早从危机中恢复过来,针对可能发生的危机和已发生的危机所采取的一系列管理行为。从定义中我们知道危机管理的对象是可能发生的危机和已经发生的危机,因此危机管理的范畴就包括两方面的内容:其一是针对可能发生的危机而进行的管理,称为日常危机管理(也称危机预警管理);其二是针对已经发生的危机而进行的管理,称为危机事件管理。

2)危机管理的目的。危机事件管理的目的是要减轻危机发生所造成的损害,尽早使组织从危机中恢复过来。任何组织在经历危机事件管理的过程中,均可能面临着三种截然不同的结局:一是由于无法承受危机的沉重打击或没有对付危机的准备和能力,组织在危机中全面崩溃,不复存在;二是组织在危机中虽然生存下来,但由于没有及时采取适当、有效的危机事件管理对策,尤其是没有及时得到公众的理解和支持,在危机后组织的形象严重下降,极大地损害了其在社会上原有的威信和地位;三是在危机中,组织不仅经受住了危机带来的各种压力,而且由于及时采取了积极、有效的危机管理措施,使组织进一步巩固了社会地位和竞争优势,在公众心目中的良好形象也大幅度提高。很显然,组织对危机事件管理追求的最佳结局是第三种,而不是前两种。

2. 危机管理的主要内容

春秋航空虽然自成立以来经营良好，但是危机事件时有发生。快速意识危机事件并对其及时反应，是一个企业可以在竞争市场中必备的能力。

"黑名单"风波

2007年11月21日，黑名单事件让春秋航空成为焦点。据悉，由于旅客霸机而被春秋航空列入黑名单，而这些黑名单中的旅客下次将购不到春秋国旅的机票。网友对此表现极大不满，称其无容人之量，春秋航空黑名单事件与"顾客至上"表面上相悖，遭到很多消费者的质疑。对此，春秋航空高层立即想到解决对策，通过较为权威的媒体途径来消除消费者的质疑。2007年11月26日，春秋航空董事长王正华发表博文《"黑名单"是无奈之举》，紧接着在12月10日王正华再次发表博文《谢理解！欢迎乘坐！——续"'黑名单'是无奈之举"》，春秋航空为维护绝大多数旅客利益，维护民航正常持续，"应急处理中心"才决定采取暂时的"黑名单"方式，最终受到旅客的理解，黑名单事件和平解决。

资料来源：http://travel.cn.yahoo.com/zhuanti/chunqiu.

由以上案例可以知道，及时准确地识别危机是一个企业危机管理最基本的素质。企业的危机管理涉及以下几点：

（1）危机识别。识别危机就是要辨认组织可能发生的危机有哪些，并分析出每一种危机发生的三个条件（危机的诱因、环境以及它们的交互作用）。只有在辨认出组织可能发生的危机和分析出每一种危机发生条件的基础上，才可以开展危机管理的其他方面的工作，因此识别危机是危机管理的基础工作。

（2）危机评估。评估危机就是在识别危机后，对各种危机发生的可能性大小和各种危机发生后造成的损失大小进行衡量，为危机预防提供依据。评估危机有定性评估和定量评估两种方法，前者又有头脑风暴法或者德尔菲法等，后者则通常是在类比的前提下通过对历史资料的统计分析和计算得到预测值。

在评估危机时应根据组织环境的变化动态地进行，要考虑危机受影响者的主观感觉与危机管理者对危机的评估结果存在较大差异的事实，运用危机评估的数字描述时，要特别注意数字的意义和对数字的适当运用。

（3）危机事件反应及恢复。危机事件反应和恢复计划是指组织事先制定的、指导组织在危机发生时采取有效的反应和恢复措施的计划。它属于组织的正式计划，具有备用性和非营利性的特点，能使危机管理者通过对危机的前瞻性研究提高在实际危机事件管理时把握信息和正确决策的能力。虽然对不同类型的危机要制定不同的反应和恢复计划,但一般均包括危机管理及指挥机构的成立、行动方案、资源准备、协调与沟通、媒体管理、公共关系和组织形象管理、危机恢复等内容。

1)危机管理及指挥机构,包括机构的组成部门及这些部门的职责和权利、各部门组成人员及这些人员的职责和权利、各部门及部门成员之间的指挥和内部协调关系、关键成员不能到位时的人员递补顺序名单、各部门工作地点及人员联系方式。

2)行动方案,包括危机管理工作中的指导原则和行为准则、危机管理机构各部门及其成员的工作目标、工作任务、工作程序及工作方法特殊注意事项。

3)资源准备,包括危机反应和恢复需要的资源多少、储备的资源存放何处、资源没有时的获取途径、储备资源由谁管理、通过何种方式可以尽快使用它、储备资源的管理和维护制度等。

4)协调与沟通,包括危机中需哪些外部组织的帮助和配合,这些组织的联系方式和联系人是谁、危机信息和危机管理信息的传递途径;信息沟通原则、处理外部组织要求的原则、对待利益相关者要求的原则、内部组织间协调与沟通的原则和方式。

5)媒体管理,包括对媒体进行分类和分类管理,媒体管理人员的选择和培训,媒体管理人员的职责和权利,媒体管理的原则、方法及注意事项。

6)公共关系和组织形象管理,主要包括与政府管理部门进行沟通和协调的途径和方式、向社会公众阐明组织的危机管理目标和原则、维护并提升组织形象须采取的行动、关注和评估组织形象在公众中的变化情况、公共关系和组织形象管理人员的选择和培训、公共关系和组织形象管理人员的职责和权利。

7)危机恢复,包括对危机带来的直接损失进行估计,恢复危机事件带来的影响,确定哪些是危机带来的长期影响并如何消除或减少这些影响;还包括危机恢复时间的估计,有哪些可以加快危机恢复的措施;危机恢复需要哪些外部支援和合作,如何得到这些支援和合作、危机事件的调查、评估和总结的方法及程序。

(4)培训与演习。在危机中,组织成员和组织之间的利益是一致的。因此,针对危机的培训和演习可以使组织成员清楚导致组织发生危机的诱因、环境以及它们之间的交互作用途径,从而提高组织成员对危机的警惕性。同时培训和演习可以使组织成员掌握处理危机所需的特别知识、技能和心理状态,提高组织成员的危机处理能力,增加组织成员对危机情景的感性认识。演习的另外一个重要目的就是将危机事件反应和恢复计划付诸实施,以检验计划的可行性和计划中可能存在的漏洞,以便对计划进行调整,使其更加符合实际。

六、决策管理

1. 决策的程序

每一个企业一旦进入经营状态,决策就无时不在。春秋航空当然也不例外,从最初决定筹建航空公司开始,到运营过程中市场定位、票价战略,以及低价机票中有关乘坐要求,还包括在发生危机事件时的正确处理等,均可以说是公司管理层的决策成果。每一个决策均是春秋航空与市场甚至与顾客的博弈,如何在这场博弈中让春秋航空得以更好地发展,是春秋航空决策人员需要研究探讨的问题。一般决策有以下几个基本步骤:

(1)发现问题。决策,首先要求找出问题所在,认准问题的要害。其次要找出为什么针对这个问题而不是针对其他问题作决策的理由。

(2)明确决策的目标。问题找到后,决策者应当着手确定决策目标。春秋航空在经营过程中会遇到各种问题,于是就同时存在多个目标,这就要求决策者分清主要目标与次要目标、战略目标与具体目标。实践证明,失败的决策往往是由于决策目标不正确或不明确。

(3)拟定可行方案。决策过程的第二阶段强调针对可能的问题开发可行行动方案,在制定可行方案时,应满足整体的详尽性和相互排斥性的要求。所谓整体的详尽性是指将各种可能实现的方案尽量考虑到,以免漏掉那些可能最好的方案。所谓相互排斥性是指可行方案本身要尽量相互独立,而不是互相包涵,更不允许硬凑出某个方案。

(4)综合评价和选择方案。必须对每个可行方案进行综合的分析和评价,即进行可行性研究。决策方案不但必须在技术上和经济上可行,而且应当考虑社会、政治、文化等方面的因素。通过可行性分析,确定出每个方案的经济效益和社会效益以及可能带来的潜在问题,以便比较各个方案的优劣,从中选择最佳方案。

(5)检查评价和反馈处理。检查评价和反馈处理是决策过程的最后一个步骤。通过追踪检查与评价,可以发现决策执行过程中出现的偏差,以便采取相应的处理措施进行决策控制。具体追踪处理措施参考以下几点:

1)保持现状,不采取措施。如果出现的偏差较小,不致影响决策的全局效果,或者纠正偏差须付出较大的代价或已超出现有的条件,那么往往暂时允许偏差的存在,继续观察。

2)采取措施纠正偏差。如果已经出现的偏差未来可能影响决策的效果,就应采取措施纠正偏差,以保证原决策目标的顺利实现。

3)修正原决策。实际决策运行过程中可能存在各阶段相互交叉的情况,而且在不同的决策中,省略某个阶段也是允许的。

2. 决策的类型

(1) 战略决策和战术决策。按决策在春秋航空经验管理中所处的地位划分，决策可分为战略决策和战术决策。战略决策是指确定春秋航空发展的经营目标、产品开发、投资方向和生产规模等方面的决策，重点解决春秋航空与外部环境的关系问题，属长期性决策。战术决策是指针对如何实现战略决策所做的具体决策，如生产控制、销售服务、质量和成本控制等方面的决策，重点解决春秋航空内部的经营管理问题，属短期性决策。

(2) 高层决策、中层决策和基层决策。按决策者所处的管理层次划分，决策可分为高层决策、中层决策和基层决策。高层决策是指春秋航空最高领导层负责的决策，重点解决经营战略性问题。中层决策是指春秋航空中层领导负责的决策，重点解决经营策略性问题，属执行性决策。基层决策是指春秋航空基层进行的业务性决策，重点解决生产、销售过程中常出现的技术性较强、时间紧迫和亟待解决的一些具体问题。

(3) 程序性决策和非程序性决策。按问题出现的重复程度划分，决策可分为程序性决策和非程序性决策。程序性决策是指经常出现的问题，已有了处理经验、方法和程序，可按常规办法解决的决策。此类决策可由专门机构和人员进行。非程序性决策是指不常出现的问题或新问题，无处理经验，需靠决策者的判断和信念来解决的决策。

(4) 计量决策和非计量决策。按决策目标与所用方法划分，决策可分为计量决策和非计量决策。计量决策是指决策目标有准确的数量指标描述，易采取数学方法做出的决策；非计量决策是指决策目标难以用准确的数量指标表示，主要依靠决策者的分析判断能力进行的决策。

(5) 确定型决策、风险型决策和非确定型决策。按决策问题所处的条件划分，决策可分为确定型决策、风险型决策和非确定型决策。确定型决策是指在肯定性条件下做出的一种决策，决策过程中对几种选择方案的未来没有不确定因素。风险型决策是指在不稳定条件下，无论选择哪种方案均存在一定的风险，决策过程中存在不可控因素，每种方案会出现几种不同的结果，其结果出现的概率大小可以计算。非确定型决策是指在非肯定性条件下做出的一种决策，决策对未来的变动因素无法确定，对各方案结果出现的概率无法知晓，只能根据各种情况下发生的利弊和得失大小进行决策。

第三章 春秋集团的营销模式

随着国内经济的不断发展和人民生活水平的不断提高,人们的商务活动和休闲旅游越来越需要方便、快捷、舒适的交通方式。在各类交通方式中,航空运输无疑是发展最快的。因此,各类低成本航空公司纷纷创立,以期抢占广阔的市场。其中最受人关注的,无疑要数春秋航空。春秋航空经历了创立之初的各类质疑,创立后同行及领导层对其有意无意地打压,以及成立一年后即宣布赢利的奇迹。本章主要从春秋集团的营销模式角度分析其如何在国内创造出这一成绩。

第一节 宏观环境分析

市场细分、市场选择和市场定位是公司制定营销战略的基础,因此春秋航空的市场营销战略的宏观环境分析主要从以下三方面入手。

一、市场细分

市场细分,就是通过市场调研,根据市场需求的多样性和异质性,依据一定的标准,把整体市场即全部顾客和潜在顾客划分为若干个不同子市场的市场分类过程。

旅游市场细分,实际上就是在旅游企业对旅游市场进行市场调查的基础上,依据旅游者需要、行为和习惯等方面的差异性,将整体旅游市场划分为若干个旅游群的过程。市场细分的对象是旅游消费者,其最终目的是区分具有不同需求特征的消费者群体。分属于不同细分市场的旅游消费者对同一产品的需求和欲望有着明显的差异,例如有的旅游者喜欢游览城市,有的则喜欢身处在大自然中放松自己;有的旅游者喜欢主要欣赏风景,有的则喜欢购买纪念品。同时,在同一子市场中虽然不同的游客需求仍有一定差异,但在某些方面又有一定的共性,例如旅游市场中的老年市场,虽然每位老年旅游者的需求不尽相同,但经济实惠、健康为重是他们大多数人的共同愿望。因此可以看出,旅游市场是一个典型的异质市场。

1. 春秋集团市场细分的目的

春秋集团市场细分的理论基础为异质性理论。旅游消费者大多数对旅游产品的需求是多元化的,具有不同的要求。针对不同的旅游群采取独特的产品或市场营销组合策略以求获得相对有限资源的利益最大化。

2. 春秋集团市场细分的作用

(1) 有利于满足消费者需求。市场细分后的同一子市场内部需求比较集中,春秋集团比较容易了解和满足消费者的需求。同时,在细分的旅游市场上,信息更容易获取和反馈。一旦旅游消费者的需求发生变化,春秋国旅可迅速改变营销策略,制定对策来适应市场需求的变化。另外,不同的子市场之间消费者的需求千差万别并且相对分散。对于这种差异性大、特征多的需求,只有深入分析才能了解市场。通过市场细分,春秋可以更清晰地认识不同子市场的特点及其之间的区别和联系,从而有助于产品或服务更加贴近消费者的需求。

(2) 有助于发现潜在的旅游市场机会。潜在的市场机会是出现在旅游市场之中但尚未得到满足的或未充分得到满足的旅游需求。通过市场细分,了解需求差异、满足程度、竞争程度的差异,把握旅游市场机会。春秋可发挥相对于大型国有航空公司规模较小、掉头快的优势,紧握拳头、集中使用资源,满足某些特定细分市场的需求,可使其通过小市场赚取大效益。

(3) 有利于优化旅游市场营销组合。通过旅游市场细分,春秋对各子市场的需求特点能够更清楚地认识和了解,掌握旅游者需求及其对不同营销策略的反应。针对不同旅游细分市场的特点,对现有营销组合进行优化,进行合理定位,做到有的放矢地制定具体、完善、有效的营销策略。

(4) 有利于提高经济效益。通过市场细分,春秋整合全部资源,包括人、财、物等有限资源和服务、企业文化等无形资源,以此为基础有针对性地推出适销对路的旅游产品和航线产品,以更好地满足目标市场消费者的需求。同时有效地使用市场营销资金,在该细分市场取得比较优势,占据并尽量扩大份额,提高经济效益。在稳步占领细分市场后逐渐向外推进和扩展,扩大市场占有率。

(5) 有利于扬长避短,发挥比较优势。每一个企业的资源和能力都是有限的,有自己的长处也有自己的短处,不可能在市场的所有领域都独占鳌头。这就要求企业在通过市场细分后可充分认识自身相对于竞争对手的比较优势和比较劣势,把自己的比较优势集中在目标市场上,在目标市场上大力发展,有所作为。

春秋争夺市场份额的案例

一、抢客源,开拓市场　春秋航空扩版图

近日来,民营航空似乎正在上演集体大逃亡:先有奥凯航空2008年底宣布停飞一个月;跨入2009年,鹰联航空被四川航空收编;而截至记者发稿日,东星航空则正式进入破产程序。

在民营航空公司一片哀鸿遍地、国有航空公司也纷纷爆出巨额亏损的情况下,春秋航空有限公司(以下简称春秋航空)的盈利——2100万元,虽然不多却让人尤为关注。并非春秋航空免遭金融危机的影响,比起2007年的7000万元利润,2008年也锐减了近5000万元。而春秋航空董事长王正华预计,2009年春秋航空将盈利4000万元。要知道2008年的盈利完全受益于民航总局对国内航空公司的先征后返政策,即这2100万元包含春秋航空事先缴纳的民航基础设施建设基金的绝大部分数额。

事实上,王正华的信心来源于春秋航空最近的频频动作:3月底,春秋航空收到早已订购的6架空客A320飞机中的第一架,到年底预计春秋航空机队的规模将达到十四五架;2008年年底,春秋斥资1亿元引进了30多名飞行员,目前已经陆续就位;眼下,开辟了多条新航线以及加密部分班次、推出了100万张"99"系列的特价机票。

在同样的外部条件下,甚至在政策上有更多优惠、在融资上更为容易的国有大型航空公司,正在减少运力,调拨飞国际航线的飞机来飞国内航线之时,这一系列动作能否保证4000万元的利润,春秋航空新闻发言人张武安称,春秋航空"有自己的规划"。春秋航空意在抢得更多客源,扩展春秋航空航线版图。

二、低价票和旅游相结合抢攻长途旅游线

金融危机使航空业遭受着有可能是历史上最长的寒冬,而在春秋航空眼里,这却是廉价航空施展拳脚的机会。王正华认为:"低成本航空在全世界风起云涌,不管是在美洲、欧洲、亚洲,应该讲都是高增长的新的细分市场,中国疆域宽广,有960万平方公里的土地,老百姓手里的钱还是有限的,因此廉价航空在中国会有一个更广阔的市场。"而这个广阔市场中首先被春秋航空盯住的就是西部市场。

包括北京在内的10个繁忙机场,对于春秋航空而言很难取得突破,而一些拥有丰富旅游资源的西部城市以及革命老区成为了春秋航空新航线的目的地。春秋航空的本部在上海,而航线网路需要横向发展,这就需要开通新的西部航线。目前春秋航空把本部的航线基本稳定下来,开拓西部航线时机已经成熟。

首先,飞往这些地区的航线只需要在民航总局登记就可以开通。3月底,春秋

航空开通了上海飞往兰州、乌鲁木齐、张家界、贵阳的航线,张武安说:"民航总局是鼓励(航空公司)去西部和革命老区的,而我们自己公司的发展刚好和民航总局的战略意图相结合,这样最好。"其次,大多数西部航线属于长距离航线,火车和公路网比较弱,而这些地区拥有很丰富的旅游资源,对于想去旅游但是又不想舟车劳顿的乘客来说,最好的选择可能就是像春秋航空这样的廉价航空。

此外,当地客源也适合廉价航空。这部分人对价格比较敏感,大多数人是第一次坐飞机,有利于廉价航空开发市场,此前交付使用的空客A320飞机就将投入春秋航空新开辟和复航的上海飞兰州、乌鲁木齐、张家界、贵阳等西部和海南航线,而这些航线也在2009年以来春秋航空推出的100万张"99"系列特价机票覆盖之列。

除了这些地区外,海南是春秋航空的一个重点目的地,毕竟春秋航空还有个可靠的"娘家"——春秋旅游,将旅游与航空结合也是春秋航空正在摸索的一条路,而未来这很有可能成为春秋航空的另一个优势。

张武安说:"4月23日,我们将推出10个分公司飞海南。"说到此,他还特意补充:"能够赶上'五一'黄金周,其他公司想要马上做还是有点儿困难的。"张武安之所以这么有把握,这也与春秋航空的组织结构有关——春秋航空是春秋旅游的全资子公司,春秋旅游的营业部就是春秋航空的售票点;此外,春秋旅游成立春秋航空的意图就是要扩大旅游市场份额。因此,这对春秋航空而言,免去了整合旅游资源的困扰,这个好处在启航三亚旅游航线时慢慢崭露。

张武安预计,到4月底,春秋航空长途旅游航线的比例大概会占到40%,其中飞海口、三亚的航班频次比较高,其余航线的频次暂时还不会很高。

三、加密航班挤占短途航线

除了新开通的长线旅游航线外,对于一些发展较好的城市,春秋航空的做法是加密班次。

曾经有春秋航空的机长抱怨,很多热门城市比如北京、成都、西安、深圳等,春秋航空不能飞,即使是批准的城市也受到排挤,经常需要停靠到非常远的廊桥。

而王正华一直抱着这样的态度:"领导批准春秋航空出生,就是给了我们最大的机会,已经很感谢了,所以不能抱怨。有些方面不被批准,不要认为是人家故意出难题。我告诉员工一定要去争取,但争取不到也千万不要抱怨,要怀着感恩的心去和别人沟通,用真诚去感化人家。我们春秋人会永远把感恩放在整个思维过程中。"不去抱怨,一心寻找可以发展的空间,春秋航空从一些非繁忙机场中发现了有竞争力的航线。张武安介绍说:"像我们做得很成功的厦门市场就由原来的1个星期3班,到现在1天5班,而大连也加密到1天3班,沈阳、哈尔滨都是1天2班。"

同样一架空客A320，春秋航空平均每班运送170人，行业平均运送121人，春秋航空的上座率始终保持在95%左右，尽管航班加密但却没有影响到上座率。

这种从3小时内的短程航线中谋求份额的做法完全符合低成本航空的惯例，张武安说："目前在欧洲2~3小时航线中，约70%的市场份额已被低成本航空公司所获取，亚洲航空公司也占领了从吉隆坡出发的大部分2小时航线。"眼下，不少国有大型航空公司已把飞国际航线的飞机调来飞国内航线，在这块市场上春秋是否能保持这种竞争力，张武安并不担心，他说："我们做的是一块细分的市场，国有航空公司大多是商务旅客或者对价格不敏感的公务客，而我们关注的是对价格敏感的旅客，这是对国有航空公司的一种补充。"

飞机陆续交付、新航线的开通、短途航线加密班次，必然要有飞行人员的补充。对于航空公司而言，人才的引进至关重要，春秋航空曾一年内引进了30多名飞行员。据透露，春秋航空今年计划开通港澳航线，明年还将提出日、韩、东南亚等国际航线的申请。同时，春秋航空还将斥资5000万~7000万元用于引进飞行员。

对于斥资引进人才会不会导致成本走高，影响2009年的利润目标，张武安解释道："虽然机长增加了，人员成本相对数增大，但飞机规模也在扩大，每架飞机平均人员成本变化不会很大。"金融危机导致客源锐减，一些大航空公司因为班次减少、部分航线调整闲置了部分人员，而这对于春秋航空而言恰恰是个机会。据某大型国有航空机长透露："如果在经济形势好的情况下，一次性招揽30名机长是相当难的，只有在目前这种情况下，春秋航空才有可能挖人。"除此之外，春秋航空还自主培训了一批学员。"我们的飞行员战略是两步走。开始因为我们刚成立时，肯定要用外来的人才，但是长远来看，我们立足于自主培养。"张武安介绍，春秋航空现在已有100多名学员在国内外的航校学习，这是春秋航空解决人才问题的最终途径。

此前遭遇危机的东航，就是由于内部管理与待遇问题导致飞行员返航，对此春秋航空引以为戒。虽然春秋航空是低成本航空公司，"但是人员的待遇却不能低，尤其是涉及安全岗位的（人员）绝对不低。"张武安肯定地说。而这一说法记者也在业内获得了证实，目前国内飞行员待遇最高的就是春秋航空了。

资料来源：http://finance.qq.com/a/20090421/004525.html.

春秋集团根据自身"旅游+航空"的组合优势，航线上细分为长途与短途航线。在中低收入消费者中又进行细分，对于有旅行需求的消费者，长途航线方面主打低票价加旅游航线，抢占此部分市场。面对有短途需求的中低收入消费者，春秋航空开通了数条新航线，克服有限的航班资源，采用加密航班次数，低成本的策略，尽可能满足顾客需求,留住客源。

3.春秋集团市场细分的原则

(1)可衡量性。可衡量性是指各细分市场的需求特征和购买行为等要能被明显地区分开来,所选择的细分市场应具有区别于其他细分市场的明显特征,市场范围明确,各细分市场的规模、潜力和购买力大小等能被具体测定。如果不同细分市场的特征和偏好差别不大,或者过于分散而无法达到一定市场规模时,市场细分的意义则不大。

(2)可进入性。可进入性是指经过细分后所确定的目标市场要使旅游企业有条件进入并能占有一定的市场份额。细分旅游市场必须以实际出发,考虑到旅游企业的经营条件和经营能力,以保证细分出的市场是企业的人力、物力和财力等资源可以达到的,使目标市场的选择和企业资源相一致,否则不能贸然开拓。

(3)稳定性。有效的旅游细分市场所划分的子市场还必须具有相对稳定性,在今后相当长一段时期都会存在,而不是昙花一现。目标市场的改变必然会使企业的经营设施和营销策略有相应的改变,从而增加企业的投入和风险。只有市场相对稳定时,才能成为企业制定较长期市场营销战略和发展规划的依据。

(4)发展性。发展性是指企业选择的细分市场具有可持续发展的潜力。细分的市场容量或规模要能给企业带来长远利益,其中顾客数量以及其购买能力和消费频率都要达到一定数额。细分的目标市场还应该具有相对的稳定性和时间性,并且符合道德和法律的规定。

春秋航空是一家低成本运营的航空公司,对于乘客的细分有很多种,其中常见的一种细分方法是根据乘坐春秋航空的旅客消费目的为依据进行细分,见表3-1。

表3-1 春秋航空乘客消费目的细分

消费者	细分市场	主要特点	消费需求	稳定性
商务人士	大公司职员	公费,对价格不敏感	安全、快捷、舒适	弱
	小公司职员	公费,对价格敏感	安全、快捷、机票价格低	强
游客	旅游团/自由行	自费,对价格非常敏感	安全、快捷、机票价格低	强
	探亲访友			
务工人员	节假日	自费,对价格非常敏感	安全、机票价格低	弱
	平时			

资料来源:刘振波.春秋航空营销研究[D].成都:西南交通大学研究生院,2008.

二、市场选择

1. 市场选择的含义

市场的选择是市场进行细分工作后的延伸,是指旅游企业在根据细分出来的若干子市场中,以消费者的自身情况为出发点,结合该企业的资源、规模、竞争状况等因素,估计每个市场的吸引力程度,选择进入对本企业最有利的一个或几个子市场,以最大限度地发挥企业的优势和营销能力。

2. 春秋集团市场选择的标准

被旅游企业选为目标市场的某些子市场,必须同时具备以下三个条件:

(1) 一定的规模和发展潜力。被选择的细分市场,既要有适当的规模,又要有一定的发展潜力。如果市场规模狭小或者趋于萎缩状态,企业进入后会得不偿失,不仅会经济亏损,还会因错过其他机会而增加机会成本以至于难以获得发展。因此,应审慎考虑,不宜轻易进入。据此标准,春秋航空的目标细分市场为中低收入人群,并在社会中是有一定规模的,并且此人群在整个市场中占大比例,故其消费潜力也是巨大的。

(2) 较强的吸引力和竞争力。细分市场可能具备理想的规模和发展特征,然而从赢利的观点来看,它未必有吸引力,旅游企业还要从自身在细分市场的获利能力和竞争力的角度来评估目标市场。决定整个市场或其中任何一个细分市场的长期内在吸引力和竞争力的有同行业竞争者、潜在竞争者、替代品和消费者,他们具有如下威胁:

1) 细分市场内激烈竞争的威胁。如果某个细分市场已有众多强大的或者竞争意识强烈的竞争者,那么该细分市场就会失去吸引力。春秋航空之所以没有将目标市场定位在高端人群,其中重要原因之一是国内大型航空公司已经占领此细分市场,并且这些竞争对手实力强大,竞争意识强烈。

2) 新竞争者的威胁。如果某个细分市场可能吸引争夺市场份额的竞争者,那么该细分市场就没有吸引力。春秋航空的目标市场主打中低收入群体的经济型航线,此市场在国内航空消费普遍较高的情况下具有比较优势。随着近几年一些小型航空公司的兴起,如东星航空、吉祥航空等民营航空企业,虽然其目标市场是中高端甚至高端人群,但春秋航空仍然要意识到竞争者的潜在威胁,应尽力进一步细化目标市场,寻找新的发展优势。

3) 替代产品的威胁。如果某个细分市场存在着替代产品或者有潜在替代产品,那么该细分市场也将失去吸引,替代产品会限制细分市场内价格和利润的增长。随着高铁的快速发展和国家的大力投入,高铁在短程路线的市场上成为飞机的替代品。春秋航空面对新兴替代品的威胁,不仅要继续打低成本的价格战,还应该尽量从服务质量、舒适程度及购票的便捷性等诸多方面加以改进,应对挑战。

4) 消费者讨价还价能力加强的威胁。如果某个细分市场中消费者的讨价还价能力很强或正在加强,该细分市场就没有吸引力。消费者会设法压低价格,对旅游产品质量和服务提出更高的要求,并且使竞争者互相斗争,所有这些都会使旅游企业的利润蒙受损失。面对越来越会议价的消费者以及竞争诸多的其他航空公司和铁路企业,春秋航空可适当倾向那些议价能力较弱的消费群体,例如在消费的节俭程度上,中低收入年轻群体议价能力会稍弱于中低收入老年群体。

(3) 符合企业战略和能力。春秋航空所选择的细分市场应与其战略目标相一致。某些细分市场虽然有较大吸引力,但不能推动企业实现发展目标,甚至分散企业的精力,使之无法完成其主要目标,这样的市场应考虑放弃;另外,还应考虑企业的资源条件是否适合在某一细分市场经营。高端航空服务市场尽管有丰厚的利润,但是受其资本实力和发展规模所限而无法进入,也只能放弃。只有选择那些企业有能力进入并能充分发挥其比较优势的市场作为目标市场,企业才会立于不败之地。

春秋航空抢占自由行市场

2011年7月1日起,国内知名低成本航空公司——春秋航空新开通了南京—石家庄航班,推出最低特价票99元(单程、不含燃油附加费、基建费及其他税费)等"99系列特价"机票,不到全价机票的一折!

据了解,该航线目前每天一班往返。南京禄口机场飞往石家庄正定机场,每周一至五、周日的时间是21:55~23:25,每周六的时间是22:10~23:40;石家庄飞往南京的时间是19:50~21:15。

京沪高铁的开通无疑给经营500~1000公里航线的航空公司带来了巨大冲击,春秋航空新闻发言人张磊对此并不讳言。但他表示,高铁的成本并不低,我们这样的低成本航空公司依然有拓展空间。业界认为,此次新辟长三角飞华北的低成本航线,可以被看作是民营航空企业对高铁的反击。

事实上,在高铁的步步紧逼下,航空公司即使能够留住部分传统客户群——商务人士,仍然远远不够。春秋航空推出宁石航线,其在华北、华东旅游市场的竞争力显然大为增强,长线廉价团队乃至航空自由行都将成为其新优势。从石家庄到南京并无高铁,经过河北最近的车站也在沧州西,相距230公里,但动车需要近8

个小时，票价为百余元。而春航宁石航线最低票价仅99元，加上机场建设费、燃油附加费，总价格也不过200元左右，全程只需1.5小时。

专家分析，"99系列特价"机票的推出，令南京所处的长三角和石家庄所处的京津冀金三角相互间的联系更加紧密，两地丰富的旅游资源得以互补。此次航线是把南京作为上海基地的补充和延伸，最大限度地拉长旅游的路线，方便游客出行。从石家庄方面来看，首先可以拉动周边旅游景点，如五台山、太行山、大同云冈等经济效益的增长；其次石家庄还可作为中转站，连接呼和浩特、大连等地。作为国内最大旅行社之一春秋国旅的子公司，春秋航空有望以华北旅游市场为突破口，从传统的长三角市场突围而出，获得全新发展。

不过，享受宁石航线的低价必然有所牺牲。该航线采用的是"多舱位"销售，不设置头等座，全部为经济舱，且座位比较挤，一架飞机就排了180座，而其他航空公司只有156座。另外春秋航空全部采用A320客机，这样维修、调配起来就方便了许多。远机位，也就是旅客上下机要乘坐摆渡车，不能直接上飞机，该航班也不提供免费餐食，托运行李和非托运行李的总重量不超过15公斤。特价机票只能通过春航网站才可以订购，这就省去了代理的费用。无论何种原因造成的航班延误和取消，航空公司不进行任何补偿。该航线的飞行时间均在晚上，对于许多首先考虑时间和舒适度的商务客而言，或许并非最佳选择，但普通百姓拥有了更多元的长途交通方式。

春秋国旅国内同行部总经理龚飞还向记者透露：预计在春秋航空除增加1~2条类似的国内低成本航线外，还将开辟海外市场，计划增飞夏威夷和柬埔寨航线。由于国内自助游发展势头良好，春秋国旅已经瞄准这一新商机，将在全国每个分社设自由行专员，借助自身拥有航线的优势，大力拓展自助游客源。

资料来源：http://js.xhby.net/system/2011/08/05/011395933.shtml。

近年来，旅游市场自由行逐渐火暴，市场发展潜力巨大。春秋航空率先发现这一新的目标市场，面对高铁与其他国有航空公司的激烈竞争，针对区域热点，自由行路线开通了附近的航线并推出了"99元"超低票价，大大增强了竞争力。同时，面对自由行市场也符合春秋集团的发展计划与目标，可以较好地发挥"旅游+航空"优势。

3. 春秋集团市场模式的选择

旅游企业正在确定目标市场的同时，必须考虑选择一定的模式，以确定企业的目标市场的范围选择和营销方式。

可供春秋航空选择的市场模式归纳起来有以下五种:密集单一市场、有选择的专业化、产品专业化、市场专业化和全面覆盖,如图3-1所示。

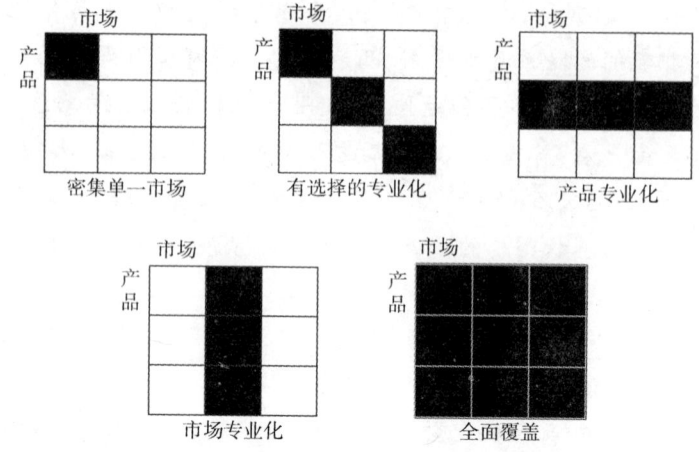

图3-1　旅游目标市场选择的五种模式
资料来源:马勇,毕斗斗.旅游市场营销[M].广东:汕头大学出版社,2003.

春秋航空根据自身的资源和目标,以及各细分市场的吸引力与竞争力,所选择的目标市场模式是产品专业化,即主要经营一种产品,像各类消费者同时销售这种产品。春秋集团面对不同的细分市场,同样提供低价的航空运输服务。当然,针对不同的细分市场,低价航空服务在功能以及促销力度上会有些许的差别。春秋航空通过产品专业化模式,在低价航空服务市场上树立了较高的知名度。

这种模式有利于把该项服务做好、做精、做到极致,不足之处是无论此服务多么优良,始终难以让所有消费者都满意。因此春秋航空应当在低价航空服务的基础上,深度挖掘细分市场的需求差异,针对差异做出相应的微调,尽最大可能满足细分市场的个性要求。

三、市场定位

1. 市场定位的概念

市场定位是指企业根据市场需求与竞争状况,为了让产品或服务在目标市场消费者心目中树立明确、独特及受欢迎的形象而确定的本企业和所提供产品或服务在目标市场上的地位。

市场细分、市场选择及市场定位三者的关系是:市场细分是市场选择的基础,市场选择必须以市场细分为前提;选定目标市场后的重要任务就是进行市场定位。

对于春秋集团而言,科学的定位有助于突出旅游及航空企业的独特形象,避免重复竞争,节约营销成本。因为市场定位关注的焦点是让春秋集团的旅游产品及航空服务进入、占据并能稳固地停留在消费者的心中。

2. 春秋集团市场定位的原则

春秋集团在进行市场定位时,应遵循以下原则:

(1)顾客导向原则。春秋集团营销的研究对象是指选择有一定规模的顾客群,而不是泛指所有顾客或单一顾客。企业深入分析这些顾客群的共同特点、喜恶及追求等,作为定位的基本导向,谋求产品及服务品质与顾客需求的无缝对接。

(2)差异化原则。春秋集团定位的目的是要让消费者注意到其产品及服务的与众不同,从而形成深刻印象。市场定位实际上是寻找到展现企业差异的过程。春秋集团的这些差异化包括产品差异、服务差异、促销差异以及价格差异等。

(3)个性化原则。差异化不等于个性化。个性化是春秋集团需要达到的其产品及服务在消费者心中形成的一种"标签"感觉,使之成为独一无二的产品及服务。因此,个性化是别的竞争对手无法短时间模仿和超越的。

(4)灵活性原则。在动态的市场环境中,春秋集团应当审时度势,随时把握最新的市场动向,对市场定位及时做出调整,以适应不断变化的市场需求。这样才能跟得上市场,不被市场所淘汰。

春秋航空定位大转身

国内第一家低成本航空公司春秋航空正逐渐远离其旅游优势,转而向商务客倾斜。

春秋航空不会把主要力量放在发展旅游客源上,而是逐渐向商务客倾斜,把这个市场做大。

王正华称,此番转变将通过在新开航线上增加商务城市,及增加原有商务城市的航班密度来实现。

春秋航空运营的商务城市航线主要有厦门和天津。据悉,公司正向民航总局申请新的航班。王正华透露,新航班主要将增加厦门等商务城市的航班密度。目前,春秋航空的第三架飞机已抵达广州,正在进行常规的参数测试。

春秋航空目前运营的航线中,除厦门、温州和天津外,三亚、海口及桂林等航线还都是旅游航线,平均上座率为94.8%。其中,商务客比例占45%,厦门航线甚至超过了60%,温州航线的商务客更是达到了85%。

"与旅游团体客相比,商务客回头率高,且在机票价格上也可以往上谈。春秋航空要做以商务客为主的低成本航空公司。"据王正华介绍,世界上几乎所有低成本航空公司的主要客源都是商务客。

尽管王正华称今后不会把主要力量放在旅游客方面,但他同时也在四处租借50座的小飞机。

资料来源:http://finance.sina.com.cn/chanjing/b/20060106/052/2253059.shtml.

春秋集团航空市场中商务客源较之旅游客源乘坐航班次数多且消费回头率高,根据市场的特点和发展趋势,灵活地转变市场定位,不仅把眼光瞄准旅游消费者,未来更要加强针对商务客源的航线与航班,要逐渐转变为以商务客源为主的低成本航空公司。

春秋集团市场定位,主要做了以下几项工作:

调研竞争优势,选择比较优势。春秋集团的竞争优势从差异化角度看,在市场上表现为产品、服务、成本与价格、渠道、促销等各个方面。通过调研同行竞争对手,以了解到企业的比较优势,还有竞争对手的比较优势,做到心中有数。然后在细分市场上以企业的比较优势与对手抗衡,准确地进行市场定位,才会收到良好的效果。

通过与一般国有航空公司比较,如表3-2所示,可以看出在销售渠道、成本与价格、促销力度等方面春秋航空有竞争优势,而在企业规模和服务范围方面一般国有航空公司具有竞争优势。因此,春秋航空应该定位于低成本低票价、便捷售票渠道、促销力度强的航空公司。

表3-2 春秋航空与一般国有航空公司的竞争优势比较

特征	一般国有航空公司	春秋航空
机型	混合机型	单一机型
产品设计	长/短途	短途
服务范围	全服务、设有头等舱/商务舱/普通舱	无花边服务
机场	干线/支线机场	支线机场
成本	高宣传、运营及维修成本	低宣传、运营及维修成本
竞争策略	市场份额策略	利润最大化策略
售票渠道	传统全国票务系统	网络订购票
促销力度	较少打折促销	经常推出促销活动

资料来源:刘振波.春秋航空营销研究[D].成都:西南交通大学研究生院,2008.

强化并突出竞争优势,了解清楚了比较优势,春秋航空充分予以挖掘,采取一系列措施加以培植和强化并向目标消费者突出比较优势,主要通过差异化和低成本营销策略努力把比较优势转为在市场竞争中的胜势。

第二节 营销组合

营销组合是市场营销的基础概念,是指企业根据消费者的需求来确定可控营销因素的最佳组合。春秋集团从旅游产品的差异化入手,开发多种分销渠道,并通过价格优势以及不断创新的促销手段赢得市场份额。

一、差异化的旅游产品

1. 旅游产品的多样化

(1)旅游产品的概念。从需求角度来看,旅游产品是旅游者为获得物质和精神方面的满足,花费一定的时间、金钱和精力而获得的旅游体验或者旅游经历。旅游产品是相对某次旅游经历而言的综合性概念,既包括旅游者对旅游产品的实物消费,如餐饮、购物等,也包括其通过旅游产品获得的对旅游资源的使用权和消费享受,从而得到精神上和心理上的满足。旅游者所购买的是一种无形的体验和感受。

从供给角度来看,旅游产品的生产和经营涉及众多的行业和部门,包括物质资料及非物质资料的生产部门,直接或间接向旅游者提供旅游产品的企业。旅游产品是旅游经营者凭借一定的旅游资源和旅游设施向旅游者提供的用于达到其整个旅游过程的各种需求的要素综合。因此,无论是从供给还是需求的角度,旅游产品都是一个整体的概念。

(2)春秋集团旅游产品。春秋国旅成立30余年来,随着业务不断拓展,企业实力发展壮大,业务涉及旅游、酒店预订、机票、会议、展览、商务、因私出入境和体育赛事等行业。目前已经推出包括国内游、出境游、周边游以及自由行在内比较全面且丰富的旅游产品种类,此外经常推出特价促销的旅游线路,基本上能够满足各种旅行消费者的需求。

2. 航空公司的差异化产品

(1)服务差异化。所谓服务差异化,是指服务的特性和利益迎合消费群的需求,以其针对性、有效性和个性化的服务,使消费者获得满足,通过服务的差异性突出自己的比较优势,与竞争对手相区别。春秋航空市场定位于低成本航空,则需要针对中低端市场的消费者提供高度针对性的服务。

春秋航空的差异化服务被形象地称为"无花边服务",即是一种适应自费工薪阶层、档次相对较低的消费,所谓"省之于旅客,让利于旅客"。具体来说,主要有以下做法:

1) 仅免费提供 1 瓶 300mL 的矿泉水,若旅客需要另外的食品和饮料,须付费用。

2) 飞行时间超过 2 小时且正值供餐时间和超过 3 小时供应正餐;飞行时间超过 1.5 小时且正值供餐时间或飞行时间超过 2 小时提供点心;免费行李额度从 20 公斤降至 15 公斤等。

3) 客机没有头等舱和经济舱的区分,而是同一型号、同样间隔的统一舱位。旅客如果没有托运行李,可以凭电子客票在机场自助值机,自选座位。

这些都是针对中低端消费群对服务内容的钝感化以及对服务产品价格的极度敏感化这一特性而推出的。因为春秋航空分析了低端商务和旅游乘客的消费心理,他们选择坐飞机出行的首要原因是考虑航空的安全性、快捷性、舒适性这些特点,而其他的附加服务内容,例如,飞机餐、免费行李等就是非重要考虑因素,可以通过免除这些附加服务以达到降低出行成本的目的。

但是,春秋航空的差异化服务并不意味着服务质量的下降。企业对员工在服务中提出"四个一"原则:帮助手提行李的老年旅客"提一提"行李;为捆扎勒手的行李"垫一垫"衬垫物;对行动不便的人"扶一扶";为抱孩子有困难的旅客"抱一抱"孩子。此外还增加对睡觉旅客、无人陪伴儿童的服务指示卡;增加常用药包、针线包、旅游图册等便民服务措施。目的就在于通过这些几乎无成本却又能从小细节体现人性化的服务,使旅客感受到家庭的温馨,避免产生低价航空服务低劣的不良印象。

(2) 航线差异化。春秋航空针对航线的选择也实行了差异化,基本在开通的航线城市实现了往返航班,目前开通的航线城市主要有:①国内直辖市、特别行政区及部分省会城市:北京、上海、天津、重庆、香港、澳门、沈阳、广州、西安、长沙、南宁、成都、银川、长春、石家庄、南昌、海口、昆明、贵阳、哈尔滨、呼和浩特、乌鲁木齐、杭州和福州。②国内热点旅游城市或商务城市:珠海、三亚、桂林、大连、青岛、厦门、深圳、晋江、黔江、绵阳、揭阳。③日本城市:高松、佐贺和茨城。

从春秋航空目前开通的航线城市可以看出,这些地点覆盖了国内直辖市、特别行政区以及大多数的省会城市,此外还包括国内一些著名的旅游城市和商务城市,甚至已经向国际进军,初步进军日本市场。如此有针对性地开辟航线,有力地保证了春秋航空在航空公司中的客源优势。

<h3 style="text-align:center">春秋航空引发日本民航市场低成本热潮</h3>

299元、399元等系列特价机票通过春秋航空打入日本民航市场。春秋航空正式开通上海—高松定期航线后,加上此前开通的上海—茨城航线,春秋航空的日本航线增加至两条。

据介绍,春秋航空的两条日本航线定位有所不同,其中,上海—高松航线的旅行团客人居多,而上海—茨城航线主要是商务客和散客。

上海—高松航线,每周两班,班期为周二、周五。上海—茨城的直飞航线,每周三班,班期为周三、周五、周日,均采用"多舱位、多价格"销售模式,单程除了最低特价票239元外,春秋航空还推出299元、399元等系列特价机票(不含燃油附加费、机场建设费及其他税费),与其他航空公司近3000元的票价相比,节省2000多元。

上海至茨城航线开通后,日本的不少年轻旅客,尤其是学生旅客为了能够顺利买到春秋航空的特价机票,纷纷在网上操作"秒杀"机票,并希望春秋航空能够开通更多的日本航线。春秋航空负责日本市场开发部部长孙振城介绍,春秋航空是在日本民航市场不景气的背景下进入的,春秋航空开通的日本航线均为大机场附近的县级市的小机场,不仅成本低,还受到了当地旅客的欢迎。春秋航空计划1年内再辟3～4条国内至日本的航线,出发地以上海为中心。

此外,为了方便日本旅客网上支付购票,春秋航空携手日本最大的在线支付平台 Digital Garage 公司,使春秋航空的外币支付平台得到进一步完善。

资料来源:http://news.xinhuanet.com/fortune/2011-07/05/c_121627126.html.

春秋航空根据上海—高松航线的旅行团客人居多,而上海—茨城航线主要是商务客和散客的这些特点,在日本航线中也采取差异化的策略,并且已经通过低票价的方式使得很多日本年轻人也加入了抢票的行列,从而也刺激了日本的低价航空运输业,为未来进一步打开国际市场做出了很好的尝试。

二、分销渠道

1. 旅行社独立的 B2C 电子商务——与携程网电子商务比较分析

(1)电子商务特点比较。春秋旅游网(www.china-sss.com)依靠春秋国旅产品、品牌和服务上的优势,走上一条"信息→访问人流→电子商务→资金→整合发展"的较为独立的 B2C 电子商务发展道路。为此,规划建立与之相适应的网站结构和网面形式,以随时更新价格、开班日期、游程安排、供应标准等上网游客所能直接进行商务预订的数据,并推出了商务订房订票以及自助旅游等产品,力求"化整为零"的服务①。

携程旅行网创立于 1999 年,于 2000 年 10 月并购了现代运通公司,成为一家大型商旅服务企业和宾馆分销商,目前已在全国 11 个大中城市设立分公司,服务网络覆盖国内 54 个城市。作为中国领先的在线旅行服务公司,携程旅行网向其会员提供集酒店预订、机票预订、度假预订、商旅管理、特约商户及旅游资讯在内的全方位旅行服务。

作为国内比较有影响力的两家旅游电子商务网站,春秋和携程各自的特点及比较如表 3-3 所示。

表 3-3 春秋与携程的电子商务特点比较

特点	春秋旅游网	携程旅游网
特色服务	线路预订与竞拍	会员服务
品牌与资源	依托春秋国旅的支持,有品牌优势、产品和景点资源优势	无传统旅游企业的资源优势,但拥有先进的网络资源和业内最大的呼叫中心
价格与费用	有庞大的春秋国旅发展资金产品和线路优惠的价格	无景点资源,故投入资金少,盈利过程通过网络实现,省去诸多中间环节
支付方式	网上浏览—网上预订(意向合同)—在线支付(也可电话确定、离线交易)—工作人员登门补签具体合同	网上与线下支付相结合多种支付模式;与银联结盟,较早采用电话支付和手机支付
信息化程度	自主研发的独立的电子商务系统有较强的可控性	信息化程度较高,沟通速度较快
交易与保障	实现人工售后服务,交易方式保障了交易安全	在线交易缺乏安全保证

资料来源:郑亚杰,胡成琴.携程和春秋旅游电子商务模式比较[J].安庆师范学院学报(社会科学版),2011(4):49.

---

① 张军.大型旅行社开展旅游电子商务的成功案例分析——以上海春秋国旅为例[J].技术经济与管理研究,2005(6):60.

(2)电子商务模式比较。春秋旅游网的电子商务模式由网站、春秋国旅总社及各网点、上游的旅游企业(各地分社及合作旅行社、航空票务代理商、目的地酒店)和网民市场构成,线路预订是网站的主营业务。春秋旅游网推出的所有旅游线路价格均与春秋国旅总部和各网点一致,多线路选择和优惠价格是春秋旅游网的竞争优势。此外,春秋旅游网还经营酒店和机票预订的业务①。

携程网采用会员模式,在发展足够的有效会员基础上赚取旅游中介的费用。目标客户为高端商务会员,这些会员不仅有较强的消费能力,更有使用该业务的需求,因此回头率较高。携程网广泛发放会员卡可以首先从广大消费者中筛选出其目标客户,会员卡的积分制保证了此卡的重复使用率。发展了大量会员之后,除非竞争对手能够提供较之更低的价格或折扣和质量更高的服务,否则无法轻易地转移其会员。关于春秋和携程在电子商务模式方面具体的比较如表3-4所示。

表3-4 春秋与携程的电子商务模式比较

模式异同点	春秋模式	携程模式
市场定位	以观光和度假游客为主。市场定位是以强大的传统旅游业资源为依托,以丰富的旅游信息和产品吸引消费者	以商旅客户为主,市场定位"旅游资讯加旅游电子商务",基本盈利点定在短信、网络广告和网络游戏
客户价值	分春秋F1中国、春秋货运、春秋娱乐票务、春秋会务、春秋体育旅游五大业务模块,并围绕自身业务展开服务	80多万条丰富的评价信息数据库,先进的用户评论和发布机制,"酒店私访团"为其撰写酒店评论
商业范围	线路、酒店、机票预订(依托传统旅行社);旅游线路竞拍;性价比高的旅游目的地住宿、餐饮等系列连锁服务	酒店预订、机票预订、旅游中介;度假预订、商旅服务、特约客户、旅游项目;顾客订制和顾客自选服务
资本模式	资金模式是运用春秋国旅的发展资金,使网站成为传统旅游业即春秋国旅的一个部门,使其具有自己的产品资源	融资、收购与合作。初始资金来源于风险投资,包括美国凯雷、日本软银等,并通过上市实现进一步融资。收购现代运通及北京海岸票务公司,携手移动等

---

① 张军.大型旅行社开展旅游电子商务的成功案例分析——以上海春秋国旅为例[J].技术经济与管理研究,2005(6):61.

续表

模式异同点	春秋模式	携程模式
核心能力	拥有大规模旅行社作为品牌及资源依托	用技术大规模制造优质服务,按效果付费,IT与传统业务有效整合,线上线下结合,多样化营销策略,注重互动
文化环境	文化环境呈现传统与现代相结合的氛围	重视对服务人员服务理念的强化,将自己坚定地定位于服务标准的建立者

资料来源:郑亚杰,胡成琴.携程和春秋旅游电子商务模式比较[J].安庆师范学院学报(社会科学版),2011(4):49.

(3)电子商务的优势。

1)旅游产品自身特点适合发展电子商务。首先,旅游产品一般是由旅游资源、服务设施和交通等方面组成的,这些决定了旅游产品具有不可移动和不可储藏的特点。其生产和销售的过程主要是在服务中完成的,而且消费的过程是旅游消费者向旅游目的地行动的过程,电子商务的实现不需要物流配送的环节。其次,旅游产品包含的是食、宿、行、游、娱、购等方面,其销售过程其实就是将各种信息传达到旅游需求人群的信息传递过程。由于上述特性,在旅游产品中发展电子商务是非常适合的。

2)依托春秋国旅的支持,春秋电子商务发展优势明显。作为春秋国旅与春秋航空的网上销售渠道,网站与线下资源的协调配合更高效,通过成功地开展电子商务,不仅可以简化传统旅行社线下交易的烦琐过程,节约交易成本,还可以实现企业的信息化改造,完全打通企业部门间以及企业与外部的信息壁垒,减少信息传递的环节,加快盈利模型中各个环节之间的沟通速度,整合网上网下的业务,使得传统的旅行社与网站融为一体,打造出完全的信息化旅游企业。

3)春秋国旅自主研发的独立电子商务系统。春秋独立开发的新电子商务系统,不受中航信息化系统的控制和影响,而且具有较强的可扩展性和灵活性,可根据企业自身产品和业务需要推出个性化的产品,让广大电子商务消费者有更丰富的选择性,提高了企业的吸引力和竞争力。例如,春秋推出的"旅游电子票"区别于门市旅游预订和航空电子客票的形式,它并不是"票",而是一种新型的旅游预订方式——将现在传统模式中从下订单、到付款、再到签合同等一系列过程全部都在网上"一站搞定"。省心、省时和方便快捷是它最大的特点。

2. 电话呼叫中心

随着旅游电子商务的发展,"在线旅游+呼叫中心"的模式受到公开的认可。电话呼叫中心则为线上与线下业务的结合搭建了桥梁,拉近了消费者和春秋的距离。春秋集团旅游呼叫中心业务覆盖了其航空、旅游、企业服务等各种业务类别。呼叫系统在业务上,可以随时随地进行业务处理、100%不错失电话,以及电话录音功能,做到不流失一个客户;在管理上,通过记录进行数据分析、通过电话录音对销售人员进行销售技巧培训。这不仅为顾客提供更加周到的服务,也为企业提供了极大的营销便利和服务能力。

3. 航空公司的各种售票系统

传统的航空公司的机票销售主要还是通过大量的机票代理公司和旅游社进行销售。这样做,无疑又增加了很多中间环节和成本,最终体现在了机票价格上。

春秋航空的售票系统包括网络销售、电话订票和门店直接购买。网络销售即春秋航空成立了专门的航空旅游电子商务网站——春秋航空旅游网(www.china-sss.com),提供方便快捷的航空票务、旅游和酒店等在线预订服务,而不参加中国民航联网销售系统(CRS)。春秋航空以B2C(企业直接面对个人的电子商务模式)的网上电子客票为主要销售手段,与传统的纸质机票相比,它在印刷、运输、存档等环节可以节省近80%的成本。春秋航空的特价机票只在网上进行销售,不仅鼓励消费者在网上购票,而且超低价电子机票的推出激起了顾客的购买热情,提高了网络购票的数量和份额。春秋航空在做免费广告的同时,也培养了客户消费习惯,保持顾客回头率,降低自身运营成本。

4. 航空公司与旅行社之间的相互借力

传统的旅行社在组团出游经常会受到航空公司的各种限制,时间上、航线上的选择均要服从于航空公司,迫使旅行社在制定自己旅游产品时不得不考虑这些因素。春秋航空在春秋国旅稳健发展的基础上,依托其强大的品牌、产品、资源及资金支持,从开通旅行包机服务开始,发展到现在的国内多条旅游热点城市航线及热点商务航线。这样形成合力,相互借力,春秋集团不但成本费用、风险管理费用大大降低,更重要的是在制定产品策略上可以放开手脚,集中精力与资源充分地提高自身核心业务。

三、产品定价——以春秋航空为例

1. 收益管理思想的简单介绍

(1)收益管理的含义。收益管理,是微观经济学差别定价理论在实践中的应用,主要通过建立实时预测模型和对以市场细分为基础的需求行为分析,根据客户不同的需求特征和价格弹性向客户执行不同的价格标准,提高总体的收益水平。

实施收益管理对于目前中国航空运输业应对国内外运输业竞争,提高收益和管理水平,实现可持续发展至关重要[①]。

(2)收益管理在航空业的发展概述。1978年之前,美国民用航空局(CAB)对航空公司进行完全的政府管制来限制航空公司之间的市场竞争,因为一方面可以避免航空业内部过度竞争引发的恶性降价,另一方面也可以防止自由竞争引起的价格垄断。因此,航空公司只能在美国民用航空局制定的市场和航线上按照制定的票价进行营运,票价等级和结构都是固定的。1975年开始,民用航空局开始尝试对航空管制逐步放松,目的是通过取消政府管制,增强企业活力。其中允许航空公司增加新的航线、开辟新市场和新的航空公司的进入;同时,航空公司也可以根据市场调节运价。由此,航空运输业、行业结构、航线结构和票价结构都发生了极大的改变,新的航空公司大量进入市场,市场竞争提高,尤其是低成本航空公司的进入,推动了美国国内航空运输的持续高增长。面对一个完全竞争的时代,各航空公司都通过降低票价来吸引乘客,由于政府对于价格方面的管制过于放松,惨烈的价格战打响,虽然带来了空前的高客座率,最后大多数公司都损失惨重。

此后,无论是政府还是航空公司都意识到票价体系合理的重要性。其中,美国大陆航空根据数学模型、古典微观经济学概念、统计原理及运筹学等理论开发出一套优化客运收益的系统,并获得成功。美利坚航空公司使用了收益管理,不但利用超低票价吸引了更多的顾客来留住客源,还利用购买的限制条件限制了高票价的客人流向低票价,从而也防止了低票价的数量过多而导致经济收益的降低。至1997年,世界收益排名前20名的航空公司都建立了收益管理系统。

2. 春秋航空实施收益管理思想的条件

收益管理的实施需要很严格的内部条件作为基础,特别是需要航空公司具备配套的硬件设施,包括计算机定座系统、离港系统、结算系统、决策支持等。针对春

---

① 张翼. 中国航空业实施收益管理势在必行[J]. 中小企业管理与科技(上半月),2008(2):61.

秋航空目前的发展规模来看,一些硬件设施还不够完善,也还缺乏建设的资金基础和技术条件。而且国内关于收益管理研究主要集中在预测技术、超售、舱位控制等问题上,大多是借鉴国外航空公司的现有理论和发展模式,缺乏针对国内实际情况的本土化研究①。

目前,春秋航空可以借鉴一部分收益管理的思想,如根据不同顾客的不同需求对其采取差别的定价策略,提高上座率和经济收益。

3. 机票的等级差别定价

(1)旅客特点分析。春秋航空的旅客存在旅行目的、支付方式、支付能力、购票时间等方面的多样化特点,如表3-5所示。

表3-5 春秋航空旅客多样化分析

多样化类型	具体内容
旅行目的	旅游、商务
支付方式	公费、自费;网络、传统(电话预订、门店)
支付能力	中高端、低端
购票时间	淡季、旺季

资料来源:刘振波.春秋航空营销研究[D].成都:西南交通大学研究生院,2008.

春秋航空的旅客大致分为商务旅客和闲暇旅客(旅游、探亲、访友等自由度高的旅客),根据他们对票价、航班时刻、舒适等因素的重要程度,可大致归纳出其特点,如表3-6所示。

表3-6 春秋航空旅客的特点

旅客类型	价格	航班时刻	舒适性	最短停留时间	订票时间
商务旅客	不重要	重要	重要	重要	晚
闲暇旅客	重要	不重要	不重要	不重要	早

资料来源:刘振波.春秋航空营销研究[D].成都:西南交通大学研究生院,2008.

(2)差别定价的收益。航空公司均希望尽可能多地卖出每班飞机的座位。为了提高航班的上座率,春秋航空的做法是把空着的座位以低价票的形式销售给经

---

① 刘振波.春秋航空营销研究[D].成都:西南交通大学研究生院,2008:35.

济能力有限的顾客。因此每个航班都会有一些价格超低的机票,一般为 99 元、199 元、299 元、399~599 元不等,但这些特价机票只能在网上提前预定并支付。对于一般经济舱的顾客,春秋航空目前采取统一票价。

从微观经济学角度分析,市场分割得越细,所提供的有效票价水平越多,越接近于理想的差别定价方式。所以,相对于比较高端的商务旅客,大多数购票时间比较机动且时间晚,对于票价较之闲暇旅客来说比较不敏感。未来春秋航空若每个航班可以预留一些票价高于经济舱票价的阶梯票价,这部分可以增加的收益还是相当可观的。这可以通过座位存位管理的技术来预测,预留座位。同时再加上足够低的价格吸引闲暇旅客的需求,从而充分利用资源,为企业带来更高的客座率和收益。

四、促销策略

1. 促销对象

春秋国旅的促销对象是目标市场的旅游消费者,包括网站、门店都会定期推出促销旅游产品刺激消费者的需求。

2. 促销方式

(1) 春秋国旅的促销方式。在春秋旅游网站的特价促销页面中(见图 3-2),会定期推出针对国内、亚太、欧美各种短线及长线旅游线路的促销活动,并限制在一定时间内购买,这样会使一些经济能力不高的旅游消费者格外关注促销信息,并可能在第一时间购买。同时,各门店以及电话呼叫中心的促销活动一定是配合网站同步推出并做到与网站的价格一致。对于一些年纪较大且是中低端旅游消费者来说比较适合,由于年龄的原因,这一人群一般来说在电脑操作方面有较大困难,即便不方便去门店了解促销情况,也可以通过电话呼叫中心足不出户地了解最新旅游产品促销情况,根据自己的需求订购。

(2) 春秋航空的促销方式。春秋航空主力打造国内低票价航空,不仅平时票价已经低于其他航空公司,而且还会不定时地推出超低票价的促销活动,比较有特色的有以下几种:

1) "一元"机票。通过"一元"机票的促销方式让很多人认识了春秋航空。虽然春秋航空对此没有做什么宣传和广告,只是在网站上公布,但是这种闻所未闻的超低票价还是吸引了众多媒体的眼球。在媒体的持续推波助澜下,市场反应异常

特价促销
国内线路

厦门鼓浪屿琴笙酒店3日自由行（不含机建燃油）
现价：725元起
原价：1350元起

桂林阳朔4日自由行（特卖，两晚住阳朔，含早）
现价：635元起
原价：1050元起

每周特卖限20名,西安双飞4日
现价：989元起
原价：1350元起

青岛双飞3日自由行（仅限网上销售，不含机建）
现价：840元起
原价：860元起

亚太线路

普吉岛6日4晚经济纯玩团
现价：4289元起
原价：5199元起

台北5日4晚个人游（圣诞特辑，新开幕-富驿）
现价：3800元起
原价：4600元起

台北4日3晚个人游（圣诞跨年特辑）
现价：3899元起
原价：4300元起

新加坡5日4晚自…
现价：3249元起
原价：4399元起

欧美线路

MSC辉煌号环地中海巡游（意大利）
现价：17160元起
原价：18600元起

欧洲特卖季奥地利、德国、瑞士经典
现价：13650元起
原价：15800元起

毛里求斯8天5晚自由行（五星洲际酒店）
现价：12350元起
原价：12800元起

美国西岸双城8日（洛杉矶拉斯维加洲）
现价：11200元起
原价：15990元起

图3-2 春秋旅游网促销活动

资料来源：http://www.springtour.com/Preferential_sale.

火暴，仅仅三天时间春秋航空机票就被抢购一空。不仅如此，一元机票还拉动了99元、199元机票甚至三折、四折机票的销售。

2）机上叫卖式促销。机上叫卖促销属于人员推销的一种。春秋航空在飞行的航班中，广播会不停地高声推销商品，乘务员也会推着小车为乘客介绍多种商品，包括飞机模型、空姐丝巾、手表、按摩垫等物品，但是这种促销方式显然是没有得到旅客的认可。虽然春秋航空的工作人员表示，飞机上消费特许商品是他们公司的一项业务，并已得到工商部门的批准。同时乘客在购买春秋航空的机票时，就已经签署过附有告知此业务的协议。但实际情况是,飞机上卖小商品,这对一直将乘机服务当作贵族消费的旅客来说,心理上显然无法接受。春秋航空已于2011年6月取消了这一促销形式。

第三节 春秋集团营销案例分析

春秋集团从中国民航业当中异军突起,很大程度上依赖于对市场精心的营销策划。本书从众多的营销事件中选择了一些具有代表性的案例,以更客观地分析春秋集团的营销策略。

一、"1元"机票策略

上海至济南机票售1元 春秋航空被罚款15万元

2006年,春秋航空在上海飞济南的航线上推出了只卖1元的飞机票,然而春秋航空1元的机票却只卖出了400张,就迅速地告别了这个市场。

国际油价逼近100美元大关,国内各航空公司的旅客燃油附加费这两天也开始全线上调,然而,就在不少旅客担心,随着原油价格上涨,机票价格会不会也跟着水涨船高的时候,市面上各种低价机票反倒越来越多,它们低到了什么程度,可能你想都不敢想。

去年的一天,陈志飞在互联网上闲逛的时候,突然发现春秋航空竟然在上海飞济南的航线上推出只卖1元的飞机票,他抱着试试看的心理,在网上支付了1元钱,没想到的是竟然买到了。

然而也是这1元机票,济南市物价局开出了一张15万元的罚单,这张罚单不仅让济南市民告别了低到1元的廉价机票,同时也导致春秋航空退出了上海到济南的航线。就国内航空公司低价出售机票遭罚之后,更加让人想不到的是,进入国内的外资航空公司也纷纷推出了更低的票价,却没一家被罚。

采访中记者了解到,亚洲航空推出了0元、99元、168元等多种价格的廉价机票,同样作为外资航空公司的宿务太平洋也在今年的10月9日到15日,推出了厦门到菲律宾价格为1元钱的特惠机票,而新加坡虎航也推出了最低为57元的厦门至新加坡的机票,这些机票的价格远低于国内航空公司。而在促销活动期外,记者在11月8日随机选择了11月19日厦门飞新加坡的航线,发现国内某航空公司的价格为1830元,而新加坡虎航则是772元,只是国内航空公司票价的42%。

第三章 春秋集团的营销模式

花一元钱,甚至不要钱就能坐一次飞机,这在很多人看来,简直不可想象,不管它是不是商业噱头,至少这种超低价机票让我们认识了一个新面孔——廉价航空。像刚才那家推出1元机票的春秋航空,就是国内第一家打出廉价旗号的航空公司。开航两年多,它的机票价格比市场平均水平低了36%。这家民营航空公司究竟凭什么敢比别人的机票便宜这么多呢?

调查中记者发现,春秋航空并不像传统的航空公司一样提供免费的航空配餐,他们免费提供的仅是一小瓶矿泉水,空乘人员还会像火车上的服务员一样推销各种小吃,不仅如此,他们也在努力地推销着公司的各种纪念品,因为这些纪念品上到处都印着春秋航空的互联网推广地址,乘客可以通过这些地址购买机票,自选食品和纪念品不仅能让那些不需要的乘客降低票价,同时,销售的利润也能降低公司的成本。记者还发现,春秋航空的空乘人员自己打扫卫生,而不是请专业的保洁公司;空乘的服装也不如其他航空公司靓丽;外资的廉价航空还会尽量减少机场提供的收费服务等,都是在降低成本。

飞机上每个与众不同的细节都瞄准了同一个目标,能省则省。不仅在空中,在地面上,也是想方设法地处处省钱。他们的飞机从降落到再次起飞,中间只停半个小时,比其他航空公司少一半时间,这样算下来一架飞机一天就能多飞几个班次,效益更高。低成本和廉价,几乎成了这家公司的代名词。再来看看他们还有哪些省钱的办法?

为了降低成本,春秋航空的掌门人王正华告诉记者,机场的起降费和各项服务费用,大约占了整个航空公司成本的10%,目前在起降繁忙的主流机场,空客320每次起降的费用都要一万多元,所以他们主要选择相对空闲的二类机场,并且减少了机场设备的使用,每年能够节约5000万元左右,不仅如此,他还在占经营成本40%的油料上动起了脑筋。夏天,每次乘客下了飞机,哪怕机舱里达到50℃,机长也会关掉给空调供电的发动机。但是这样省油仍然不够,飞行员在条件允许的情况下,也会不断地增加飞行高度。

各种节油措施,春秋航空每年省下来的油钱就有3000多万元,这个数字几乎等于过去一年的赢利。而采访中,记者也了解到,虽然春秋航空想尽各种办法节省成本,但有些成本却从不节省。比如最新租赁的3架新飞机,他们每个月都要多付出四五万美元的代价。

节约成本并不意味着放弃安全,在2006年,他们用于安全管理方面的投入就高达6000多万元,占到了运输收入的11%。

低成本、低价格,最终为公司赢得了滚滚客源,现在他们平均每个航班的上座率达到了95%，远远高于70%的行业水平，8架飞机两年累积实现利润6700万元，这在国内也遥遥领先。春秋航空的业绩让我们看到了廉价航空的生命力，而在国际上，廉价航空也正在改写着航空市场的游戏规则。

春秋航空把票价比国内平均水平降低了36%，那么国际上低成本航空的票价到底又低到什么程度呢？从美国独资的战略咨询机构盖安德咨询公司记者了解到，2005年，欧洲最成功的低成本航空公司瑞安航空的平均票价只有41欧元。

瑞安的平均票价只有英航、汉莎航空、法航、意大利航空公司的20%左右，那么，这些低成本航空公司是怎么做到这一点的？首先，廉价机场的存在，对低成本航空公司非常重要。另外，国外的低成本航空公司批量购买同一种型号的飞机，这样不仅能够在谈判中降低采购成本，同时维修成本也非常低。

对国内来说，低成本航空作为一种新的航空运营模式，一些政策的约束，也造成低成本航空的成本难以降低到国际上的水平。和国外相比，虽然目前国内的廉价航空公司还只有春秋航空一家，虽然它在经营管理中还受到很多环境条件的限制，但毕竟，它让咱们普通百姓明白了，坐飞机不再是一种奢侈。当越来越多的人享受到廉价航空带来的快捷和实惠的时候，它也开始赢得了市场的尊重。

此外记者发现，虽然济南市政府凭着一纸罚单让春秋航空告别了济南，但对另外一些地方政府和机场来说，低成本航空也正成为他们争抢的金娃娃，不仅可以使他们的吞吐量迅速增长，甚至还会带来成千上万个就业机会。

低成本航空已经成为国际范围内的流行趋势，但是，在中国低成本航空所占的市场份额十分有限，发展前景极为广阔，因此，也希望国内的相关部门能给予这个行业更为宽松的发展环境。

"低成本作为一种新的运营模式，应该受到政府更多的关注，应该给它更宽松的环境，提供更多的适合低成本运行的这种规章制度。"

资料来源：http://www.qingdaonews.com/content/2007-11/11/content_53193.htm。

春秋促销策略

1. 全年预计盈利6亿元，春秋航空再现1元机票

2010年12月22日，春秋航空新闻发言人张武安向《每日经济新闻》透露，公司全年平均上座率达到95.8%，预计将实现6亿元左右的盈利。张武安同时表示，对"油价上涨、竞争激烈"的后世博航空市场持"审慎乐观"的看法。

国外廉航对中国市场的看法亦相同。捷星亚洲总裁庄碧莲同日对记者称，鉴于中国内地的市场需求不断攀升，捷星航空今后的工作重点是力争为更多中国目

的地提供航班服务。张武安也向记者表示,廉价航空的市场需求庞大,春秋航空将考虑与国外廉航"低成本对接"的可能性,以谋求更多国际航线网络。

2. 世博效应拉高客座率

在2009年仅实现1.58亿元利润的情况下,春秋航空在2010年迎来了又一春。受益于世博效应拉动、机队运能提升、增开多条盈利能力较高航线等多重利好因素的刺激,春秋航空预计全年将实现6亿元盈利。

作为国内首家低成本航空公司,春秋航空一直坚持以低票价来吸引旅客。春秋航空向记者介绍,此前曾一度销声匿迹的1元机票也在公司近期的促销活动中再现。在春秋航空新开的石家庄至香港航线上,参与秒杀活动的旅客将有可能以1元的价格购得机票,春秋航空甚至为此设计了颇为鼓动人心的宣传词等方案进行配套。

此前,春秋航空推出的1元机票曾一度遭到封杀。2006年1月,春秋航空在济南至上海航班中推出1元机票,但随后接到济南市物价局开出的15万元罚单,理由是该做法违反了《民航运输价格改革方案》中提及的票价浮动比例规定,春秋航空为此取消了该航线。而公司董事长王正华在12月21日提及1元机票引起争议时表示:"与其让飞机空着,不如花1元我送你去。"

无论如何,伴随着巨大争议的是春秋航空知名度的不断上升,大批目标客户蜂拥而来。"今年的平均客座率达到了95.8%,新开的上海至香港航线客座率也达到了95%以上。"张武安说。

3. 国外廉航抢滩市场

张武安在看好2011年廉价航空市场前景的同时也向记者表示,对后世博期间的航空市场持"审慎乐观"的态度。"不利因素主要是油价的上涨等,而且今年很多大型航空公司在资本方面积累了非常有利的条件,以待明年发力,因此2011年会是竞争非常激烈的一年",张武安说。之前,受益于世博会带来的巨大拉动效应,多家航空公司在上海市场分得一杯羹,王正华之前在接受采访时也承认,世博会结束后的上海市场必然会受到一定程度的影响。

春秋航空另一个可能面临的挑战则是国外廉航带来的航线网络上的竞争。据捷星航空称,公司将在2011年扩张位于中国的航班网络,并致力于提高中国市场对廉航旅行的接受程度,从而在中国市场大展拳脚。

目前,捷星航空运营新加坡往来中国6个目的地的航班,在庄碧莲看来,"来往中国和新加坡的商务和休闲旅游市场发展空间十分广阔。"新加坡旅游局的统计数字显示,截至2010年10月30日,今年到新加坡观光旅游的中国内地游客人数达

97.77万人次,较2009年同期增长近20%,预计2010年全年将达到110万人次。庄碧莲称,在中国市场内,由廉航提供的航班服务只占总航班服务的3%,因此捷星航空仍需全力以赴打开局面。作为具体举措之一,捷星航空12月22日宣布已与国泰航空、港龙航空达成新的联运协议。

捷星航空也曾预测称,得益于亚洲地区经济的蓬勃发展及数量迅速增长的中产人群,该地区的廉价航空市场在数年后的增幅将达到20%。"关于国际航线方面,我们开通日本航线后,每周都有十几名日本地方政府人士找到我们希望合作,前景非常广阔。"张武安说。此外,春秋航空也有计划与国外廉航合作,通过低成本对接的方式,覆盖更多国际航线网络。

资料来源:http://www.chinanews.com/cj/2010/12-23/2740560.html。

春秋航空2006年在上海至济南的航线上推出过"1元"机票,但仅卖了400张就被济南物价局以"扰乱航空市场物价秩序"、"不正当竞争"的名义罚款15万元,使其告别了这条航线。难道这就意味着春秋航空在低票价这条路上走不下去了吗?其实,虽然春秋航空的票价很低,经常推出99元、199元的特价机票,但它的单机盈利率却是国内航空界最高的,上座率高达95%,这都要归功于一套行之有效的低成本盈利模式。

低成本盈利模式存在的前提是"廉价航空"有庞大的消费市场。国内有近90%的人没有坐过飞机,高票价对他们来说就是高门槛。春秋航空正是瞄准了这一庞大的目标消费群,分析他们对价格的极度敏感的基础上,致力于打造中国首家低价航空公司。春秋航空的低价且盈利的秘诀是:

(1) 节省人力成本,如每次飞机降落后,总是机上的乘务员清洁。

(2) 控制固定成本,如春秋航空空姐的每套服装不到1000元,还有春秋航空的办公楼是每年60万元租的。

(3) 减少服务项目,如乘客在机上只能得到一小瓶的矿泉水,其他的食品饮料等需要购买。这样能够为想省钱的乘客省些费用,愿意消费的乘客也能增加消费的多样化。

(4) 降低泊机费,一般起降费、机场服务费占航空公司经营成本的10%,而春秋航空采取着陆相对空闲的二类机场、远机位停靠、半小时停留等手段使每次的泊机费减少了五六千元。

(5) 节约油料,春秋航空在不影响飞行的前提下让飞机飞高些以减少阻力,降低油耗,节约油料;只要乘客一出舱,就得关闭空调,而夏天乘务员清洁时几乎都是汗流浃背。油费支出占航空公司经营成本的40%,而春秋航空硬是每年在该项节约3000多万元。

由此看来,作为职能部门,应该根据市场的发展,审时度势,应该随时修改一些过时的、不科学的条文规定。如国内航空公司不能购进15年以上机龄的飞机,但以此标准判定飞机的可靠显然不科学,也为航空公司增加了一定的额外支出,对发展"廉价航空"明显不利。

"廉价航空"是对传统航空盈利模式的颠覆,"1元机票"正是这种颠覆的集中体现,它挣脱的是同质化竞争的枷锁,寻求的是一种差异化的盈利模式。

二、网络营销案例

春秋航空网上直销暗战,垄断巨头中航信

对廉价航空公司来说,仅靠压榨成本维持利润增长,如同穿上停不下的红舞鞋。面对中航信对网上售票环节的垄断和利润吞噬,春秋航空押注信息化这一筹码,递出业界第一封挑战书。

继2009年上市计划搁浅之后,春秋航空日前宣布,公司将原定于2011年上市的计划再度推迟到2012年。针对此事,春秋航空董事长王正华在一次新闻发布会上给出的解释是,"我们不希望低价发行股票",而希望公司能在2012年全球经济全面复苏之后获得更高的估值。

早年,春秋航空凭借国际上已有先例的"低成本运营战略"横空出世,但是从其诞生那天起,对春秋航空不利的新闻就没有断过,其中最为著名的是"济南市物价局开出15万元罚单"事件和多起"乘客霸机"事件。由此可以看出民营企业在航空业夹缝中生存的种种不易。

而春秋航空上市途中的且行且徘徊,更是无疑让人产生诸多联想:低成本战略能否支撑该公司走下去?在兼顾低成本战略和高质量运营这两点上,春秋航空是否已捉襟见肘?

对此,春秋航空高级副总裁王煜告诉《中国经济和信息化》记者,公司将继续坚持压缩成本的战略,但是其内涵和手段不再单一——电子商务售票平台便是他最近研究的课题。尽管全中国的网上机票分销平台已被中航信垄断。

春秋航空对成本的"克扣"已经到了丝毫必计的地步,他们目前正在采用与低成本航空的先行者——美国西南航空公司、爱尔兰瑞安航空公司和马来西亚亚洲航空公司相类似的经营模式:自行开发电子商务平台以压缩成本。

这种方式,说白了就是通过公司的电子商务平台进行票务直销,省去机票代理

环节,以降低公司运营成本。南方航空股份有限公司(下称"南方航空")信息化负责人在接受《中国经济和信息化》记者采访时表示:"网上直销能节省占机票面额3%的代理费,同时可以加快航空公司的资金流运转速度。"

1. 低票价捅破了马蜂窝

春秋航空是我国在低成本航空领域"吃螃蟹"的第一家,其一系列低价策略诸如"1元票价",甚至"0元票价"确实吸引了不少消费者,但同时也给春秋航空招致了不少麻烦。

2006年1月,该公司推出了针对济南—上海航线的"1元票价",随即收到济南市物价局因其违反《民航运输价格改革方案》的票价浮动比例规定而开出的15万元罚单,最后春秋航空在压力之下,取消了该航线。次年,春秋航空再次推出武汉—上海航线的"9元票价",但随后也被迫关闭了该航线长达4个月之久。此后,春秋航空再推出"零元票价"时只好打着公益的旗帜。对此,前述南方航空负责人表示:"这只是一种噱头,起到一些宣传作用,并不能长期搞。"不过,春秋航空副总裁王煜持不同的看法,他反问记者:"一架150座的飞机搭载100位乘客和搭载150位乘客,在运营成本上是没有区别的。那么我们为什么要浪费掉那50个座位呢?而且单从上座率的角度来考虑,春秋航空也是一个最环保、最绿色的航空公司。"

因为消费者习惯了传统航空公司的服务水准,当春秋航空这样一种剥离了很多服务项目的低成本航空模式面世时,也遭遇了不少乘客霸机、罢乘和索赔事件。据春秋航空新闻发言人张磊透露,仅今年5~12月,春秋航空就有12个航班的678位旅客霸机、罢乘或索赔。

不过,春秋航空的战略定位就是低成本航空。王煜表示,公司努力的目标不会因为外界的不理解和不认可就改弦更张。相反,这正说明他们需要完善的地方还很多。

2. 网上直销暗战

不管是已经常态化的199元、299元票价,还是1元、9元的活动低票价,春秋航空作为国内目前唯一的低成本航空公司,它的这个地位已很难撼动。但面对中航信在网上销售信息化系统上的垄断地位,春秋航空打算自己干。

春秋航空电子商务平台的独特性主要体现在建立了自己的销售系统、离岗系统,以及整个前台跟后台的操作系统。它是我国第一个不经中国民航信息网络综合业务分销平台(下称"中航信")而自主进行B2C模式网上直销的航空公司。而这种模式正得到国内航空公司的追捧。

南方航空就是一个例子。这家航空公司虽然是国营航空公司,但因为没有中国国际航空股份有限公司的地位和东方航空股份有限公司(下称"东航")的市场,他们也开始布局网上直销之路。

据王煜透露,南方航空现在通过其官网直销的机票份额已占到了10%左右。

但是,不管是南方航空还是东航,他们毕竟是国营航空公司,引述东方航空CIO蔡阳所说:"东航肩上顶着强烈的国家责任感,也就是说,无论一条航线赚不赚钱,只要是国家需要,我们都要去做。我们是在完成任务的前提下,去深度挖掘市场价值,引导市场发展。"

这里涉及一个机票代销的问题,这个系统正是由中航信提供的。中航信向每个代理商收取3%的费用,这个费用占比在最早时曾高达9%。世界航空发展到现在,已经产生了四种销售模式,分别是网上直销、线下直销、线上代理以及网上代理。

春秋航空正希望通过自己的电子商务平台实现网上直销,降低成本。有数据显示,春秋航空目前的线上直销占比是80%,但王煜并不满足于这个比值:"我们要努力把线上直销份额提升到95%。"

自己做网上直销,也有一定无奈的成分。王煜打了个比方:"如果你售9元机票,代理商就只收2毛7的费用。代理商就不愿意代售,机票就卖不出去。"而从代理商的角度讲,机票卖得越贵,其代理费用越高,对代理商自身也最有利。

3. "把复杂的简单化"

据东方航空一位负责人介绍,因为上座率很低,公司的上海—青海航线就经常处于亏损状态。据东方航空公布的一份6月份的运营数据显示,该航空公司6月份上座率达80%,创2000年以来新高。有分析人士指出,这主要得益于世博会。而春秋航空的上座率经常都能达到这个数值,甚至更高。

这一是因为春秋航空坚持这样一个原则:与其让座位空着不如低价卖给乘客。当然,另外一个很重要的原因是春秋航空的飞机少,利用率高。春秋航空目前只有21架空客A320系列飞机,仅占国内客运飞机数量的1%。

春秋航空不仅飞机架数少,而且机种也单一。对此,王煜解释说:"这能够在很大程度上减少设备保养和维修费用。因为我们的模式就是要简单化。"

王煜提到的模式简单化还不仅仅指这些,春秋航空提供的服务也很单一,没有餐食,行李逾重比传统航空公司的也少5千克。

少了机票代理商这个环节,这不仅让春秋航空给乘客提供服务变成"一对一"了,而且资金流转链条也缩短了。王煜说:"不通过代理,一个是降低费用,再一个是提供更好的服务保证。"

王煜说的"更好的服务保证",其实是指春秋航空提供的差异化服务。这种差异化服务就是乘客根据自己的需要选择不同的服务，而不像传统航空公司那样，提供打包服务，不管乘客需要不需要都有，收取的费用也是一样的。王煜说："比如其他航空公司逾重行李标准是20千克，我们是15千克。还有机票退、变更规则，我们的退票手续费更便宜，当然特价票也是不给退、变更的。"

电子商务作为降低成本的手段，它可以实现网上直销，王煜说："这跟其他销售渠道相比成本是最低的。"而且从销售角度来讲，王煜表示，因为产品比较单一，就是从始发地到目的地，价格非常标准化，这个产品非常适合于在网上销售。"因为你在网上更容易进行销售、推广。"

不过，春秋航空的电子商务网站在广州某软件公司总工程师谢连康看来，整体版面显得有些凌乱和复杂，他认为建立一个电子商务平台有一个很重要的原则，就是用户输入的信息或单击的次数越少，而平台有针对性地反馈给用户所要获取的信息越多、越清晰就越好。很显然，春秋航空在建设自己的电子商务平台上还需要把"简单化"的理念贯穿下去。

资料来源：http://www.brandcn.com/yingxiao/wangluoyingxiao/201012/267780.html。

DG加盟网上支付　春秋航空发力日本市场

尽管"3·11"日本大地震与核辐射打乱了春秋航空执行日本航班计划，但并未影响到春秋航空拓展日本市场的信心。

2011年6月上旬，春秋航空上海—香川旅游包机首航，随着暑期的到来，日本旅游和商务市场逐步回暖，7月15日，春秋航空将正式开通上海—高松定期航线。

同时，日本最大的在线支付平台Digital Garage(DG)公司与春秋航空完成了商务谈判，解决了技术衔接，达成合作协议，使春秋航空的外币在线支付平台得到进一步的完善。DG支付助推春航招徕日籍客源。

春秋航空开辟日本茨城、中国香港和澳门国际地区航线初期，网上支付只能支持VISA、MasterCard信用卡进行网上订单支付。而根据数据显示，在日本支付领域，日本旅客还会经常使用JCB和美国运通卡进行线上支付，所以这部分旅客购买春航机票很不方便。日本Digital Garage(DG)公司作为日本本土支付服务商，其提供的支付产品更加贴合日本消费者的使用习惯。

7月上旬，DG公司的支付系统正式登上春秋航空官方网站www.china-sss.com日语版，DG支付平台的开通使春秋航空增加了JCB及AMERICAN EXPRESS卡的支付渠道，拓宽了支付范围，首先开通的是在线交易支付，还将进一步推出便利店支付、手机支付等渠道。DG同时支持国内发行的银联双币卡（银联/visa；银联/master；银联/jcb等）

用日币支付购买机票,方便了很多持有中国信用卡的在日消费者。

DG旗下"e-context公司"所担纲的支付业务,为日本本土最大的支付从业平台之一,从事Web支付、游戏内容支付、音乐会等的票务支付、购物支付,尤其擅长于交通和旅行观光支付。

通过本次合作,春航可以实现对于日本当地线上支付方式的优化,使得交易过程更加安全便捷,这也意味着春秋航空对日本市场的拓展进入了实质性阶段。

作为国内第一家也是唯一一家低成本航空公司,春秋航空坚持运用低成本的网络营销,深入拓展日本市场。在国内网站直销、手机3G直销获得微博助力的基础上,春秋航空开通日本微博平台http://twitter.com/airspring_jp,与日本旅客开展互动。

春秋航空发言人认为,随着IT技术应用的普及,消费者已经超越了单方面从企业被动接收信息的模式,而是通过微博与企业交流互动,同时引发更多关注。企业与消费者的关系从平面的促销广告、产品销售、售后服务,转变为对消费者问题的全方位立体回应。

在日本,Twitter可以说是类似中国微博的原型,春秋航空上海总部的微博热也迅速延展到了日本。现春秋航空日文官方Twitter账号已经开通并且认证,并已经开始着手通过Twitter进行相关的营销、服务、信息公告等工作。届时,春秋航空将会在Twitter上公布最新的航线及价格信息、服务产品推荐、旅客咨询解答、国内目的地指南,包括航线所至地的景点、美食、风俗、攻略等。同时,在Twitter上还将定期地举行一些市场活动,春秋航空的免票大奖和精美礼品等将仅对于Twitter粉丝进行发放。

资料来源:http://www.cb.com.cn/1634427/20110706/236847.html。

无论是春秋航空在其网站上直销的案例,还是加盟国际网上支付的案例,这都说明在当今经济发展的社会中,企业发展电子商务的必要性和重要性。春秋航空是国内第一家独立成功研发出电子商务信息化系统的航空公司,它打破了中航信(中国民航信息网络股份有限公司)对民航信息系统的长期独家垄断,利用信息化系统,提升核心竞争力,实现单机营运成本最低、收益率最高,实现网上B2C销售比例超过70%,远远高于国内5%的平均水平。

达到目前的成绩,春秋航空付出了极大的努力,并积累了许多宝贵的经验:

(1)如果一家企业想要实施电子商务,只有企业的高层明确电子商务的重要性,并积极配合推进,电子商务实施才能相对比较容易获得成功。

（2）对于电子商务的开发，一定要拥有一支有能力的自主开发团队。自主开发团队既要了解航空公司的业务流程，又要熟悉软件开发的基本技术，并能够把二者紧密结合起来，这样才能开发出一套较为实用的电子商务系统。

（3）要有高素质的电子商务系统的使用人员。一个公司的信息化程度越高，对员工基本素质的要求也越高。要想使电子商务的实施获得成功，对员工的基本技能一定要加强培训。

（4）要有一个勇于创新、敢于变革的企业文化。电子商务系统上线，需要改变现有操作习惯，操作人员要适应新业务操作流程。要做电子商务系统，就要有一个开放的、敢于变革的企业文化，敢于冒风险，敢于破坏性创新。春秋航空电子商务系统的成功实现，与春秋航空勇于变革的企业文化密不可分。

此外，还有一些其他原因保证了春秋航空电子商务又好又快发展。春秋坚持不懈大力培养用户网上购票习惯，利用网上支付手段，完善支付流程；完善电子商务硬件基础设施；长期培养忠实的企业客户与个人客户，重视电子商务研发专业人才。

第四章　春秋集团的成本控制与盈利模式分析

春秋集团是春秋国旅和春秋航空的有机结合。在某种意义上而言,春秋集团的发展正是在春秋国旅的基础上拓展了航空业务,最终使春秋集团发展赢来了新的曙光。

低成本航空公司(Low Cost Carriers,LCC),指主要经营客流量大的中短程航线,多在二级机场起降,不提供免费餐点等附加服务的中小航空公司。由于经营成本大幅压缩,低成本航空公司的票价一般低于主流航空公司,对于旅客,又称作廉价航空公司。

低成本航空公司在世界范围出现绝非偶然,它有着深刻的经济根源和社会与历史渊源,是航空市场私有化、自由化和全球化历史进程的产物。自从1971年6月18日全球低成本航空的鼻祖——美国西南航空的第一架飞机首飞以来,全球航空市场可谓风起云涌,天翻地覆。目睹美国西南航空的巨大成功,效仿浪潮从北美席卷整个欧洲,近几年来,又在东南亚掀起一波高潮。如今,随着我国在加入WTO后开放天空的承诺,航空市场的不断扩大和航空管制的逐步放松,为应对外国低成本航空公司登陆中国航空市场的竞争压力,2005年春秋航空的诞生和成长,终于让我们看到了低成本航空这一崭新商业模式在我国发展的可行性。

因此,对春秋航空的低成本战略进行深入研究,一叶知秋,以小见大,对展望未来中国航空运输业发展前景具有重要的意义和价值。

第一节　春秋集团的成本控制

春秋集团的成本控制在业界享有盛誉,因而在国内,低成本航空一直是春秋航空等民营航空公司的代名词。春秋集团主要通过(对成本进行控制的)成本管理,尤其是在成本结构方面的创新性改革,改变了传统的航空模式,开辟了中国航空运输业发展的新模式。

一、成本管理

对于任何一家企业而言,有效地实施成本管理和成本控制对于管理者来说都是最重要、最头疼的问题之一。尤其是随着市场经济的不断发展,各企业集团的客观经济社会环境也随之不断变化,国内企业之间、国际企业之间的竞争日益加剧,企业尤其是新生的企业如何在激烈的竞争环境中立于不败之地,很大程度上取决于成本的管理和控制。因此,加强成本管理对于企业来说具有重要的意义。

1. 春秋航空公司的低成本运营①

春秋航空是国内业界非常成功的案例,它走了一条独特的道路,即效仿美国西南航空的模式,进行低成本运营。

(1)开创阶段的低成本策略。春秋航空从开创阶段就定位清晰,目标明确,走低成本运营的道路模式,在激烈的竞争环境下艰难地站稳了脚跟。

1)初创阶段的低成本。做任何重大决定时,春秋航空都是成功者。春秋集团在研究了很多欧美国家的旅游业态后,成功进入旅行业;在研究了美国西南航空的成功经验后,成功进入航空业。这样在很大程度上降低了企业的探索成本,使企业的业务保持较快的增长,甚至在面临世界性经济危机的冲击下,春秋国旅(全称为上海春秋国际旅行社,以下除特别强调外均简称为春秋国旅)和春秋航空仍能屹立不倒,这还得益于在内部管理方面,春秋集团没有急于进行业务扩展,而是保留实力,主要将注意力放在企业内部的管理上。

2)监管上的低成本。春秋航空目前拥有员工上万人,有效监管起来难度大、成本高,为了降低成本而实施"放任"管理方式。企业内部有一个 BBS 网,专为员工发泄怨气用,员工可以发泄对任何人的不满,甚至还不用署名。这样不仅有利于员工的工作,提高他们的积极性,还可减少各类腐败现象的发生,从而大大降低企业的监管成本。

3)销售上的低成本。春秋航空公司的拎篮销售服务、跪蹲式服务、空中演讲服务、客舱健身操等独具特色的服务项目,得到了广大旅客的高度称赞。早在 2006

---

① 注:本部分内容主要来源于周俊,甘胜军.春秋航空的低成本战略[J].管理观察,2010(17).

年,春秋航空公司就获得了全民航"五率"①加权积分总评比第一名。如此种种的创新服务,令旅客投诉万人率居行业优良水平,春秋航空的旅客满意率高达97%,大大降低销售成本。

4)服务上的低成本。"科技是第一生产力"。早在春秋国旅时期,企业便耗资近2000万元、历经6年多时间建设了网络销售体系。1998年,最高峰时春秋拥有4000多个网络代理。网络平台为春秋国旅降低服务成本奠定了坚实的技术基础。春秋航空成立后,董事长王正华大胆依靠自己的IT力量,开发中航信的离港和销售系统,并采用多种促销手段鼓励顾客进行网络购票,售票及与其有关的各种服务,成本极大降低。目前,春秋航空80%的机票都是通过网络销售的,大大节约了春秋航空的销售服务成本。

(2)保持低成本的策略。春秋航空在实施了低成本的战略措施后,还实施了一系列保持低成本的策略,为春秋航空公司今后的可持续发展奠定了基础。

1)开展与第三方支付平台支付宝的合作。目前春秋航空公司有接近一半的网络售票是通过第三方支付平台完成的,而支付宝不仅有多达2亿人的终端消费人群,还有强有力的金融端支持,旅客可以在春秋航空官方网站上选择航班,在确定机票后采用支付宝付款。对春秋航空而言,双方的合作有利于继续保持低成本策略,推动廉价航空业的发展。

2)推出"航空机票取消险"新保险险种。春秋航空为中国民航迎来首个航空机票取消险,它的承保公司为中国太平洋财产保险股份有限公司上海分公司,该险种率先针对网上订票的春秋航空旅客开放销售,销售范围先定在春秋"99系列"特价机票以内。

3)在飞机上开展销售服务。机上销售是国外廉价航空公司常用的一种做法,航空公司赚取"批零"差价,获得辅助收入,以降低成本,春秋航空的辅助收入占总收入的7%,而国外一些廉价航空公司的辅助收入占总收入的20%左右,因此,国内春秋航空通过机上销售获得辅助性收入,具有巨大的发展潜力。据悉,春秋航空,在未来的航空销售服务过程中还将考虑将车、房纳入销售计划,以提高辅助性收入。

4)购买飞机,形成规模效应。目前,春秋航空的人机比为90:1,而国内很多航空公司的人机比超过100:1甚至200:1。当然,相比于开飞时的3架飞机,春秋机队规模逐渐扩大,也因其规模效应的形成降低了成本。目前,春秋航空共有飞机24

---

① "五率"是指公司原因飞行事故征候万时率、公司原因航班不正常率、旅客投诉万人率、正班执行率和基金缴纳率。

架(2011年6月)①,还计划将继续引进。

5)酝酿上市扩大融资。春秋航空公司的规划是希望在2015年公司能够拥有100驾飞机,为了实现这个目标,必须借力于资本市场。曾经有机构预测过,如果春秋航空能够顺利上市,将至少可以融到20亿元的资金,这些资金对于增加飞机的数量,提高运力都有非常重要的意义。

2. 低成本航空模式与传统航空模式的比较②

传统航空公司在市场定位上既追求高收益的商务旅客,也不放弃收益较低的休闲游旅客。它们的经营管理相当复杂,通常采用混合机队来构建轮辐式的航线网络,产品和舱位设计多样化,服务也强调多样化,利用复杂的IT技术进行客户关系管理、常旅客计划和收益管理,花大量金钱在机场设备、机舱设备、信息系统和品牌建设上等,其目的在于通过提供庞大的航线网络和优质周到的服务来吸引高价旅客,从而在较高的经营成本下保持赢利。这种赢利模式可以总结为表4-1。

低成本航空公司也叫做"非奢侈"或"廉价"航空公司,其基本特征就是航空公司在航线开辟机场选择、售票方式、机上服务等方面尽可能地采用低成本策略,最终使票价降到一个较低的水平。一般来说,低成本航空公司的平均票价比传统航空公司约低30%。低成本航空公司简单化操作的经营模型在全球的运作遵循以下三项基本原则:首先,它提供简单的产品,没有奢华型服务,同时在机舱内采用一种舱位布局,并采用较狭窄的座位以增加机舱位的密度。其次,它主要针对支线市场上对价格敏感的普通大众消费群体,并为他们提供方便、快捷的服务。更重要的是低成本航空公司提供的点对点的营运模式没有中转,具有频率优势,并提高了服务效率。最后,低成本航空应用简单的商务模式尽力控制其营运成本,并将自己各个环节的成本费用降到最低。其主要方式为使用单一的机型,降低飞机备件及机组训练的费用,以控制其人工成本,低成本航空公司的人工成本比传统航空公司低约40%。同时,充分利用网络销售渠道,加大直销力度,降低票务中介费。低成本航空公司主要在使用成本较低的二级机场运营,避开费用昂贵、拥挤的中心机场。表4-2揭示出传统航空和低成本航空营运模式的主要区别。

---

① 肖琳. 春秋机队再添一新成员,第24架A320顺利抵沪[DB/OL].民航资源网,2011-06-22.
② 本部分内容主要改编于:朱蓉,陈伟.新型的航空运营模式——低成本航空[J].商场现代化,2006(33):196.

表4-1 传统航空公司的赢利模式

市场定位		商务客和休闲客兼顾
产品特征	票价	票价结构复杂,价格高,使用收益管理计算机系统
	营销	自营销售团队,地点方便的售票处,总代理、分代理、电子票、网络销售并存
	服务	三个等级的舱位,座位密度不同,在起飞前分配座位 常旅客管理系统、客户关系管理系统 免费餐食、范围广泛的应期阅读刊物、座位娱乐视听系统 地面提供VIP休息室
	航班频率	便利的航班时刻高频率和很好的起降时间
	准点率	高
运营特征	飞机	在不同的航线和市场使用不同的机型 飞机日利用率相对较低,平均在8~9小时
	航程	主要飞中长航线,轮幅和枢纽航程安排
	机场	主干和二级机场混合
	员工	薪资缺乏差别和激励,劳动生产率低

资料来源:冯雁凌.我国发展低成本航空公司的可行性分析[D].厦门:厦门大学,2005.

表4-2 传统航空与低成本航空营运模式的比较

	传统航空公司营运模式	低成本航空公司营运模式
联结方式	中枢辐射航程线网	点对点
使用机场	中心机场	支线或二级机场
使用机型	多种机型	单一机型
舱位	两种或三种舱位	一种舱位
航程	短程或长途	短程
服务等级	提供全方位服务	非奢侈服务或有限的服务
票价结构	多种票价	单一票价
销售渠道	代理商、营业部、网站、呼叫服务中心	主要通过网站

资料来源:朱蓉,陈伟.新型的航空运营模式——低成本航空[J].商场现代化,2006(33):196.

二、春秋航空和其他航空公司成本结构比较[①]

春秋航空实施了与众不同的经营战略,同时,春秋航空公司在成本结构比例上

---

① 本部分内容主要改编于:温志宇.春秋航空低成本战略研究[D].厦门:厦门大学,2008.

有着独特的特征,以下是其与几家典型的国际、国内航空公司的比较及分析。

1. 航空公司成本构成

通常,航空公司的成本结构是指各成本要素在总成本中的比例。航空公司一般将成本分为直接运营成本(飞行成本)、间接运营成本和系统成本,如图4-1所示。直接运营成本,亦称航班飞行运营成本,通常是与机队飞行时间直接相联系的成本,同时包括维修成本及维修管理成本的分摊。间接运营成本可分为地面运营成本和服务成本。地面运营成本通常包括在机场、候机楼时,为旅客提供服务而发生的成本;航空公司对于始发旅客的订座、出票、服务等而发生的成本。服务成本是指除了地面运营成本之外的其他非直接运营成本。这些成本不能直接计入提供航空运输服务所产生的成本,而主要是指一些先期投入的成本。例如,航空餐饮费用等。系统成本是指与航空运营无关但与航空公司经营管理某些方面相关的成本,如税赋成本、财务费用和管理费用。

就航空公司成本而言,根据成本变动情况划分为固定成本和变动成本。根据成本可控程度划分为可控成本、不可控成本和不完全可控成本,比如旅客服务费、业务代理费、利息支出、营业费用和工资支出等管理费用属于可控的成本,飞机的拥有成本、航油成本和个别营运成本等则属于不完全可控成本,民航建设基金、税金、起降服务费、机场收费等属于不可控成本。从成本的发生状况来看,飞机拥有成本、飞机和发动机的维修成本、航油费用、机场费用、人工成本是航空公司成本中的几个最重要的部分,也是成本控制的重点。其中,飞机拥有成本是在飞机引进阶段决定的,控制该项成本的要点是在引进阶段决策的科学性和经济性。后面几项成本项目是在运行过程中发生的,基本都是变动成本,运行过程中的变动性比较大,是运行流程中成本控制的重点。

从整个成本构成看,国内的航空公司与国外低成本航空公司在成本可控方面存在很大差异,国外低成本航空公司对成本的可控程度要远远高于国内。西方和欧洲国家的天空是开放的,机场收费标准更趋于合理,航线是航空公司自己选择的。那些低成本航空公司基本上飞达一些收费偏低的中小机场,大大提高了飞机的利用率,减少过站时间,基本不配旅客餐食,减少人机比。美国西南航空公司除了人工成本比国内航空公司高以外,其他成本比重都远远低于国内航空公司。国内航空公司可控成本占总成本的27%,而美国西南航空公司的可控成本达到将近80%。这为国外低成本航空公司的运营提供了很大的选择空间,这也是在国内发展低成本航空公司的困难所在。

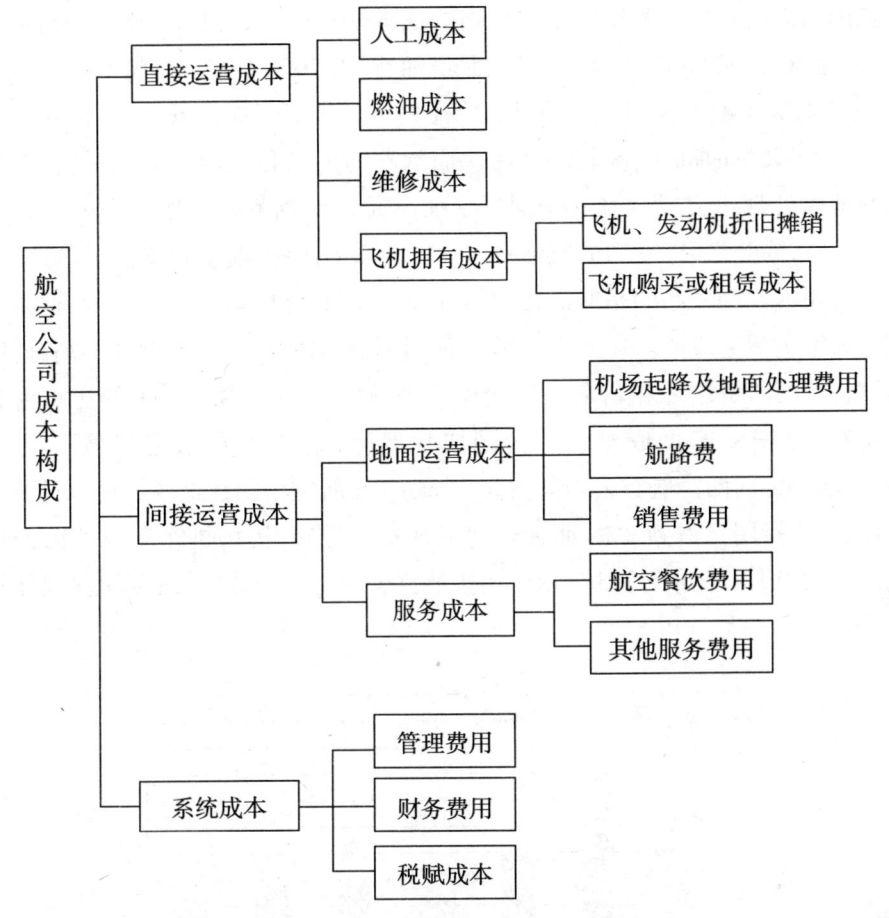

图 4-1 航空公司成本结构图体系

资料来源:温志宇.春秋航空低成本战略研究[D].厦门:厦门大学,2008.

在我国航空公司的主营业务成本中,航油成本、飞机拥有成本(大修、折扣、保险)和起降费分别占总成本的33%、23%和20%。这三项费用加起来占到了总成本的76%,而这三项费用却是航空公司很难控制的。

2. 不同航空公司成本结构比较

(1)按航空公司总成本构成比较。根据航空公司规模和国际影响力,本章选取了六家主要的航空公司和春秋航空作比较。国际上四家,分别是美国西南航空(Southwest)、捷蓝航空(JetBlue)、欧洲的瑞安航空(Ryanair)、易捷航空(EasyJet)以及中国的两家分别是中国国际航空和东方航空。由于各个国家的航空政策不一样,所以首先按地域对选取的航空公司成本结构分别进行比较。

美国西南航空公司和捷蓝航空公司的成本结构中,人力成本所占的比重相当高,占总运营成本的30%~40%,其次是燃油费,占20%左右。而航空餐饮费用均是0,这是低成本航空公司非常明显的特征之一。机上不提供餐食,不仅降低了成本,也缩短了转场时间,提高转场效率。而欧洲的情况和美国不同,它们在机场起降以及地面处理上花费了大量成本,并且还要缴纳航路费,占到总运营成本的20%~30%,除此之外,欧洲的航油费占了比较高的比例,航空餐饮费仍然是0。中国航空公司占比例最高的是航油费,而且远远高出其他成本所占的比例,这是由于中航油独家垄断造成的。在人力成本方面,中国航空公司所占比例并不高,而餐饮费和销售费两项费用之和目前在传统网络型航空公司运营成本中的比重占到了10%左右,根据欧美低成本航空公司成功经验,这两项费用之和最多只占到5.48%,其中美国西南航空公司只占0.03%,春秋航空公司在这两方面也是做得极为出色,销售费用只占到2%,而无任何餐饮费。另外,机场机降费及地面处理费用也占了相当大的比例,这部分由于属于航空公司不可控成本,故现阶段只能被动接受。

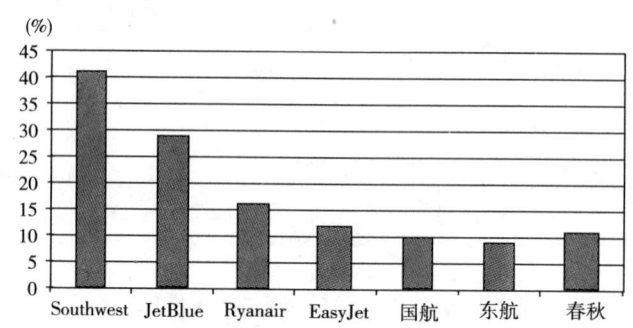

图4-2 各航空公司人力成本比较

资料来源:温志宇.春秋航空低成本战略研究[D].厦门:厦门大学,2008.

(2)按成本细项进行比较。

1)工资、奖金与权益。工资、奖金与权益是衡量航空公司人力成本的重要指标。

由图4-2可知,中国航空公司在人力成本上占有显著的优势,只占总运营成本的10%左右,春秋航空人力成本比传统国内航空公司高20%,而低成本航空公司的佼佼者美国捷蓝航空公司和美国西南航空公司则分别占到各自总运营成本的30%和40%。

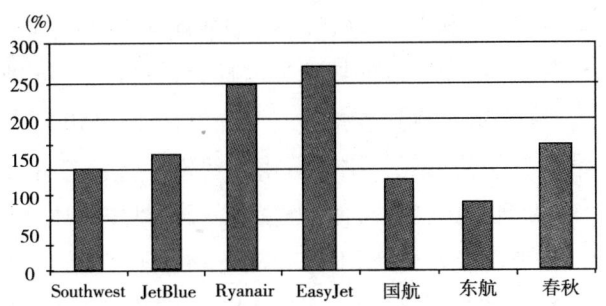

图4-3 各航空公司生产率比较

资料来源:温志宇.春秋航空低成本战略研究[D].厦门:厦门大学,2008.

图4-3显示了选取的航空公司劳动生产率的比较情况。可以看出,中国航空公司在职员工人数显然较多,然而以美国西南航空公司的单位员工可用座位公里数为基准,国航、东航可用座位公里数分别只有美国西南航空的90%和81%,而春秋航空是美国西南航空的123%。可以看出,春秋航空公司员工的运营效率相对比较高。

2)燃油费。燃油费是各航空公司运营成本的重要组成部分。图4-4显示了各航空公司燃油费用占总运营成本的比较情况。中国航空公司燃油成本所占比重较大,明显高出欧美的低成本航空公司。这意味着高航油对中国航空公司的影响将远远大于这些欧美的低成本航空公司。由于近年国际原油价格的一路走高,国内航油价格也一再上调,未来原油价格下调可能性也很小。加之中国航油市场的垄断,要节约此成本只能在改进飞行效率、减少油耗量方面下工夫。从图4-4中可以看出春秋航空公司在燃油成本上并没有任何优势,这是国内政策导致的结果。对此春秋航空公司也很被动,所以要改变这一劣势,春秋航空只待国家政策的调整,开放航空燃油市场,打破中航油的垄断。

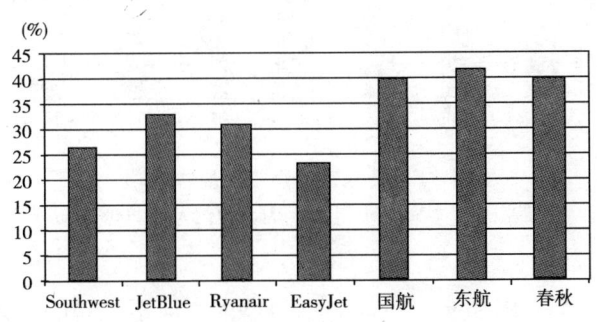

图4-4 各航空公司燃油费比较

资料来源:温志宇.春秋航空低成本战略研究[D].厦门:厦门大学,2008.

3)维修材料与费用。飞机的维修成本也是各航空公司成本结构中重要的一项。它是指航空公司为了保证飞机的持续适航性,对飞机进行维护、修理和改装等工作所消耗的成本。维修情况直接与航空公司的安全价值相关联,因而对于维修的投资不容忽略;维修材料的消耗与维修费用与航班飞行直接有关,大多数低成本航空公司只使用一种机型、单级舱位,使得航空公司的维修成本大大降低。如美国西南航空和瑞安航空使用单一机型 B737,捷蓝航空和春秋航空使用单一机型 A320。然而也有例外,例如易捷航空由于既有 B737 又有 A319,故其维修成本远远高出同在欧洲的瑞安航空。国航、东航由于服务定位的影响,多采取多舱位多机型的服务模式,故其维修成本受航材消耗影响较大。尤其是在实际维修过程中多舱位多机型,加之维修人员的技术能力往往又有限,不能正确找到故障而要求航材保障部门购买一些被怀疑有问题的航材备件,这些备件被买来后可能长期放置,从而增加公司成本。

另外,航空公司对航材管理没有形成系统管理,没有形成以航材计划为龙头,航材的购买、修理为重点的航材成本管理方法,而只是简单地强调货比 3 家。在采购过程中,由于采购人员信息不全面,采购渠道窄,没有找到价格更便宜的航材而相对提高成本,所以国航和东航的维修材料与费用都相对偏高。春秋航空由于均采用单一机型 A320 且以租赁全新飞机为主,所以维修服务费用较低。关于国内外各主要航空公司与春秋集团的维修成本比较,详见图 4-5。

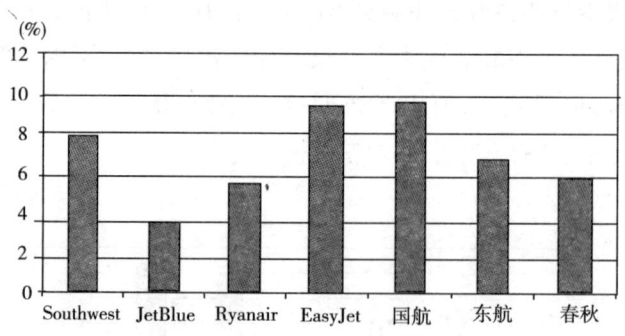

图 4-5 各航空公司维修成本比较

资料来源:温志宇. 春秋航空低成本战略研究[D]. 厦门:厦门大学,2008.

4)飞机拥有成本。由图 4-6 可以看出,低成本航空公司的飞机拥有成本通常比传统航空公司低。SWA、JetBlue、Ryanair 以及 EasyJet 航空公司飞机拥有成本比传统航空公司——国航和东航普遍低,其主要原因是国航、东航实行多机型,多机种混合机队,导致各种机型采购规模不够大,购买成本较高。春秋航空虽然是租赁的方式,故而相对成本还较低,但由于机队数量少,且飞机租赁市场被国外公司垄断,也缺乏议价能力,无明显优势。另外,在飞机折旧方面,国外平均为23年折旧期,采取直线折旧方式,而春秋航空根据中国公司会计政策则是采用12~15年折旧计提,使得折旧摊销费用较高。

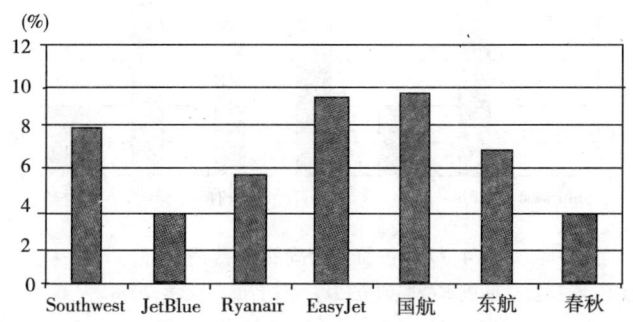

图 4-6　各航空公司飞机拥有成本比较

资料来源:温志宇.春秋航空低成本战略研究[D].厦门:厦门大学,2008.

5) 销售费用。JetBlue航空公司有75.4%的销售是采用销售成本最低的网上订票形式,22.9%采用代理销售,故其销售费用占到总运营成本的5%以上。而西南航空公司的销售费用只占总运营成本的0.03%。

而在国航、东航运营成本中,销售费用占较大的比例,原因是这两家航空公司仍然以传统销售代理的售票方式为主,通过比较这两家航空公司机票销售费用,可以看出国航的网上售票比例高于东航,国航的销售费用比例略低于东航。春秋航空则相反,网上售票占到69%以上,其余机票则通过自己的直销系统售出,完全没有代理销售成本。因此销售费用比较少。各航空公司销售费用比较如图4-7所示。

6) 机场起降费及地面处理费用。当前的总体情势是这样的:美国航空公司的机场起降费及地面处理费用最低,欧洲航空公司的最高,中国航空公司居中(见图4-8),这是由于各航空公司对于机场的选择和政府管制所致。美国这两个具有代表性的低成本航空公司多选择机场起降费及地面处理费用低的二线机场运营,故其在此成本细目上费用较低。在欧洲,由于政府管制的影响,机场起降费及地面处理费用普遍较高,其中,由于EasyJet航空公司与"美西南式"低成本航空公司运营方式有所不同,多集中于一些热点航线运营,故其此项费用相对较高。而在中国,机场起降费及地面处理费用在整个亚太地区仅次于日本,并且大、小机场的飞机起降费用并没有显著的差别,因此,三家中国航空公司在此成本细目上基本相同。

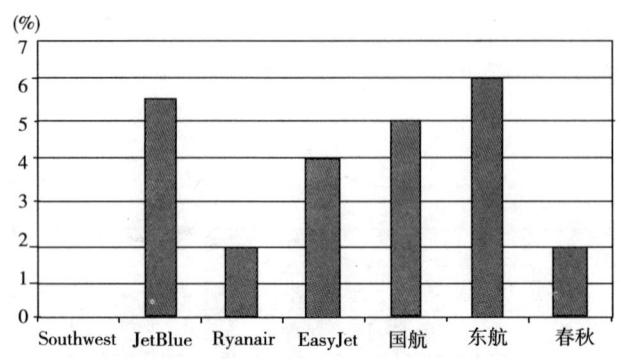

图 4-7　各航空公司销售费用比较

资料来源:温志宇.春秋航空低成本战略研究[D].厦门:厦门大学,2008.

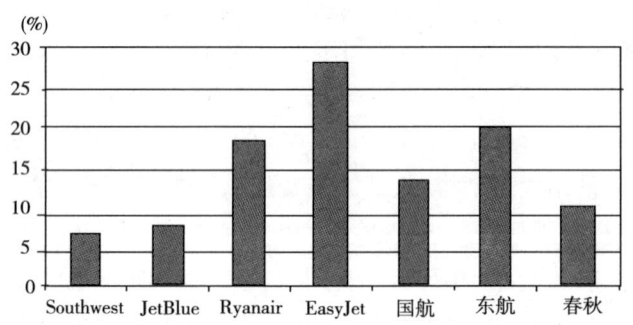

图 4-8　各航空公司飞机起降费及地面处理费用比较

资料来源:温志宇.春秋航空低成本战略研究[D].厦门:厦门大学,2008.

7)航空餐饮费用。低成本航空公司另一显著特征是机内不提供免费餐饮。此举一方面大大降低了成本,另一方面缩短了飞机转场的时间,提高了转场效率。餐饮费用占各航空公司总运营成本的4%左右,如图4-9所示,这无疑是提高航空公司利润的途径之一。从图4-9中可以看出,春秋航空公司的航空餐饮费用基本为零,和国外低成本航空公司做法一致,故其与国内传统航空公司相比有较大的成本优势。

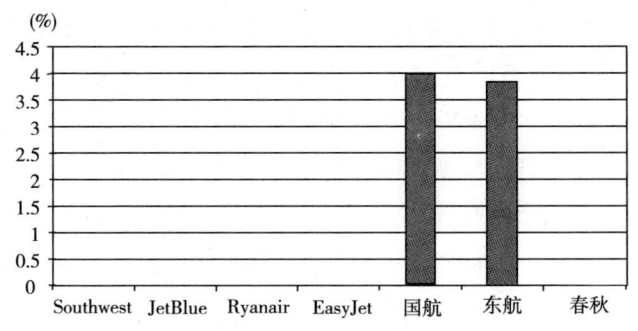

图 4-9 各航空公司餐饮费用成本

资料来源：温志宇．春秋航空低成本战略研究［D］．厦门：厦门大学，2008．

第二节 春秋集团的盈利分析

我国民营企业的发展有一个 2 亿元现象，即年营业收入达到 2 亿元的民营企业，其中的大多数很难再继续扩大规模，很难再继续做大做强。而春秋集团作为我国重要民营企业之一，却能如奇葩一样鲜艳夺目，创造盈利奇迹，原因很多，如春秋集团强有力的领导力和执行力等，而最关键的则是别具一格的管理模式，从而打破发展瓶颈实现自我超越。春秋集团的盈利及发展与其经验给了我们重要启示。

一、春秋集团的经营业绩

春秋航空是中国首家低成本航空公司，由中国最强的国内旅行社之一——上海春秋国际旅行社投资创办。春秋航空公司的总部设在上海，以上海虹桥机场、浦东机场和海口美兰机场为基地。公司目前拥有 24 架（截至 2011 年 6 月）技术先进、舒适豪华的空中客车 A320 新型飞机，经营上海飞广州、珠海、厦门、昆明、海口、三亚、桂林、温州、青岛等 20 多条航线，向旅客提供"安全、低价、准点、便捷、温馨"的空中旅行服务。春秋航空以"人人坐得起飞机"为目标，创新起步，成功地通过低成本运行模式，降低票价，推出"1 元"、"99 元"、"199 元"、"299 元"等特价机票，让利于消费者。通过精细化管理，春秋航空公司 2009 年共降低成本 1.3 亿元，2004 年旅游主营收入达到 31 亿元，连续 16 年居国内旅游百强第一。2009 年旅游营业收入 60 多亿元。21 世纪初，春秋集团积极谋划二次创业，筹划建立自己的航空公司，进军航空市场。2005 年 7 月 18 日，春秋航空首航成功，圆了春秋人的飞天梦,标志着春秋集团进入了第二次创业。春秋航空公司现有飞行员275名,飞机24架(2011年6月)。为了适应航空业务增长的需要,2011年开始,春秋航空将以每月1架的速度引进新飞机,到2015年春秋机队将达到100架的规模。春秋航空公司的主营业务成本已比行业约低35%,管理费用更是低60%~70%。尽管票价比国有航空公司低近33%,2009年,春秋航空公司运力增加40%,客座率保持95%;营业收入19.9亿元,比上年增长27%;净利润1.58亿元,更是比上年增长524%。春秋航空公司利润猛增的诀窍之一是降低成本,仅这一项2009年就为该公司节约1.3亿元。这也是开飞4年的春秋航空取得的最好年度业绩。再以2006年为例,它与国内传统航空公司的盈利比较就可见一斑(详见表4-3)。2011年的营业收入比2009年增加50%,2012年比2011年增加50%。春秋航空公司进入一个快速发展轨道。现在,"春秋"人明确了新的目标:世界500强(详见表4-4)!母公司——春秋旅行社是中国最强的国内旅行社。近年来也取得巨大的成绩。即:国内旅游连续12年全国第一,境内外39个全资社全国第一,100余个全资门店全国第一,4000余家旅游代理全国第一。

表4-3 2006年上半年几家航空公司盈利情况比较

航空公司	飞机架数	航班航线	盈亏情况(亿元)
中国国际航空	176	周定期4160航班,106个国内外大城市	上半年盈利1.47
中国南方航空	259	国内外600余条航线,142个大中城市	上半年亏损8.35
中国东方航空	190	450条国际、国内航线	上半年亏损14.6
上海航空	48	国内外140多条航线,60多个大中城市	上半年亏损1.63
春秋航空	3	几条冷僻航线	8个月盈利0.10

资料来源:鲁琳.我国民营航空公司低成本运营管理模式研究[D].南京:南京航空航天大学,2007.

表4-4 2004年财富500强航空公司排行榜[①]

航空公司名称	营业收入(百万美元)	利润(百万美元)	利润/营业收入(%)	利润/资产(亿美元)
德国汉莎航空公司	18060	1114	6	5
美国航空公司	17440	1228	7	4

---

① 中国东方航空公司和中国南方航空公司不在500强之列,为方便比较,放入表中。

续表

航空公司名称	营业收入（百万美元）	利润（百万美元）	利润/营业收入（%）	利润/资产（亿美元）
日本航空公司	17102	785	5	4
法国航空公司	14510	109	1	1
美国联合航空公司	13724	2808	20	13
美国达美航空公司	13303	773	6	3
英国航空公司	12806	220	2	1
中国东方航空公司	1707	100	6	2
中国南方航空公司	2130	55	3	1

资料来源：http://www.fortunechina.om/-fc500/IMG/2003/pf16.jpg,转引自：冯雁凌.我国发展低成本航空公司的可行性分析[D].厦门：厦门大学，2005.

全面来看，近30年来，春秋集团获得了无数荣誉：1989年以来连续十多年被上海市人民政府评为"上海市文明单位"；2004年至今被评为全国"重合同、守信用"和"3A"级信用企业，还被上海市总工会评为"双爱双赢先进单位"，2005年度至今荣获"上海市长宁区纳税贡献奖"。春秋集团党委书记王正华1998年获上海市终身劳动模范，2006年2月获得"长宁区优秀中国特色社会主义事业建设者"光荣称号。

二、春秋航空的盈利模式研究①

作为中国首家低成本廉价航空公司，春秋航空的低成本战略充分借鉴国际上美西南、欧洲瑞安、马来西亚亚洲航空公司等成功的低成本公司的许多经过实践检验证明行之有效的运营模式和实践经验。春秋航空在发展之初就定下了"两高两低两单两减"的发展模式，即高客座率，高飞机利用率；低营销费用，低管理费用；单一机型，单一舱位；减少非必要成本，减少日常费用（详见表4-5）。

---

① 本部分内容主要改编于：温志宇.春秋航空低成本战略研究[D].厦门：厦门大学，2008.

表4-5 春秋航空公司经营模式特点"两高两低两单两减"

特点	具体内容	春秋航空	国内其他航空公司
两高	高客座率	2006年平均95%	2006年平均73.7%
	高飞机利用率	飞机利用率在11~12小时	平均为9小时
两低	低营销费用	跳出中航信,发展网上支付,销售系统销售70%,利用电子客票和呼叫中心,2006年营销成本占总成本的1%~2%	2006年营销费用平均要占总成本的7%~9%
	低管理费用	人机比为80:1,管理成本占总成本的2%~3%	平均120:1以上,管理成本占总本的4%以上
两单	单一机型	全部采用空客A320	机型复杂,型号多样,客舱分级,提供不同服务
	单一舱位	只设单一的经济舱位,座位由原来的160座提高到180座,提高单机运力	
两减	减少非必要成本	在办公、差旅、财务支出管理以及日常细节上千方百计降低成本	
	减少日常费用		

资料来源:孙瑜.民营春秋航空公司低成本运营管理模式研究[D].南京:南京航空航天大学,2008.

1. 高客座率和高飞机利用率

春秋航空的市场定位是春秋的客源定位在旅游客辅助并立足最广大消费群(中小企业商务客、价格敏感的商务客、年轻白领、学生、探亲访友者等)早晚以旅游客为主,中间黄金时段高密度飞行运送商务客等消费群。在明确市场定位之后,春秋航空坚持以"高客座率"为第一要务。春秋航空的总票价大约在3.8折,比国内其他航空公司低36%,不仅票价低而且客座率很高,95%的平均客座率比行业平均水平(行业平均客座率为72%)高出许多,也许正因为如此,二者间存在一定联系,使其保持较高的客座率。同时,为了发展潜在客户,公司还针对剩余的5%空载率,送给没有坐过飞机的旅客以发展潜在客户。国内传统航空公司票价昂贵,尽管客座率只有75%,也能赚钱。而春秋航空虽然票价低,但因其平均客座率达到

95%,因此,也能保证盈利。航空公司运营成本中,飞机有超过一半的成本是固定成本,航空公司的飞机利用率越高,分摊到每客公里的固定成本就越少,获得的收益就越多(因为当航空公司提高飞机利用率时,成本中只有可变成本的部分会随之增加),所以说,飞机利用率越高,航空公司运营的总成本就越高,但由于固定成本能在更多的飞行小时中分摊,单位成本会随着飞机利用率程度的提高而降低。春秋航空公司一直保持较高的飞机利用率。目前,国内传统航空公司飞机日利用率不足9小时,美国西南航空公司的飞机日利用率是11.5小时。而春秋航空公司的飞机日利用率达13个小时,固定成本摊销效益明显,从而获得更多的成本优势。

2. 低营销费用和低管理费用

春秋航空公司通过两种手段降低营销费用,一是技术支持,开发销售系统;二是网络售票(电子客票)。春秋航空公司飞机日利用率对比传统航空公司,要按机票销售额的3%支付销售代理人手续费。由于春秋航空公司自己直销的机票量很少,销售代理人所占的份额太大,销售代理人反过来逼迫春秋航空公司,迫使春秋航空公司在3%手续费的基础上又再追加奖励点。由于市场竞争激烈,各家公司为了拉拢代理人,纷纷出台额外的返点奖励政策,追加的奖励点有的甚至达到8%~10%,这又进一步加大了航空公司营销的费用。据估计,传统航空公司的营销费用大约在总成本的8%。另外,长期以来,由于计划体制原因,国内的航空公司全部使用由中航信所提供的机票销售系统和离港系统①,不仅在机票销售方面每年要上缴上亿元费用,而且还要缴纳不菲的离港系统使用和维护费。而且,此项费用居高不下。春秋航空为中国第一家独立自主开发销售和离港系统的航空公司,它利用原有的投资2000万元开发的全国各地旅行社销售网络自行研发了销售软件,并在此基础上投入几十万元开发了与之配套的离港系统,成为目前国内唯一不参加中国民航联网销售系统(CRS)代理销售机票的航空公司。旅客可以在家或办公室通过网上或手机支付、预订机票,还可以在网上选择飞机客舱座位,自助办理登机手续。通过网络直销、银行银联卡网上支付等方式,春秋航空公司可以将销售成本控制在3%,而通过中航信系统,销售成本将占到9%左右。仅此一项,春秋航空在2007年就节约了6%~8%的销售成本4000万元,而当年盈利为7000万元。其次,春秋航空采用了电子客票。旅客可以到春秋国旅现有的营业网点购票,也可以在家中通过上网购票,然后直接到机场取票登机。为了鼓励旅客网上订票,

---

① 离港系统是机场为乘客办理登机手续的关键计算机信息系统,具有离港控制、航班旅客信息提取、行李处理、登机牌打印等功能。

除了特价票之外，网上支付可以再优惠 30 元。

　　为鼓励旅客通过网上直销、手机直销订购春秋航空机票，春秋航空在每条航线上均推出了"99 特价系列"特价票，票价相当于正常票价的 2 折左右，但该特价票仅限网上或手机订购。其他舱位网上购票每张也低于门市 30 元。这使得 2007 年春秋航空网上直销的电子商务总营收入达到 8.5 亿元，占全部营业收入 69%，说明网上预订方式也被入越来越多的旅客所接受。根据美国 Alexa 网站访问量排名，春秋航空在国内航空公司网站访问量排名中仅次于国航。此外，还通过口碑式的广告和网络营销。尤其是口碑式的广告宣传方式在春秋航空尤被推崇，这也是春秋航空节约成本的重要战术之一。自口碑式的广告宣传开展以来，在网络上很快产生了积极效果，越来越多的旅客开始选择春秋航空。当初美国西南航空成立初期，投入大量广告费用进行市场开拓，与之相比，春秋航空在广告上并没有投入大量费用，其原因首先是控制成本的考虑，其次是低成本航空在国外已经广被接受，作为后来者少了许多市场教育和改变消费者行为习惯的成本。最后是春秋采用顾客"口碑式"营销和新闻报道宣传，尽量做到不花钱的广告。同时，春秋航空非常重视互联网营销。另外，空服人员在给乘客分发完矿泉水后，会像火车服务员一样推销各种小吃和纪念品。这些纪念品上都印着春秋航空的网址，又做了一次客户付费的广告。

　　低成本航空公司一般都非常注重控制和节约管理费用。而春秋航空公司在管理费用和财务费用上更为严格，控制花费的每一分钱，削减一切不必要的管理办公费用①(Overhead Costs)。在不产生效益和满足顾客需求的开支上能节省尽量节省，办公场所简陋，差旅费节约，组织结构扁平化，包括总部办公场所装修、差旅费用和组织结构设计等。春秋航空的总部，坐落在上海虹桥机场旁一家不起眼的宾馆里。几十个员工挤在一间办公室里，除门以外，没有任何通风的地方，为了能够挤下更多的人，台子的间隔都非常小。另外，春秋航空还有个不成文的规定，如若出差到外地，除非有春秋航空自己的航线，否则一律乘坐火车（凡到通火车的地方）。春秋航空公司组织结构也采用扁平化设计，一般从 CEO 王正华到最基层员工不超过五个层级，从而节约沟通成本，降低"人机比"，推行一专多能，降低人机比是降低管理费用最有效的办法。根据有关数据，我国国有航空公司的人机比是 105~160:1，美国西南航空公司的人机比大约是 74:1。瑞安航空是 35:1②，春秋航

---

①　春秋航空 CEO 王正华的办公室面积也只有 12 平方米，接待访客的沙发已经用了 18 年。
②　因为无工会，部分业务外包。

空公司的人机比维持在60:1。通过降低人机比,可有效减少冗员,提高了劳动生产率,有效地降低了成本。但是,人机比的降低是有极限的,无论如何人员的最低配置必须能够确保飞行安全。

3. 单一机型和单一舱位

当前,传统的航空公司都采用多种机型多级舱位。而春秋航空则采用单一机型单一舱位,即均采用A320飞机和经济型舱。空客A320机身比B737宽8英寸,因此客舱环境更加宽敞舒适,并且较长的机身可以加宽旅客座椅的间距或增加座位,而发动机远离机身相对地降低了客舱噪声,最为重要的是A320比B737消耗的燃油更少。春秋航空A320飞机全部为经济舱,180个座位是A320机型所能安排座位的极限,而正常情况为158~164个座位。通过增加座位数,一方面,可以降低每个座位的成本,另一方面,在较高的客座率情况下,可以增加每个航班的销售收入。而春秋航空的平均客座率高达95.4%。

4. 控制非必要成本和日常费用支出

通过梳理低成本航空的发展历程,不难看出,低成本航空发展至今,已演化出三种运营模式:第一种为原始型运营模式,也就是传统的低价航空经营模式,以美国西南航空公司为代表;第二种为相对型运营模式,以捷蓝(JetBlue)航空公司为代表,这类公司将传统低价客户群的外延进行拓展,提高服务标准,以满足客户的一些额外需求,比如在休息室设置皮椅,在飞机上安装液晶卫星电视等;第三种可称为绝对型运营模式,最典型的公司是马来西亚亚洲航空公司和欧洲的瑞安航空,它们最显著的特点是凡是能够减免的服务全部都去除,只满足乘客最基本的需求,而其他服务一律收费,甚至在飞机上厕所也要支付5欧元。

春秋航空正是第三类,在春秋航空公司飞机上不提供餐饮①,额外赠送的只有一瓶330毫升的矿泉水,航班上没有免费的食品供应、没有壁挂电视或者耳机享用等服务内容,其他航空公司允许免费带20公斤的行李,春秋航空只允许免费带15公斤的行李,超过的要收费。在购买到"99系列"超低价机票后,不能签转、更改和退票。如果出现航班延误,以退票为主,且不提供免费餐饮和住宿。最近,春秋航空公司甚至取消了配在飞机上的航空杂志,从而可以减少100多公斤的载重,以进一步节省燃油等成本。

控制日常费用支出也是春秋航空公司控制成本的一项重要内容。以上海虹桥

---

① 供餐饮的费用已从机票中扣除。

机场为例，传统的航空公司统一使用的则是进口的COBUS摆渡车，而春秋航空使用的是国产摆渡车，二者的价格相差4倍左右。飞机不靠廊桥，为旅客省下飞机停靠廊桥的费用（通常为每次1000~2000元）；使用可以重复使用的塑料登机牌，飞机上不对号入座，先到先坐。春秋航空地面工作人员的防寒制服也是普通的混纺质地，而其他航空公司几乎都是呢料。这些看似微不足道的日常支出，实际上却节省了一大笔费用支出。

  此外，春秋航空还采取很多特有的控制成本的奖励措施。为鼓励飞行员降低燃油消耗，春秋航空设立了"节油奖"。与老牌航空公司不同的是，奖金与节油量挂钩，而且并非所有部门人员均分，而主要是奖励飞行员和运控。比如，在节省航油方面，飞机爬升、巡航、降落时，飞行员通过控制飞行高度和角度可降低航油的损耗（为了节省航油，一般航空公司飞机巡航在9000米，但春秋航空巡航一般在11000米）；还可以利用所飞两地的航油差价，减少航油支出费用。例如，飞上海—温州航线时，从虹桥机场加油的费用小于从温州机场加油，因此飞机从虹桥机场起飞时，就带上足够的从温州飞回的航油（虽然这样飞机的负重增加了，但是经过计算，每趟还可以节省70元以及加油时间和相关人员费用）。另外，春秋航空没有自己的航材库，通过与新加坡航空签订合同，如果需要航材，可以直接从新加坡航空驻上海的航材库购买。这样既节省了航材储备的费用，也有利于现金流的运转。

  综上所述，不难看出，春秋航空公司的低成本并非一般意义上的降低成本，它是市场定位，产品特征和运营模式完美结合后形成的一种新的航空赢利模式。这种赢利模式的起点是市场定位（广大消费者群体），以之为目标塑造鲜明的产品特征（低票价，"无花边"服务），再根据产品特征设计运营模式（统一A320机型和单一舱位，高飞机利用率）。

三、春秋集团的盈利启示

  春秋集团自创建以来，道路并不平坦，但是最后却站在中国民营航空业的前列，春秋集团可以说是现有中国体制下中国航空业的奇迹。这一奇迹的创造，得益于多方面，也给我们诸多启示。

1. 精准定位，实施差异化策略

  准确的市场定位是春秋集团成功的根本。据保守估计，中国现有人口总数接近14亿，尽管飞机这一特殊的交通工具具有速度快的优点，但我国坐过飞机的人数占人口基数的比率仍然很低，究其原因主要是飞机较其他交通工具（汽车、火车)的价格高出几倍,这恰恰给春秋航空走低成本战略提供了契机和发展空间。春秋航空公司正是在通过对当前这些市场现象尤其是消费者群体的全面分析的基础上,对这个空前巨大的市场进行准确的评估和定位,填补传统航空业发展空白,实施了低成本战略,并取得了巨大的成功。

2. 理念创新,走独特之路

春秋集团的成功不仅体现在它的低成本策略上,更重要的是它能结合发展优势,进行资源的整合。春秋国旅是国内旅游业的领头羊,占据了旅游行业很高的市场份额,单纯立足旅游市场也能获得不错的发展。但春秋国旅并不满足原有的旅游业务格局,而是致力于延伸旅游产业链,成立春秋航空就是其中的重要一步。走协同发展之路,提升资源整合的层次,实施旅游和航空相结合的发展策略,这一理念,在当时是极为领先的。春秋航空依托母公司上海春秋国际旅行社(简称春秋国旅)在全国的31个全资分公司和2000多个代理销售和服务网络以及旅游优势,凭借其庞大的旅游消费团体获得比较固定的客源。春秋国旅是国内连锁经营、最具规模的旅游批发商和包机批发商,在上海有50个连锁店,在江浙地区有400余个、全国有近2000个网络成员,在北京、广州、西安、沈阳和三亚等30余个国内大中城市设有全资公司,每个全资公司大都有2~10个连锁店,境外有美国、泰国和我国香港等7个境外全资公司。

总之,春秋航空通过一系列的措施将低成本的作用发挥得淋漓尽致,因此,任何企业的成本在某种意义上说都是可以一降再降的,低成本战略是多数企业在作出重大战略抉择时所面临的课题之一,怎样使抵成本发挥到极致,又使企业立于不败之地,这正是春秋航空给广大企业提出的一个值得深思的问题!

3. 勇于探索,建立学习型组织

建立学习型组织要进行五项修炼,即建立共同愿景、改善心智模式、团队学习、系统思考和自我超越。建立共同愿景,只有形成共同的愿景,企业团队才有奋斗的目标,才有前进的方向,企业团队中的每个成员才有前进的动力。改善心智模式,不要总把企业的问题归于外部环境,更多的要从企业内部找原因。从自身找原因,才能真正解决问题。团队学习,有人认为学习型组织中"团队学习"的"学习"就是读书看报,就是提高工作技能,这是一个误解。团队学习中的学习包括理论知识的学习和工作技能的提高,但更强调团队协作意识的增强、合作能力的提高,提高团队合力,产生"1+1>2"的效果。系统思考,学会用联系的、全面的观点看问题。不能把企业文化与提高企业竞争力割裂开来,不能把党建与企业文化割裂开来。自我超越,要在通过建立共同愿景、改善心智模式、形成团队合力,真正做到系统思考的基础上不断地实现企业的自我超越、自我发展。

春秋航空公司走了一条与中国其他航空公司不同的道路,敢于挑战现实,乐于学习其他先进航空公司的做法。春秋航空公司正是在学习美国西南航空公司的做法基础上进行的一种创新,从而在中国开辟了一条独特的航空运营道路,并取得了巨大成功,春秋航空公司是一个擅于学习的组织,也是一个乐于学习的组织,是对中国传统航空运作模式的一种突破和超越。

4. 创新机制,寻找发展的拐点

春秋航空的创新机制是通过两个方面来实现的:一是销售创新机制,二是产品创新机制。首先,春秋航空公司实现了销售创新机制。春秋航空公司是国内唯一一家脱离中航信系统的航空公司,它建立了自己的销售系统和离港系统。春秋航空公司还建立了专门的航空旅游电子商务网站——春秋航空旅游网,提供快捷方便的航空票务等在线预订服务。春秋航空公司以 B2C(企业直接面对个人的电子商务模式)、网上电子客票为主要销售手段。与传统的纸质机票相比,它在印刷、运输、存档等环节就可以节省近 80% 的成本。其次,实现提供产品的创新。春秋航空公司称自己为中国第一家低成本航空公司,为广大旅客提供"安全、低价、准点、便捷、温馨"的航空运输服务。春秋航空公司实行在满足旅客需求的情况下的低成本产品策略已经逐步得到民航总局和旅客的认可,旅客如果没有托运行李,可以凭电子客票在机场自助值机、自选座位等服务,在国内航空公司的产品提供中是唯一的,实现了别具一格的航空服务。

第三节 春秋航空公司运营战略的经验来源

春秋航空公司的运营模式及理念,很大程度上是吸收了国外各类航空公司的先进的管理经营理念和方法,同时恰当准确地对国内市场(主体、客体和环境等要素)和航空业进行深入的分析,最后探索出一条独特的成功之路。

一、国外航空公司实施低成本战略的背景[①]

民航业应用成本领先战略是放松管制后开始的,近年来低成本航空在国外风

---

① 本部分内容主要改编于:马超. 中国发展低成本航空的思路对策——以深圳航空公司为例的实证及分析[D]. 西安:西北大学,2005.

起云涌,大有压倒骨干航空公司之势,尤其在"9·11"事件后,低成本航空公司更是发展迅速。尤其是低成本航空的鼻祖与楷模——美国西南航空公司(Southwest Airlines)。在20世纪90年代的前4年里,世界航空业遭受了数十亿美元的经营亏损,然而,美国西南航空公司却一枝独秀,不仅年年盈利,而且在美国航空业中始终保持飞行安全、航班正点和旅客满意率三项重要指标的领先地位。西南航空公司的成功经验,引发了航空运输行业的低成本革命。在美国,除了美西南以外,America West、Spirit、ATA(American Trans Air)、Frontier、National JetBlue 也都以低成本著称,低成本浪潮从美国开始并迅速席卷欧洲。首开欧洲低成本航空公司先河的是以爱尔兰为基地的 Ryanair,之后1995年成立的英国 EasyJet 也成为欧洲大陆一个强有力的竞争者。

美西南航和欧洲 Ryanair 等低成本航空运营商的成功经历激发了其他地区航空业推出类似服务的热情,廉价航空经营模式开始登陆亚洲等地。澳大利亚最大的快达航空公司(Qantas)成立了低成本国际航空公司。在成本和票价历来居高不下的情况下,日本也出现了低成本、低票价的航空公司,包括有旅行社背景的 Skymark 航空公司,得到地方团体支持的北海道国际航空公司(Air Do)等。而最近,新加坡航空公司(Singapore Airlines)表示正在考虑创建一家低成本且只提供必要服务的航空公司。马来西亚采用廉价经营模式的亚洲航空(Air Asia)则宣布将扩大机群,并与3个新的投资者签订了价值9880万林吉特(合2600万美元)的私募股权协议。另外,在澳大利亚国内进行低成本经营的 Virgin Blue 最近要求获准提供飞往斐济、新西兰以及瓦努阿图的航班。在印度,Air Deccan 准备将该国每年50亿人次铁路运输市场中的高端消费者吸引过来,而澳大利亚、日本、马来西亚、新西兰、泰国以及菲律宾的此类公司也正从该国的主流航空公司手中夺走大块的国内市场。在国外,以低成本为发展战略的航空公司近年来取得了举世瞩目的成就,在与传统骨干航空公司的竞争中处于绝对的优势地位。这些低成本航空公司的成功开创了航空业的新纪元,为低成本战略理论在空运业的应用做了最好的注解。

尽量扩大规模,利用规模经济和经验曲线追求持续的低成本运营是低成本航空公司的第一秘诀,通过诸如单一机型、提高效率、简化服务等手段,低成本航空公司可以使自己的运营成本降到只有大型骨干航空公司的50%,甚至更低。成本领先的地位使低成本航空公司敢于向公众提供极低的票价,相对于骨干航空公司,它的价格下降30%~40%,有时甚至达到80%,价格降得越低,刺激出的运量就越大,当价格低至足够程度时,低成本航空公司刺激出来的需求足以满足自己的需要,而需求的增量往往来自地面运输方式。那些在价格上跟进骨干航空公司虽然很容易获得高客座率甚至满载,但从结果上看,价格低导致的客座率虽然高,但其结果都是入不敷出,最终只有退出角逐。在大公司退出后,低成本航空公司就可以适当将价格上提,取得较高的边际利润,这些利润又可以用于购买新飞机,扩大机队规模,大批量的飞机订单使得低成本航空公司从飞机制造厂家那里获得了很大的优惠,进一步降低了成本。

因此,低成本战略使航空公司能够有效地抵挡与业内各种竞争力量的抗争,使自己始终处于一个非常有利的竞争地位。以美国西南航空公司为首的一批低成本航空公司的成功也证实了这一理论。但是,并不是所有实行低成本战略的航空公司都取得了成功,只有那些长期追随相似的战略管理模式,全面地、善始善终地落实低成本战略的航空公司取得最后成功。

二、国外航空公司低成本战略的模式

近年来,在全球航空业持续低迷、传统航空公司一筹莫展之时,实施低成本战略的航空公司却大行其道,以燎原之势在世界各地飞速发展,并取得了骄人业绩。低成本航空公司是如何经营的,它们何以在恶劣环境下取得成功,本书将对美国、欧洲、亚洲典型的低成本航空公司进行分析。

1. 美国西南航空公司①的运营模式②

自2001年"9·11事件"以来,世界航空业在遭受沉重打击之后长期徘徊在低谷。2002年全球航空公司损失达120亿美元,北美航空业更是重灾区。世界排名第二的美国联合航,美国第六大骨干航——合众国航分别于2002年12月9日、8月11日申请了破产保护。全球最大的航空公司——美利坚航也一直在靠大量举债艰难度日。然而,在同等严峻的条件和现实考验面前,美国西南航空公司(以下简称西南航)却仍保持着盈利记录。即使在环境最为恶劣的2001年第四季度,西南航仍取得了6350万美元的净利润,同时,西南航大举"招兵买马"③,与美国各大航空公司纷纷裁员、申请破产形成了鲜明的对比。目前,美西南市值比美洲、联合、大陆、三角等大型航空公司的市值总和还要高。在《财富》杂志新近评出的全美最受推崇公司中,西南航名列第二,仅次于通用电气。在西南航32年(截至2003年)的经营史中,除公司刚成立的前两年外,创造了连续30年盈利的佳绩,成为全球低成本航空公司的楷模。

美西南始建于1971年美国得克萨斯斯的州内航空公司。成立伊始,西南航将精

---

① 美国西南航空公司,为保留称呼上的习惯,在本章节中个别部分简称为美西南或西南航。
② 本部分内容主要改编于:马超. 中国发展低成本航空的思路及对策——以深圳航空公司为例的实证分析[D]. 西安:西北大学,2005.
③ 2002年新招员工5042名。

力集中于德州州内的短途航班上,定位于普通消费者群体,要求其票价低于消费者自己开车旅行费用。它用节油的波音737飞机以高航班频率和低廉的机票价格向市场提供服务,这使西南航在强手如林的美国航空市场站稳了脚跟。西南航空公司为寻求低票价条件下的赢利空间,公司管理层采取了一系列降低成本的措施(详见表4-6)。

表4-6 西南航空公司的盈利模式

市场定位		目标客户锁定短程商务客和休闲旅游客
产品特征	票价	价格低,与地面运输竞争 票价结构简单,没有复杂的限制性条件
	营销	通过代理人和自营机构直销 使用电子票,无票旅行
	服务	统一的舱位,座位密度高,不在起飞前分配座位 不提供餐食,仅提供快餐和淡饮料
	航班频率	高
	准点率	高
运营特征	飞机	单一的波音737飞机,单一的机舱布局 飞机日利用率高(平均超过11小时)
	航程	经营点对点的航线,平均航程低于800英里
	机场	选择二级机场和不拥挤的机场,15~20分钟的转场时间
	员工	有竞争的薪资,劳动生产率高,1973年开始实施员工持股计划

资料来源:冯雁凌.我国发展低成本航空公司的可行性分析[D].厦门:厦门大学,2005.

(1)始终采用单一机型。作为世界上最大的波音飞机用户和美国唯一一家全部使用波音飞机运营的大航空公司,西南航空公司目前拥有清一色的波音737机队共375架,之所以选择737系列的单一机型,主要因为737优越的灵活性能与短程航线需要之间的理想吻合。实践证明,737在两小时左右的航线上,是实行高密度营运最理想的机型。这是因为:首先,其航程、外场维护需求、载客量等方面的设计非常适合高架次、短航程营运;其次,可以大幅降低训练费用,西南航只需把新招收的飞行学员训练成波音737机型的合格驾驶员,可以减少初级机型训练课程,技术训练只限制在单一机型;最后,保障机队正常运营所需的维修和后勤支持大量减少,维修工只需要精通并获得单一系列厂家的合作关系,西南航购买波音737飞机的财务条件,大大优于其他航空公司。总之,单一机型使西南航在资金投入、设备管理、航材储备、人员调配等航空公司管理和营运所涉及的几乎所有方面,都始终处于其他任何大型航空公司不可比拟的高效率、低成本经营状态。

(2)简单、高效的客舱布局和机上服务。西南航所有飞机只有一种舱位布局,即全部为经济舱,不设公务舱和头等舱。其座椅间距为29英寸,而传统航空公司座椅间距为31~33英寸。仅高密度的座舱布局一项即使得西南航同型飞机的单位成本比实行多等级舱位的骨干航空公司低了将近20%。同时,西南航不为航班配餐,只提供简单饮料和花生米一类的小零食,不仅降低成本,也免去了配餐装卸,进而缩短了飞机停场时间,还免去了737制式装配餐设施,使每架飞机净增7~9个座位或1400公斤的业载,更免去了相关的工作人员和相应的设备投资。例如,西南航每班只配备3名乘务员,而其他航空公司则需5~6名乘务员。

(3)高效的飞机利用率。只有提高飞机利用率,航空公司才会有更大的利润空间。西南航深谙此律,为了使飞机有尽可能多的空中飞行时间,在西南航飞行人员和地勤人员的共同努力下,创造了平均20.4分钟的全美最短过站时间,这个过站时间只是平均一小时的行业过站时间的1/3。飞机地面经停时间的减少,带来的是飞机日利用率大幅度的提高,如表4-7所示,西南航空公司的飞机利用率高居全美航空公司榜首,比行业的平均水平高22%。2002年,西南航飞机日利用率已达到12小时的水平,每架飞机日均执行7.2个航班。此外,西南航空公司为提高飞机利用率,还采取了间接的措施,不仅全部采用可重复使用的塑料登机牌且登机牌上没有座位号,旅客遵循"先来后到"的原则,自行选择就座,用以鼓励旅客提前到达,同时也缓解了旅客登机先后次序颠倒而造成舱内秩序混乱,缩短登机时间。

表4-7 1993年美国骨干航空公司飞机日利用率

承运人	平均航程/英里	飞机日利用率
西南航空公司	380	10:55
美国西部航空公司	637	10:35
联合航空公司	826	9:44
合众航空公司	518	9:44
三角航空公司	626	9:35
大陆航空公司	793	9:29
美利坚航空公司	835	9:25
西北航空公司	705	9:08
环球航空公司	695	9:01

资料来源:耿淑香.航空公司运营管理方略[M].北京:中国民航出版社,2001.

(4) 采用独特的销售方式和渠道。一般来说,航空公司的销售成本包括代理人佣金、CRS(Computer Reservation System)费用、订座人员人工开支和广告促销费用等。这些销售费用大约占航空公司总营运成本的17.5%,其中代理人佣金又占销售费用的43%,这是目前航空公司机票居高不下的重要原因之一。为了最大限度地降低这部分成本,西南航从一开始就意图摆脱与代理人的复杂关系,避免代理人佣金和CRS费用,没有广泛加入全球性的CRS,而以全美9个订座中心取而代之,加大直销力度。仅这一做法,就使西南航空公司比其竞争对手节省10%左右的运营成本,这意味着西南航仅凭直接销售就可以提供比任何竞争对手低至少5%的票价。在互联网兴起后,西南航又率先在互联网上设立公司网页,并在无票旅行的基础上大力推广网上销售。2002年西南航49%的销售收入来自网上销售。据西南航自己估计,每张机票网上销售的成本大约为1美元,通过代理人销售的成本为6美元,通过西南航订座中心销售的成本介于网上销售和代理人销售之间。

(5) 避开拥挤的大机场,选择次级机场运营。传统航空公司均选择大机场,这不仅耽误时间,而且费用昂贵。而西南航空公司尽力避免拥挤的大机场,选择次级机场①运营。例如,美西南在加利福尼亚市场上,飞次级机场安大略(离洛杉矶近)而不飞洛杉矶国际机场,飞次级机场奥克兰(离旧金山很近)而不飞旧金山。这样的运营选择在降低成本、提高生产率方面有以下好处:一是能降低直接成本,因为次级机场的起降服务费和候机楼使用费较低,而且不存在时刻成本;二是能降低间接成本,因为次级机场没有堵塞现象,很少延误航班,也没有机场建设费和旅客泊车的成本。

(6) 西南航避开"黄金航线"概念,而是遵循"中型城市、非中枢机场"的原则。低成本运营和由此带来的低票价才是市场发现和市场刺激的真正动力。在一些大型航空公司认为"不经济"的航线上,西南航以"低票价、高密度、高质量"为手段来开辟和培养新客源,取得了旅客、当地经济发展及自身效益"三赢"的局面。据美国运输部统计,从1990年到1998年,凡是西南航所进入的市场,其运量增长了174%,而每英里票价却下降了54%,虽然票价低,但是,美西南并没有采取低于成本倾销运力的不正当竞争手段,而是通过低成本运营迫使其他航空公司改善其管理。结果,只要西南航开航的新市场,旅行人数就会剧烈增长,这不仅使当地获得了经济和社会效益,也迫使其他航空公司采取措施降低成本,让利于民,从而维持健康的市场竞争秩序。一般说来,占有市场统治甚至垄断地位的航空公司均倾向

---

① 所谓次级机场就是当一个城市周围有两个以上的机场时,繁忙程度相对较低的机场。

实行垄断票价,提取垄断利益。而西南航未在它占主导市场份额的市场上实行垄断价格政策①。从而实现了社会效益和航空事业的良性循环发展。

(7)采用双高策略,即高频率和高正点率,保持较高的航线服务质量。选择航空运输的旅客,尤其在短程市场上大多数乘客是时间敏感型的。对他们来说,高频率意味着更多的选择,高正点率意味着不会无谓地浪费时间。在过去的九年中,美西南保持了七年全美最正点航空公司的记录。由于低票价、高频率、高正点率的协同作用,美西南在它服务的每一个城市的市场,至少获得了60%的市场份额。双高策略不但极大地提升了西南航的航线质量,而且赢得了大批时间非常敏感的商务旅客,同时保持较高的服务质量。在西南航有一个明确的原则性理念:航空是一种以人为对象,其宗旨之一是像娱乐业一样使观众(乘客)在享用他们所购买的服务时得到充分的乐趣。这种理念成为在日常运营中变成吸引旅客的强有力的公司文化。西南航的空勤人员十分擅长与旅客进行交流,善意的玩笑、出其不意的生日Party,使原本单纯的商业化买卖行为变得十分人性化。近年来,美国运输部在所进行的统计中,西南航在旅客投诉率方面始终低于其他航空公司。出色的服务质量无疑已成为美西南吸引旅客的又一法宝。

(8)独特的企业文化和极高的工作效率。西南航空公司文化的特色可以归纳为三点:合理的激励机制、和谐的工作氛围与出色的公司领导。尤其是前两者是最显著的文化特点。早在1973年,西南航空推出了航空公司行业的第一个员工分享利润计划。目前西南航空的雇员持有12%公司股份。由于西南航空已经持续年年盈利,股价不断上扬,持股员工投资回报异常丰厚。2001年5月,西南航空的股价比10年前上涨了600%。这种以持股和分红制度为特点的激励机制,使西南航空一直保持高度的凝聚力,劳方与资方的利益一致,员工受到充分的尊重,工作的主动性和积极性增强。这在劳资关系普遍紧张的美国航空界,无疑为西南航空争取了一个相当稳定的发展空间。

与合理的激励机制相辅相成的是和谐的工作氛围。在西南航空每个人心目中,雇员之间是家庭成员关系。例如,西南航空公司内部共有1000对夫妇,而且公司还在不断鼓励这种内部"裙带关系",因为它有助于增长公司文化中最难得的家庭气氛。健康向上的企业文化带来的是极高的劳动生产率。虽然西南航一直奉行低成本运营的原则,但是它的员工工资水平并不是行业最低的,它的低劳动力成本的获得靠的是员工生产率的提高。

---

① 来自1997年美国审计署(GAO)的专题研究表明。

第四章 春秋集团的成本控制与盈利模式分析

总之,西南航空公司不是简单地降低成本,它根据市场需求进行动态分析,从产品特征到运营特征最后到营运模式全方位地进行系统的考量,最后得出的航空运营模式,这整个过程是一个复杂的系统工程(详见图4-10)。

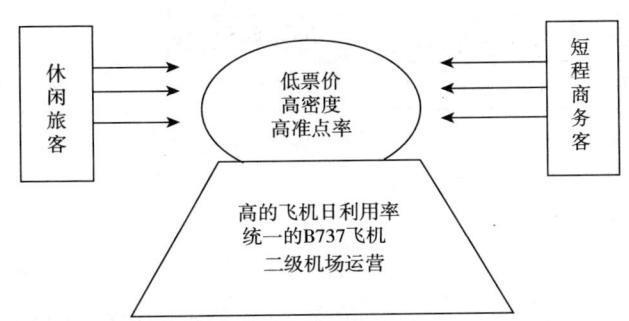

图4-10 西南航空公司的市场定位、产品和运营模式之间的关系
资料来源:冯雁凌. 我国发展低成本航空公司的可行性分析[D]. 厦门:厦门大学,2005.

2. 欧洲低成本航空公司的运营模式①

从1997年4月1日欧盟完全放松航空运输管制以来,欧洲低成本航空公司如雨后春笋般纷纷成立(详见表4-8),并获得了长足发展。虽然欧洲低成本航空公司均师从于美国西南航空公司,但由于欧洲低成本航空运输的市场环境与美国大不相同,因此,其具体的营运模式也略有变化和发展。

表4-8 欧洲主要低成本航空公司

名称	成立时间	基地	描述
瑞安航空	1985年	伦敦Stansted	总部在爱尔兰,欧洲第一大低成本航空公司
EasyJet	1995年	伦敦Luton机场	总部在伦敦,欧洲第二大低成本航空公司
Buzz	2000年	Luton	荷航旗下的低成本航空公司,2003年被瑞安收购
Go	1998年	Stansted	英航旗下的低成本航空公司,2002年被EasyJet收购
维京快运	1996年	布鲁塞尔	英国维京大西洋航空收购比利时的Eurobelglan成立

---

① 本部分内容主要改编于:马超. 中国发展低成本航空的思路及对策——以深圳航空公司为例的实证分析[D]. 西安:西北大学,2005.

续表

名称	成立时间	基地	描述
汉莎快运	1994年	法兰克福	德国汉莎航空旗下的低成本航空公司,经营西欧航线
Debonair	1996年	Luton	1999年10月倒闭
Color Air	1996年	挪威	1997年破产

资料来源:卢德传. 欧洲低成本航空公司的发展状况[J]. 空运商务,2004(9):44-46. 转引自:冯雁凌. 我国发展低成本航空公司的可行性分析[D]. 厦门:厦门大学,2005.

(1)市场环境。在这个方面,欧洲不同于美国的是欧洲特有的包机承运人现象,超过1/3的欧洲内部国际旅客由低成本、低票价的包机或非正班航空公司承运;其次,美国低成本航空公司全部为国内承运人,而欧洲低成本航空运输以跨国界的国际旅客为主,比起在国境内飞行或多或少存在一些发展障碍;最后,在短程航线上,欧洲低成本航空公司还必须面对发达的高速铁路网络的激烈竞争。

(2)营运模式。由于市场环境不同,欧洲低成本航空公司的赢利模式也略有变化,这种变化在降低成本的道路上较西南航空是"有过之而无不及",主要体现在以下几个方面:

1)多数欧洲低成本航空公司的产品与服务更简单朴实。瑞安航、易捷和Go均不提供任何免费的饮料、餐食和机场娱乐,但以平价出售小吃、饮料和三明治。

2)部分欧洲低成本航空公司在分销问题上比西南航更"先进",Go和EasyJet全部实行无票旅行,旅客通过电话和互联网订座和付款,到机场出示订座编号或护照证件即可登机。这两家航空公司还彻底抛弃了代理人,旅客只能直接向航空公司订票。由于避开了销售代理,Go和EasyJet不得不投入大量的广告宣传费,但对比而言,相关费用仍低于代理佣金。

3)欧洲低成本航空公司公务旅客的比例较高。以20世纪伦敦—哥拉斯哥的市场为例,EasyJet和瑞安航空的公务旅客比例分别为44%和28%,而整个市场的平均水平也不过55%。在伦敦至巴塞罗那市场,10%的EasyJet和Debonair旅客属于公务旅客,而整个市场的平均值为19%。在员工激励机制问题上,欧洲低成本航空公司多数采用生产效率与薪酬挂钩的方式,并不照搬西南航员工持股与分红计划。如瑞安航1996、1997年财务年度乘务员和飞行员的薪酬分别有2/3和1/3来自生产效率奖励。这一激励机制提高了劳动生产率的同时,降低了营运成本。

(3)营运成本比较。英国Grandfield大学的Rigas. Doganis教授比较了英国的三家航空公司的营运成本,它们分别是两家传统航空公司:英国中途航空公司(British Midland,BMI)与荷兰皇家航空在英国设立的支线航空 KLMuk 以及一家低成本航空公司——英国轻松喷气航(EasyJet),再加上西南航的一些相关数据,英国的三家航空公司虽然营运模式不同,但也有许多共同点,比如都使用 150 座以下的双发喷气飞机,又以英国国内和欧洲内部的短程航线为主(详见表 4-9)。

表 4-9 三家英国航空公司情况

	BMI	LIMuk	EasyJet	美西南(2000 年)
座位周转量/百万公里	5484	3642	1800	96330
平均航线距离	529	472	764	819
每架飞机平均座位	122	91	148	135
客座率(%)	67.1	58.7	69.2	70.5
机队构成	4A321 7B737-300 5B737-400 12B737-500 6FOKKER100 3FOKKER70	5ATR-72 10Bae-146 17FOKKER100 9FOKKER50	9B737-300	25B737-500 19B737-300 33B737-200 92B737-700
每座公里成本(美分)	6.81	5.94	2.89	4.78
成本指数(BMI)	100	87	42	70

资料来源:马超.中国发展低成本航空的思路及对策——以深圳航空公司为例的实证分析[D].西安:西北大学,2005.

对照西南航,由于美国高昂的劳工成本,尽管美国西南的劳工成本在美国承运人中最低,但与 EasyJet 比起来,仍然高出四倍,致使 EasyJet 的单位成本比西南航空低 40% 左右。EasyJet 通过加密客舱座位,在飞行小时航线距离大致相同的情况下,较密的座位布局使 EasyJet 的座公里成本比 BMI 低 16%;更高的飞机利用率使 EasyJet 的座公里成本比 BMI 再低 19%。因此,仅座位布局和飞机利用率两项,就使 EasyJet 的座公里成本比 BMI 低 35%。EasyJet 每座公里的机组人工成本比 BMI 低 50%,EasyJet 每座公里的起降费用比 BMI 低 50%。BMI 每位旅客机上餐食大约为 3.48 美元,而 EasyJet 不到 BMI 的 1/100。EasyJet 在代理佣金方面的座公里成本不到 BMI 的 1/50,而销售和订座费用也只有 BMI 的 1/3。两项成本差距合计占成本总差距的19%,这主要应归功于网上、电话直销以及无票旅行等分销方式的革新。除了营运成本,低成本航空公司在管理成本上同样占有优势。低成本航空公司人员与机构精干,又将大部分业务以较低的成本外包出去,使每座公里的管理成本比传统航空公司大约低50%。

3. 亚洲低成本航空公司运营模式①

业内很多人认为,航空运输管制的放松是低成本航空公司存在的前提,而这一条件在亚洲目前并不具备,因此,亚洲没有低成本航空公司生存的土壤。可是,近年来马来西亚的亚洲航空公司(以下简称亚航)却以成功的运作向世人宣告低成本航空公司同样可以在亚洲很好地生存和发展。

亚航在成立之初即向社会承诺"将为全国人民提供每个人都能坐得起的航空旅行",实际上,亚航也的确是这么做的,它们推出的票价比竞争对手马来西亚航空公司(MAS)便宜了近80%,而且仍保持了15%的利润率。在2002年前五个月的收入达到了3600万美元,比起马来西亚航2001年2亿美元的亏损,两者的差距不言而喻。亚航主要通过下述手段实现了低成本运营:①人机比严格控制在100∶1以内,目前的人机比例是76∶1;②采用单一机型,大大降低了飞机备件和训练等费用;③通过快速中转,提高飞机日利用率;④通过期油交易,平抑燃油价格;⑤通过持续谈判,降低飞机租赁费用;⑥不向旅客配餐,而是在机上售卖饮料和套餐;⑦强化核心能力,将非核心的业务外包(如飞机的大修和机库检查,自己只做航线维护);⑧交流方式多样化,顾客可通过电话、传真、E-mail和网上订座,通过在机场和售票处等处获得乘机密码,乘机时只需密码和身份证即可;⑨加强网站建设,旅客可以在公司网站上找到这个公司的一切信息;⑩租赁楼层办公,使销售无处不在,代理人亦可随意申请。

三、国外低成本航空公司实践经验及启示②

通过比较欧美和亚洲低成本航空公司的运作方式,可以看出,低成本航空公司具有一些共性,对我国低成本航空的发展具有重要的参考价值。

第一,单一机型,使公司在航材储备和周转、飞行员培训、储备和调配等方面具

---

① 本部分内容引自:马超. 中国发展低成本航空的思路及对策——以深圳航空公司为例的实证分析[D]. 西安:西北大学,2005.

② 本部分内容改编于:齐峰. 迎接中国低成本航空时代——我国建设低成本航空公司的探讨[J]. 科技与产业,2008(4):14-16.

有突出优势。

第二，快速的转场时间和高效的飞机利用率，减少转场时间可以大大提高飞机的飞行时间并同时降低飞机成本，提高飞机利用率所带来的好处并不局限于飞机资源本身，它还能增加航空公司其他资源生产率，如劳动力、地面设施等。

第三，采用一种舱位布局，增加客舱座位密度。如加拿大国际航空公司（CP）和西方喷气航空公司都在使用737型飞机，CP采用两种舱位布局，座位数仅为100个，而低成本航空公司西方喷气只提供一种舱位布局，座位数为120~126个，仅凭提高密度一项，西方喷气就收到了降低单位成本功效。因为低成本航空公司多执行短航线的策略，在两小时以内的航程里，旅客一般不会出现"经济舱综合征"。

第四，简化机上服务，推行"无花边"服务。不向旅客配餐或仅提供饮料、花生米等小食品，向需要配餐的旅客以平价出售商品，从而将航空票价中强加上去的配餐成本还之于民。

第五，避开拥挤的大机场，选择次级机场运营。这种做法的优势在于：一是能降低直接成本，因为二级机场的起降服务费和候机楼使用费较低；二是能降低间接成本，因为二级机场很少出现堵塞现象，很少出现航班延误，机场建设费及旅客泊车的成本也较低。

第六，大力推行机票直销。通过鼓励直销，尤其是网上订座和电子售票，能够把销售渠道成本降到最低：一是不参加全球分销系统或只在较低水平上加入（没有CRS费用）；二是发展无票旅行，以降低订票成本和收入结算成本；三是像EasyJet那样直接订座，节省了大量的代理费用。

第四节　春秋集团低成本航空模式困境及影响

春秋航空是中国第一个定位为"低成本"航空公司，母公司——上海春秋国际旅行社是国内旅行社中影响最大的旅行社之一，即便说低成本航空模式在中国的可行性问题还不能马上盖棺定论，但是春秋航空公司的成绩是骄人的，至少证明了，低成本航空在中国发展的可能性。然而，也应看到春秋航空公司当前及今后发展的困境。

一、春秋集团低成本航空模式困境

虽然春秋集团独特的运营模式在国内航空业创下了奇迹，成为世界业内关注的焦点,并成为今后最具潜力的民航之一。但从国内各方面的环境要素来看,春秋集团的发展还将受到各种限制,遇到各种困难和障碍,发展困境自然难以避免。

1. 低成本航空的服务和质量难以保证

甘泉香港航空首航失败,令低成本航空这个话题更为炽热。低成本航空在欧洲营运多年,亚洲亦有 Air Asia 等公司。在欧洲,低成本航空像 Ryanair、EasyJet、Air Berlin 早已是深入民心的航空公司名字。

低成本航空提供相对廉宜的机票。有时为了推广,甚至会推出近乎免费的单程机票。航机大多不分等级,一律是经济客舱,座位亦不设划位,以先到先得的方式分配,机上亦不设免费的餐饮和娱乐设施。廉宜是低成本航空最大的卖点。机票通过互联网发售,并且不时提供优惠。然而,低成本是把"双刃剑",首先,票价是递进式收费,在旺季时迟订机票,票价可能较传统大航空公司更贵。同时,低成本航空公司大多使用二线机场,部分距离市中心较远,公共交通并不频密,而且昂贵。通常最早和最晚的航班会便宜,消费者应查明接驳的陆地交通,是否在该段时间营运。关于乘客误点的规定,不像传统机票可供乘搭下一班航机,乘客还可能需要另购机票。此外,还应注意网上列出的超低票价不包括税、燃油附加费、手续费等,行李重量更有严格限制,一旦超重,罚款很重。航机使用率高,航班常延误。为了减少机场停泊费,低成本航空常常抵达后会迅即接载下一班乘客。这一方面是安全问题,短时间内很难做妥安全检查,另一方面则是品牌效应,一班航机延误,接下来的航班也会受牵连而延误。航班延误是人所共知的低成本航空缺点。另外,也存在售后服务不足的问题。

2. 配套政策缺乏引起生存环境危机①

政策限制越发让民营航空雪上加霜。机队无法形成规模、航线审批困难、飞行员短缺,每一个环节都成为束缚民营航空发展的"枷锁"。

(1) 无权自由选择航线。在中国,任何国内航空公司在任何国内航线上从事客运业务必须取得民航总局的批准,而民航总局主要根据航空公司总部所在基地来确定相应航线权。民营航空在获批后,航线被限制在支线上,没有自由选择航线的权利。民营航空既不像三大国有巨头那样有密集的航线网络,又不像上航等地方性航空公司有着地方政府的强力支持,很难在已经竞争很激烈的市场中占有一

---

① 本部分内容主要改编于:鲁琳. 我国民营航空公司低成本运营管理模式研究[D]. 南京:南京航空航天大学,2007.

席之地。

（2）飞机引进无自主权。在国内，民营航空公司买飞机必须经过民航总局的审批。这就导致民营航空公司无法按照自己的计划扩大机队规模，也就无法能够形成规模效应，降低成本。

（3）人才引进的限制。2005年7月，民航总局会同国资委等部门共同制定《关于进一步加强民航飞行队伍管理的意见》（以下简称《意见》），以求强化对飞行员的管理工作，通过《意见》不难看出，民航总局不会关闭人才流动的大门，但飞行员流动必须"有序地进行"。这对于"求贤若渴"的民营航空公司来说，意味着它们从几大航空"挖角"的难度依然很大。

（4）航线审批方面的限制。一直以来，我国许多盈利较好的航线都由三家国有航空公司垄断经营，国际航线也优先分配给国有航空公司，民营航空公司很难申请到占有优势的航线。

（5）相应配套政策的缺乏。以油价为例，国家规定的出厂油价是每吨4146元，所有机场基本价是一样的，但是每个不同的机场还有一个调整价，加价是根据机场用油量来调节的。目前中国加价最少的一个机场是上海浦东，因为它起降多，用油量大，每吨油加320元，这样算起来比目前的航空油价还便宜。可是全国80%的机场每吨加的是2500元，像新疆的喀什、库尔勒，东北的黑河、海拉尔等，致使航空公司望而却步。所以，航空企业共同呼吁放开供油市场，制止中航油一家垄断，解决配套产业画地为牢和禁止竞争的问题。航空业就只好被动接受垄断的价格，实现低成本运营步履维艰。另外，现在中国的机场候机楼越修越漂亮，这本身就不符合低成本运营的要求。低成本航空公司的核心问题是快速通过，而不是休闲娱乐的地方。

综上所述，民航总局鼓励民营资本进入航空业，就是期望通过引入竞争来提升行业整体水平，促进民航业的良性发展。从实际效果来看，民营资本的进入已经为民航业注入了新鲜的活力，成为改革不可或缺的力量。尽管民营航空有经营灵活、高效的优势，但在航材引进、航油垄断议价、飞行员流动、航线审批等"硬约束"面前而无法凸显，很难在已经竞争很激烈的市场中占有一席之地。可以说，对于民营航空来说，理想的发展环境有待进一步搭建。

3. 航空公司间竞争激烈[①]

春秋航空公司除了内部劣势和政策限制外，从竞争态势来看，一方面，更多的

---

① 本部分内容主要改编于：孙瑜. 民营航空公司低成本运营管理模式研究[D]. 南京：南京航空航天大学，2008.

民营航空公司投入运营,特别是同以上海为基地的长城航空公司和吉祥航空公司之间的竞争。长城航空公司虽然主要经营货运业务,但注册资本大,在包机服务和地面服务会有较强竞争力。吉祥航空公司的业务范围更为广泛,对春秋航空公司的客运业务直接构成威胁。另一方面,多年来以上海为主基地的东方航空集团、上海航空公司,与春秋航空公司相比占中国民航市场份额巨大。相比之下,东方航空公司仅从上海出发的航线就有150条。上海航空公司拥有国内外170条航线,通达60多个国内外大中城市。这些都给只有25条(截至2007年5月)航线的春秋航空公司在市场扩大上带来了极大的压力。

除此之外,国际上先进航空公司的入驻也使春秋航空的竞争压力空前加大。中国加入WTO以来,作为中国的经贸中心,国外许多优秀的航空公司纷纷进入上海,它们拥有丰富的管理经验和强大的资金链,给中国的航空业带来了巨大挑战,使得刚刚起步的春秋航空公司在夹缝中艰难地生存。

4. 中国旅客消费观念尚未改变[①]

对于中国大多数的旅客而言,还是习惯于享受航空公司提供的各种服务,认为航空运输服务是奢侈品,对春秋航空公司的简化服务不能适应。比如,民航总局规定是4小时以上飞机延误,航空公司需给旅客一定赔偿。但春秋航空公司飞机延误或取消航班,无论是天气原因如台风还是自身原因都不予以赔偿,这引起了旅客的反感。诸如2007年4月12日三亚—重庆的春秋航空公司航班延误,导致旅客拒绝登机,造成了负面的社会影响。因此,在中国旅客的消费观念没有改变的情况下,春秋航空公司不同于其他航空公司的简化服务,造成一定程度的负面社会效应,这些不利于该公司的企业形象发展。当然,这是低成本航空公司的普遍性趋势和问题。

5. 春秋航空发展的内部劣势和外部环境的障碍

(1) 春秋航空公司的内部劣势。春秋航空公司的内部劣势主要集中在:资金短缺、机队未形成规模、飞行员短缺、不可控成本高。民航业具有高风险、高投入、低利润、回报慢等特点。飞机购置和租赁开支巨大,同时航油成本占总成本的30%~40%。此外,飞行员培养费用也很高(培训一名合格机长需要10年的时间,培训费用高达400万元)。因此,许多民营航空公司在建立初期的注册资金就达到上亿元人民币。奥凯航空公司的注册资金为3亿元人民币,云南祥鹏航空公司为

---

① 本部分内容主要改编于:孙瑜. 民营航空公司低成本运营管理模式研究[D]. 南京:南京航空航天大学,2008.

1.5亿元人民币,长城航空公司的注册资金更是高达10亿元人民币。春秋航空公司、鹰联航空公司和东星航空公司同为8000万元人民币。其他一些民营航空公司的注册资本都等于或高于春秋航空公司的注册资金,虽然2006年8月春秋航空公司、两大股东向其增资7000万元人民币,但对于一家高投入的行业,增加的资金并不算多,春秋航空公司的融资压力依然较大。

民营航空公司买飞机必须得到民航总局的审批,飞机引进无自主权。同时,资金的障碍也导致春秋航空公司无法按自己的计划扩大机队规模,也就无法通过形成规模效应来降低成本。比如,截至2007年9月初,春秋航空公司拥有8架A320飞机,由于飞机数量有限,导致虽然单一机型降低了维修费用,但是春秋航空公司的维修人员和设备并没有达到一个理想的规模程度,春秋航空公司的机务只能做A检以下的飞机维护和检修。C检必须由东方航空公司和新加坡航空公司联办的上海科技宇航有限公司STARCO来执行(据闻,一架飞机的C检STARCO收费为100多万元人民币,而如果是自己的公司做一次C检,只需其一半的费用)。根据春秋航空公司的战略规划部介绍,当春秋航空公司拥有30架飞机的规模才会有自己做C检的可能。

在航空运营成本中,我国航空公司不可控的成本部分所占比例约为80%,包括航油、机场起降费、民航基建基金、机票销售和机务维修等在内的成本,这在某种程度上都是由旧体制所造成的。而可控成本,主要在于工资、福利和管理费用,只占总成本的15%~20%,压缩成本的余地十分有限。在刚性成本中,春秋航空公司的优势就是机票销售,在飞行途中依靠飞行员根据实际情况节省航油,积极争取支线机场起降费的优惠。

目前国际上的低成本航空公司正在虎视眈眈地窥伺中国这个大市场,我们的航空企业亟待政策的进一步开放,实现运营环境的进一步优化。

(2)春秋航空公司的外部环境①。低成本航空公司要想在激烈的竞争中求得生存和发展,至少面临着内外两个方面的问题:

1)外部竞争环境。低成本航空公司通常选择偏离城市中心地区的二线机场,这样既不受时刻方面的限制,又可减少起降等各项费用,达到降低成本的目的。二线机场往往不被骨干航空公司看重,它们非常欢迎低成本航空公司进入,这对提高机场吞吐量、带动周边经济发展都有好处。有的二线机场为了吸引低成本航空公司,甚至给予更加优惠的政策,但此举的合法性却遭到质疑。比利时Charleroi机场

---

① 本部分内容主要改编于:鲁琳.我国民营航空公司低成本运营管理模式研究[D].南京:南京航空航天大学,2007.

最近向瑞安航空公司发放了 1500 多万欧元的补贴,欧盟委员会经过调查后做出裁决,要求瑞安航空退回其中的 30%,理由是该机场向瑞安航空收取的管理费用过于低廉,对其他使用机场的公司造成不公。这是欧盟对日渐激烈的低成本航空公司竞争进行的一次典型的市场规范行动。虽然瑞安航空强烈反对欧盟的裁决,表示将提出上诉,同时认为该裁决将会导致公司提高票价,从而损害消费者利益。不过,欧洲航空业界普遍欢迎欧盟的决定,认为这一裁决既照顾了瑞安航空的利益,也考虑到了其他低成本航空公司的发展,规范了行业的竞争行为,创造了公平合理的竞争环境。欧盟交通运输专员也表示,只要小型机场和低成本航空公司遵守公平竞争的原则,它们便可以继续发展。

2) 自身问题。低成本公司在迅速发展的同时,逐步暴露出一些弊端。据英国消费者协会《假日杂志》最近公布的一项调查结果显示,旅客对低成本航空公司的满意度已经从 2001 年的 67% 降到目前的 63%,特别是瑞安航空,乘客对其满意度骤减至 37%,是唯一支持率低于 50% 的低成本航空公司。受访者对该公司飞机的餐饮、卫生、座位间距、座位排列以及洗手间等各个方面打的分都很低。EasyJet 也曾受到欧盟安全和劳工委员会等部门的调查,原因是有乘客举报该公司飞行员持续飞行,甚至超时工作,存在安全隐患。低成本航空公司一方面需要持续降低成本,同时还要保证基本的安全和服务,树立良好的市场形象,才能健康长久地发展。关于春秋航空公司的内外部发展的优劣势分析,详见表 4-10 所示。

表 4-10 我国低成本航空公司的竞争环境(SWTO)分析

机会分析(Opportunity)	潜在的广大顾客群;航线和飞行频率等因素上,还有很多现有的航空公司没有触及的空白点
威胁分析(Threat)	中国民航的市场格局是运力猛增,市场供大于求,竞争激烈;国航、南航、东航三大航空集团;国内其他航空公司;各大国际航空公司
优势分析(Strength)	一些便捷低廉的陆地交通工具;我国经济发展迅速、空中资源丰富,具有巨大的潜在航空运输需求
劣势分析(Weakness)	成本结构、主流航空公司的票价水平导致降价空间有限;资金规模小;政策有限

资料来源:马超.中国发展低成本航空的思路与对策——以深圳航空公司为例的实证性分析[D].西安:西北大学,2005.

二、春秋集团低成本航空模式对我国航空业的影响①

透过低成本航空公司在世界各地的蓬勃发展,我们可以看到,随着世界经济一体化的进程,各地区航空市场的逐步开放和航空业管制的逐步放松,低成本航空公司必定在短程航线上占据主导地位,冲击传统航空公司迫使其降低成本,改变世界航空业的架构。正如2004年国际航空运输协会(IATA)第60届年会世界航空运输峰会决议所表达的:现在是重新构造航空业的时候了,我们必须变被动为主动,着手设计全新的行业结构,抛弃僵化和烦琐,建立全新的、更加强有力的、更精干的、成本更低的航空业。

低成本航空代表了现代航空业的一种新型经营模式,而且日益成为世界上发达国家的国内航空与区域航空的主流。低成本航空已经成为一种新型营运模式,席卷美洲、欧洲、大洋洲和亚洲等全球航空市场,甚至试水中国市场。中国首家民营低成本航空公司——春秋航空已于2005年7月18日实现首飞,从此,在垄断经营的中国民用航空业打开了新的竞争领域。中国目前是世界上最大的发展中国家,人口约占世界人口的1/5。成功的低成本航空营运模式应针对高密度市场间的直达航线而设计出的一种集中的、简单化操作的经营模式,满足消费者的实际需求,从而实现低成本运作及高频率、高正点率的双高优质服务。毫无疑问,随着低成本航空在国际航空市场占有率不断扩大的发展趋势,低成本航空公司的发展与低成本的航空经营也会面对我国人数众多的消费者,将会在我国国内民用航空市场甚至是区域性的短程、中程国际航线上占据主要地位。

---

① 本部分内容改编于:朱蓉,陈伟.新型的航空运营模式——低成本航空[J].商场现代化,2006(33):196.

第五章 春秋集团的发展趋势

本章主要依据国内外旅游业和航空业的发展历史及现状,来更好地分析并预测春秋集团在此背景下的发展趋势。

第一节 春秋集团的发展环境研究

20世纪50年代以来,世界旅游业经历了起步、发展、腾飞和成熟四个阶段,现已发展成为世界第三产业中的龙头产业。在发展的过程中,世界旅游业已经形成了规模大、波动大、反弹快、竞争激烈等鲜明特点。旅游业作为世界上最大的新兴产业之一,发展势头强劲,前景日益被看好。与此同时,随着我国经济发展水平的不断提高,民航运输业也保持着迅猛的发展势头,一些民营航空公司相继成立,有效地提高了民航市场的竞争活力。本节着重梳理国内外旅游业和民航业的发展概况。

一、国外旅游业发展研究

近50年来,相对稳定的和平环境、高速发展的社会经济和突飞猛进的科学技术,促进了世界旅游业的快速发展,世界国际旅游人数和国际旅游收入呈现持续上升的趋势。

1. 国外旅游业发展概况

1845年,世界上第一家旅行社托马斯·库克旅行社在英国成立,标志着世界旅游业的出现。但是旅游业作为第三产业的重要组成部分,即大规模的旅游经济活动,则始形成于20世纪50年代的欧美。从当时至今50多年来,世界旅游业经历了起步、发展、腾飞和成熟四个阶段。目前,入境旅游、国内旅游和出境旅游等旅游形式齐头并进,世界旅游业也因此发生了翻天覆地的变化,已从过去一个无足轻重的行业发展成为举世瞩目的重要产业。

(1)起步阶段:1950年,世界经济从第二次世界大战的废墟中开始复苏,作为世界经济一部分的世界旅游业也开始起步。世界旅游组织资料显示,这一年,国际旅游者达2500万人次,国际旅游收入达21亿美元。从此,世界旅游业的发展就与世界经济的发展息息相关。

(2)发展阶段:20世纪50年代至70年代初,欧美各国经历了整整20年的经济发展"黄金时代"。在以电子技术、信息技术、生物工程技术和航空航天技术为代表的第三次科技革命浪潮的推动下,世界经济的发展与新技术革命日益紧密地融合在一起。1964年国际旅游收入突破100亿美元,这说明经济发展既是旅游业发展的基础,又是旅游业发展的条件和动力。

(3)腾飞阶段:1970年到1980年,世界旅游业在这十年间年均增长率高达19%,旅游收入翻了两番半,十年净增844亿美元。旅游业因此成为许多新兴国家的发展亮点和支柱产业,世界旅游业跃上了一个大台阶。

(4)成熟阶段:20世纪80年代至今,世界旅游业在激烈动荡的世界经济中形成了越来越强的应变能力,逐步走向成熟。1990年和1980年相比,世界旅游收入总量翻了一番多,净增1276亿美元①。

近50年来,相对稳定的和平环境、高速发展的社会经济和突飞猛进的科学技术,促进了世界旅游业的快速发展,全世界国际旅游人数和国际旅游收入呈现持续上升的趋势。1950~2001年,世界旅游接待量由2528.2万人次增加到69260万人次,增长了27.39倍;国际旅游收入由21亿美元增加到4636亿美元,增长了220.76倍。

2. 国外旅游业发展趋势

人民生活水平的提高,工作时间时数的减少,闲暇时间的增多,交通运输手段的革命,旅游资源的深度开发,旅游服务设施的不断完善,国际交往的日益频繁,世界旅游业将出现快速发展的局面,国际旅游市场也将发生明显的变化。旅游业将继续保持世界上最大的产业地位。

根据世界旅游组织预测,2020年世界国际旅游者将达15.6亿人次,国际旅游业收入将达到20000亿美元。欧洲仍将是最受欢迎的旅游地,但不会是加速度增长,所占市场份额将有所减少。亚太地区仍将是发展最快的地区,在世界旅游市场仍将占居第二位,而且份额将会有较大的提高,国际旅游区域的重心将向亚太地区转向。非洲、中东、南亚将以较快的速度增长。中国、美国、法国、西班牙、中国香港、意大利、英国、墨西哥、俄罗斯、捷克将成为世界十大旅游目的地(见表5-1)。

---

① 王维克. 世界旅游业发展回顾与趋势展望[J]. 乌鲁桥职业大学学报,2005(3):32.

表 5-1 2020 年世界旅游接待情况预测

国家或地区	接待人次(万人次)	市场份额(%)	1995~2020年增长率(%)
中国	13710	8.6	8.0
美国	10240	6.4	3.5
法国	9330	5.8	1.8
西班牙	7100	4.4	2.4
中国香港	5930	3.7	7.3
意大利	5290	3.3	2.2
英国	5280	3.3	3.0
墨西哥	4890	3.1	3.6
俄罗斯	4710	2.9	6.7
捷克	4400	2.7	4.0
合计	70880	44.2	

资料来源:2020 年世界旅游发展预测报告[R].世界旅游组织,1997.

联合国世界旅游组织发布的《2030 年全球旅游展望研究报告》显示:全球旅游业持续增长,增速放缓;全球旅游区域重心持续东移;各区域旅游发展将更加均衡,次区域间的增速差异将明显改变国际入境游客的分布情况。越来越多的旅游目的地加大了旅游方面的投资,过去国际入境游客相对集中在少数几个目的地的情况正在减少,目前到访人数较少的次区域的入境游客比例将都有所上升。

至 2030 年,东北亚地区将超过南欧和地中海欧洲地区(由 2010 年的 18%下降至 2030 年的 15%)成为到访人数最多的次区域,占全球入境游客总数比例由 2010 年的 12%提升至 16%。截至 2010 年,西非和中非地区是到访人数最少的次区域,仅占全球入境游客总数 0.7%的份额,但在 2030 年,这一比例有望上升至 1.2%。而大洋洲地区的全球入境游客总数比例将由 2010 年的 1.2%下降至 2030 年的 1.0%,从而取代西非和中非地区成为到访人数最少的次区域。

二、国外民营航空业的发展研究

世界民航运输业发展到现在已有一百多年,"自由化"、"私有化"的大趋势从 1944 年签订《芝加哥公约》后就开始了,世界各发达国家的航空公司普遍实行股份制和民营化,并取得明显效果。1978 年,美国卡特政府决定推行放宽国内民航管制,飞机及航空公司股份开始转卖给个人。随之涌现出大量航空公司,从1978年至1994年,共诞生233家航空公司。

目前占有本国市场七成以上份额的英航,是英国政府在1972年合并了9家国有航空公司组成的,但仍一直处于亏损状态。直到1987年英政府将英航股票上市,政府对英航只保留了一股——金股,这股否决权不在具体经营活动中干预企业,只在涉及国家安全、国家经济利益的时候,有权一票否决董事会的决定,即对有关国家安全和重大利益的事项保留否决权。

多年来的国家资助导致航空公司运营低效、机构臃肿、人浮于事。具有讽刺意味的是,这种支持反而使得许多大型航空公司更加难以生存。早在大约10年前,欧盟监管机构就取消了国家对航空公司的补助,此后许多航空公司的处境就每况愈下。在油价高企、低成本航空公司激烈竞争引发的价格大战面前,亏损的航空公司很难长期生存。

三、我国旅游业及民营航空业的发展研究

旅游业作为投资少、见效快的新兴产业,纷纷被我国多个省市作为主导产业之一。在过去,我国旅游业充分发挥了其产业带动作用和资金回笼作用,从而也为我国经济发展起到了催化剂的作用。

旅游业的发展离不开民航业的发展。2005年,国家民航总局相继颁行《公共航空运输企业经营许可规定》和《国内投资民用航空业规定》,允许并鼓励国内外资本投资中国民航业,加快了民航业开放的步伐。我国民营航空公司赢得了前所未有的发展机会。

1. 我国旅游业发展研究

(1)我国旅游业发展简要回顾。我国旅游业发展虽起步较晚,但发展速度举世瞩目。改革开放前,旅游业以外事接待为主,只具备产业雏形,不完全属于产业范畴。1978年转换机制,发展产业型旅游业;1984年中央提出国家、地方、部门、集体、个人一齐上,自力更生与利用外资一齐上的旅游建设方针,揭开了全方位发展旅游产业的序幕;1986年国务院决定将旅游业纳入国民经济与社会发展计划,正式确立其国民经济地位;1992年中央明确提出旅游业是第三产业中的重点产业,之后,中共中央提出的《关于制定经济和社会发展"九五"计划和2010年远景目标纲要的建议》,旅游业被列为第三产业积极发展新兴产业序列的第一位;1998年中央经济工作会议提出旅游业作为国民经济新的增长点。此后,国家计委把旅游项

目列入国债项目,铁路部门及时开行了数百列旅游专列。中央和国务院的支持为旅游业发展打下了坚实的基础。

此外,中国是世界上旅游业发展速度最快的国家之一。1978年中国国际旅游接待人数(180万人次)仅为世界的0.7%,居世界第41位;2002年接待海外旅游者达到9791万人次,跃居世界第五大旅游吸引国并成为亚洲首位旅游大国;1978年中国国际旅游创汇(2.6亿美元)仅占全球的0.038%,居世界第47位;2002年增至204亿美元,占全球的4.4%,成为世界第五大旅游创汇国;2002年中国公民出国(境)人数达1660.23万人次,比上年增长36.84%,成为亚洲地区令人瞩目的新兴客源输出大国,同年中国国内旅游人数达到8.78亿人次,成为世界上数量最多、增速最快、潜力最强的国内旅游市场。

中国的旅游产业规模也不断扩大,据不完全统计,截至2001年底,中国旅游涉外饭店11000家,其中,已评定星级饭店8018家;各类旅行社超过10000家,其中,国际旅行社1300多家;中国旅游业固定资产值达7000亿元,共有各类旅游企事业26万个;旅游业直接从业人员598万人,间接从业人员约为2980万人;开办旅游教育的院校共有1152所,在校生34万人。

(2)中国旅游业的发展特征。改革开放以来,中国旅游业经过高速成长,已成为国民经济的一个重要产业,正在实现由世界旅游大国向世界旅游强国的历史性跨越。在这个关键阶段上,中国旅游业具有如下特征:

1)旅游资源开发的宽泛性与不均衡性。我国旅游资源开发的宽泛性主要表现为三个方面:一是地域宽泛,全国许多地方都将发展旅游业打造成为支柱产业或是主导产业,积极进行旅游资源开发。二是种类众多,开发中注重挖掘当代各种资源,依托整个现代城乡环境与科技,不断地扩大旅游的品种和质量。三是开发主体多元,近年来各种社会投资增长很快,已经成为投资主体,而国家投资的引导作用依然重要,基础设施建设等公共项目仍然主要依靠政府投资。

我国旅游资源开发的不平衡性主要表现为地区性不平衡。"十一五"期间,东部地区建设项目投资总额占全国的40.05%,西部地区为33.34%,中部地区为20.59%,东北地区为6.01%。但是近年来西部旅游资源开发增长相对迅速。

2)旅游产品供给的适应性与多样性。旅游产品供给的适应性是指旅游产品的价值体现于吸引旅游者前来旅游,满足旅游者的需求,带给旅游者不同寻常的体验感受。只有拥有广阔旅游市场、满足旅游者愿望、符合市场需求变化的旅游产品才具有强大的生命力和较好的经济效益。旅游产品供给的多样性表现为以下几个方面:①功能多样,传统旅游业主要提供观光、度假和健身等休闲娱乐产品,通常被认定为生活性功能产品,而现代旅游业则进一步扩展,兼有生产性功能。②服务多样,由于生活水平和文化水平的提高,人们选择旅游目的地越来越重视文化内涵,对旅游项目的要求越来越个性化或多样化,顺此潮流,旅游服务也在呈多样化发展。

3)旅游市场的巨大性与消费的普遍性。近几年中国旅游业保持了较快增长,2010年全国国内旅游人数21.03亿人次,比上年增长10.6%。其中城镇居民10.65亿人次,农村居民10.38亿人次。全国国内旅游收入12579.77亿元人民币,比上年增长23.5%。其中城镇居民旅游消费9403.81亿元,农村居民旅游消费3175.96亿元。全国国内旅游出游人均花费598.2元,比上年增长11.7%。其中城镇居民国内旅游出游人均花费883.0元,农村居民国内旅游出游人均花费306.0元。在春节、"十一"两个"黄金周"中,全国共接待国内游客3.79亿人次,实现旅游收入1812亿元①。

4)旅游新业态发展的蓬勃性。近年来,随着我国旅游个性化趋势的增强,出现了一些有别于传统旅游模式的新业态。如高尔夫旅游、自驾车旅游、游艇旅游、邮轮旅游等。这些新业态是我国旅游业发展水平提高的标志。此外,旅游相关产业的优化组合不但使得各相对离散的旅游资源连接成较复杂系统,相对缩短时空距离,旅游者可以更加合理、便捷、舒适地移动并满足需求。

(3)中国旅游业的发展趋势。"十一五"期间,我国旅游业奠定了以国民大众旅游消费为主体、国际国内消费协调发展的市场格局,世界旅游大国地位更加稳固。在国际国内市场开发、产业体系建设、产业功能释放、机制体制创新各个方面取得了明显突破,旅游业发展的国家战略更加明确。

未来的五年我国旅游业发展面临前所未有的战略机遇,国家旅游发展战略和地方发展旅游的方针政策更加明确。国际国内市场基础更加稳固,产业格局更加优化、城市化进程的加快、高速交通体系的完善、以信息化为代表的现代科学技术、以科技、人才和资本市场为支撑的现代商业模式的创新,对外开放与国际合作机制的神话等都为我国旅游业从旅游大国向旅游强国的发展奠定了现实基础。

预计到2015年,国内旅游人数达到33.1亿人次,国内旅游收入达到1.9亿万元,入境旅游人数达到1.53亿人次,旅游外汇收入达到549亿美元,出境旅游人数达到8375万人次,旅游业总收入达到2.3万亿元,旅游业增加值占全国GDP的比重提高到4.5%,旅游消费相当于居民消费总量的比例达到10%(见表5-2)。

---

① 彭澎.中国旅游业的发展特征与趋势研究[J].理论学习,2010(1):18.

表 5-2　旅游规划指标增长率测算(2011~2015 年)

	"十五"期间年均增长(%)	"十一五"期间年均增长(%)	2000~2010 年年均增长(%)	"十二五"期间年均增长(%)
国内旅游人数	10.25	12.2	11.20	9
国内旅游收入	10.73	16.9	13.73	11
入境旅游人数	7.59	1.93	4.69	3
入境过夜游者数	8.43	3.24	5.73	4
外国人	14.80	5.97	9.97	4.5
旅游外汇收入	12.55	9.47	9.36	5
出境旅游人数	24.26	12.16	17.83	10
旅游业总收入	11.13	13.52	11.18	10

资料来源:中国旅游业"十二五"发展规划纲要.

1)国家政策支持,旅游产业地位和作用的强化。党的十七届五中全会通过了《中共中央关于制定国民经济和社会发展第十二个五年规划的建议》,提出"积极发展旅游业";《中国国民经济和社会发展第十二个五年规划纲要》进一步提出旅游业要在农民增收、发展海洋经济、发展服务业、维护港澳长期繁荣稳定等战略中发挥积极作用,并明确要求"全面发展国内旅游,积极发展入境旅游,有序发展出境旅游。坚持旅游资源保护和开发并重,加强旅游基础设施建设,推进重点旅游区、旅游线路建设。推动旅游业特色化发展和旅游产品多样化发展,全面推动生态旅游,深度开发文化旅游,大力发展红色旅游。完善旅游服务体系,加强行业自律和诚信建设,提高旅游服务质量"。

由此可见,中国对建设巩固旅游强国的目标非常明确,到"十二五"期末,旅游业初步建设成为国民经济的战略性支柱产业和人民群众更加满意的现代服务业,在转方式、扩内需、调结构、保增长、促就业、惠民生等战略中发挥更大功能。旅游服务质量明显提高,市场秩序明显好转,可持续发展能力明显增强,奠定更加坚实的旅游强国基础。

同时,从客观发展的趋势来看,中国旅游业凭借丰富的旅游资源,凭借现在已经形成的旅游产业规模,旅游业必然会成为支柱产业。在市场经济条件下,需求是最大的资源,关键是要形成社会的有效需求。它能直接带动交通、金融、电信、医疗、商贸、基本建设、宾馆和餐饮等服务行业,也能通过拉动消费间接推动工业消费品和农副产品的生产和销售,是一业带来百业兴,对扩大国内需求,增强经济活力,提高人民生活质量等方面发挥着日益重要的作用。

旅游业新政策点亮产业未来　或插上资本翅膀

2012年2月16日,国家七部门联合发文《关于金融支持旅游业加快发展的若干意见》(以下简称《意见》)。业内人士认为,该《意见》中出现了几大创新性的政策利好,降低了旅游企业上市的门槛,邮轮游艇、主题公园、医疗旅游等新兴旅游产业将会成为未来旅游企业上市潮中的主力军。

1. 新政策点亮产业未来

国家旅游局局长邵琪伟曾表示,旅游业增加值已占到国内生产总值(GDP)的4%以上,今后中国还将对旅游业发展加大政府投入,并将制定国民旅游休闲纲要。为贯彻落实《国务院关于加快发展旅游业的意见》精神和中央关于把旅游业培育成国民经济战略性支柱产业的重要战略部署,进一步加大金融对实体经济的支持力度。

上周四,央行、国家发改委、国家旅游局、银监会、证监会、保监会、外管局联合发布了《关于金融支持旅游业加快发展的若干意见》。对于整个旅游行业而言,该《意见》主要包含了两大创新性政策。多家旅游企业均表示,这些利好政策将会加速整个旅游行业的发展。

首先是"创新发展符合旅游业特点的信贷产品和模式。探索开展旅游景区经营权质押和门票收入权质押业务,积极开展旅游企业建设用地使用权抵押、林权抵押等抵质押贷款业务"。据了解,目前国内景区发展存在收入单一化问题,仅依靠门票收益,这让很多景区在开发新项目时会遭遇资金瓶颈,而一直不能被作为"产权"抵押给银行的门票收入权,也被重新考虑为可参与到质押业务,为景区的发展提供了充裕的现金流。

其次是"支持旅游资源丰富、管理体制清晰、符合国家旅游发展战略和发行上市条件的旅游企业上市融资。积极支持已上市旅游企业通过合适的方式进行再融资或者利用资本市场进行并购重组做大做强"。知名旅游和文化学者裴钰认为,旅游企业流动性好,现金流旺盛,旅游大企业都是以金融为血脉。上市对于旅游企业来说,是扩大规模发展的重大机遇,对于符合上市财务条件和管理体制明晰的旅游企业,应该积极鼓励其上市。

2. 老牌旅游企业从资本市场获益

许多早进入旅游行业的企业在上市之后,几乎无一例外地获得了长期持续良好的发展。1987年,上海锦江集团组建上海锦江财务公司(央行特批的非银行金融机构），实现了中国旅游业第一次结构性的重大金融创新，但是，这次结构性创新尚未形成行业规模化的企业治理现象。直到 1997 年 12 月 3 日，国有旅行社中青旅登陆上证 A 股市场。上市后的中青旅摆脱了传统旅行社的单薄业务形态，通过融资获得现金流来扩大业务规模，由最初的单一传统旅行社转型为多元化发展的大型旅游公司。

目前，中青旅主要投资旅游和高科技领域；经营入境旅游、国内旅游、中国公民自费出境旅游业务；从事高科技产品开发和技术服务、旅游资源配套开发等业务。旅行社业务是该公司的看家业务，也是公司经营的核心，自 2000 年起一直位于中国旅行社百强前三名的地位。此外，公司还积极拓展福利彩票、房地产、景区投资和酒店等多项业务，成为旅行社行业中的领头军。经过在资本市场长达 15 年的融资扩大再生产，其业务结构可以概括为"旅游业务＋策略性投资"。旅游业务是公司的主业，以旅行社（旅游产品）经营为主体，景区、酒店为两翼（即"一体两翼"），策略性投资拓宽了公司的盈利渠道。

在线旅游网站携程也成为了中国旅游业第一家在美国纳斯达克上市的公司，据了解，携程发展的初期，不断通过并购业务扩大市场份额。2000 年，携程以创业投资获得的现金并购了当时国内预订规模最大的传统公司——北京现代运通公司。并购两年后，携程的酒店预订业务增长了近十倍。2003 年 12 月 9 日，携程启动美国上市的 IPO 程序，从此携程作为在线旅游企业发展的范本，引领着整个行业的发展方向和标准。

2010 年，港中旅集团董事长张学武建议成立"旅游消费金融公司"。旅游企业现金资产比重过大，对外融资很难，资本市场投机风险较大，存入银行收益不佳，金融危机导致流动资产风险加大，这时，纳入集团组织架构的"非银行金融机构"有效促进集团内部融通，增强资产盈利性，也让整个旅游行业对"旅游金融体系"逐渐展开认识。

3. 旅游业将缓慢迎来上市潮

旅游企业上市一直存在诸多门槛。业内人士认为，《意见》的颁布，无形中降低了旅游企业尤其是民营旅游企业上市的条件，为更多的旅游企业赴国内 A 股市场上市提供了千载难逢的机遇。

裴钰认为，《意见》中的利好政策将鼓励大量有实力的民营旅游企业通过资本运作方式获得更大发展。但被鼓励上市的旅游企业不会是依靠单一模式盈利的传统旅游企业，而是像邮轮游艇、主题公园、医疗旅游等受到政策重点扶持、具有新兴优势的旅游产业。同时，在他看来，"管理体制清晰"将会成为日后旅游企业上市的最大门槛,因为现在大量的旅游企业,包括旅行社、酒店和景区等都存在股本结构不明确的现象,很多旅游企业都存在交叉持股的现象,这在国有旅游集团中尤为常见。未来旅游企业能否理顺管理机制成功上市,股本清晰是基本前提。

如火如荼的在线旅游市场也充斥着资本的力量。许多被投资者看好的新兴势力,也不断有注资持股的消息出现。"途牛"、"去哪儿"均有风投力量的介入,这些企业日后上市融资都只是时间问题。

4. 政策"宽中有紧"指向旅游地产

政策虽然表面上对旅游企业融资提供了多种便捷的途径和方式,但还是存在缩紧型的政策。《意见》中强调:"对高尔夫球场、大型主题公园、城市水源地的观光农业等国家明令禁止或限制发展的旅游项目,应严格禁止或限制发放贷款。对于可能借旅游项目名义变相进行房地产开发的,应从严审查。"据业内人士透露,这一条款其实是剑指通过旅游地产牟利的投机倒把者。

旅游地产是指在旅游功能区内,涉及旅游及其相关领域的基础地产建设,以及区域服务业的系统构建。尤其以主题公园建设最具有代表性。目前,国内很多大型休闲旅游项目或主题公园都采取结合房地产的模式发展,其大部分收益来自房地产。对于这一部分的严格审查,也为整个行业的良性发展树立了标杆。

旅游地产逐渐成为部分省市"十二五"的战略支柱产业。利用投资联盟、私募基金等方式,可以有效分散风险。由于旅游企业证券化程度较低,其交易往来可以不必完全公开。地县级旅游统计系统不完善,其投资收益统计"主观自由度"较大,因此,开发商具备了较大的操作空间。有关专家认为,《意见》中对主题公园等项目的贷款收紧,会有利于全国优质主题公园的筛选,一些打着旅游旗号的地产商们今后就难以钻空子,但对主题公园开发者来说也是一大挑战。

资料来源:http://money.163.com/12/0223/00/7QTK27J800253B0H.html.

由此可见,在国家对旅游业政策开放支持的基础上,众多旅游企业尤其是民营旅游企业将会陆续上市,借助金融市场筹措更多发展资金,打开其旅游市场,获得市场份额。虽然国家出台了许多关于旅游业的利好政策,但是对于可能存在的风险以及打着旅游开发的旗号发展其他产业行为的可能性,旅游企业仍需保持谨慎的态度。

2)旅游产业结构的合理化。随着旅游需求的多样化和个性化发展,旅游产品开发将会根据市场需求变化的特点,来满足不同消费者的需求。旅游产品将会更注重特色化、服务个性化和系列化发展,更加注重我国传统文化和民族特色,进行深层开发。同时,随着旅游市场的全面开放,政府将对出境旅游的观念和政策进行必要的调整,而旅游的区域扩大,热点仍热,温点和冷点将随着国内外旅游的发展而逐步升温。根据旅游产品、旅游区域、旅游特色来整合旅游资源,实行双赢和多赢的策略,加强地区间、国家间的旅游经济合作,是今后旅游经济发展的趋势。

3)旅游业发展的生态化和可持续化。旅游的发展与可持续发展有一种天然的耦合关系,对可持续发展战略的这种要求应该是内在的、本质的,这就需要旅游全行业共同促进并实施可持续发展的战略。现代旅游业将更加注重对自然生态环境的保护、培育和优化,主张开发绿色产品、推广绿色经营、提倡绿色消费、开展绿色宣传,建立绿色旅游管理体制,成为资源节约型、环境友好型产业。

4)旅游业的国际化发展。近几年,出国旅游方兴未艾,使中国旅游的发展模式产生了根本性的变化,也为我们开创国际化发展模式奠定了坚实的基础。目前,各国的旅游竞争已经成为一个完整的体系,即以企业竞争为基础,以联合竞争为主体,以国家直接参与和组织竞争为龙头,形成了举国竞争体制。对外的举国竞争同时必然要求国内竞争有序化和机制完善化,因此,管理要素在其中发挥的作用也越来越大。不仅是企业管理的微观性要素要在竞争中发挥越来越大的作用,政府的宏观管理要素也日益突出。比较通行的做法:一是增加投入;二是组织国家级的大型活动;三是全面调整企业结构,加强对运行秩序的调控,加强质量和形象的提高。

2. 中国民营航空业发展研究

从2002年国务院规定的民航体制改革之后,中国民航业第一次重组,奠定了国航、东航、南航三足鼎立的局面,同时也开启了民营资本进入航空业时代。随着第一家民营航空公司鹰联航空公司的建立,民营资本终于打破了航空业国资垄断的破冰,随后东星航空、奥凯航空、春秋航空、吉祥航空等民营航空公司开始了既艰难又兴奋的成长。中国民航市场保持持续增长态势,2004年中国民航旅客运输量创下了历史最高纪录,突破一亿人次大关,同时也创下了增长幅度20年来的最高纪录。2007年民航旅客运输总量达1.8亿多人次,比上年增长16.3%,旅客运输周转量达2791.7亿人公里,比上年增长17.8%,增长速度均高于其他运输方式。

然而,金融危机的到来掐断了处于扩张期的民营航空公司的资金链,而新一轮国内航空业的大整合则将一些民资航空公司清洗出局。

2011年,时隔3年后民营资本终于获得再次进军国内民航业的机会,面对如此巨大的民航业市场,很多民营航空公司都在思索如何去"以小博大",赢得属于自己的那块"大蛋糕"。由此说明民航业当前的状况与以往已经不同,产生了新的需求和市场,需要做出相应变化,且民航业"十二五"规划投资巨大,放开新设立航空公司的审批有利于吸引地方政府投资,从而带动民航业整体发展。

四、春秋集团的比较优势

1. 旅行社结合航空优势

春秋集团两大业务——航空公司和旅行社。春秋航空成立以前,春秋国旅就已经涉足航空领域,于1997年成立了春秋包机公司,飞行2万多个航次的包机,总平均客座率99.07%。春秋现在经营上海飞广州、珠海、厦门、昆明、海口、三亚、桂林、温州、青岛等二十多条航线,其中绝大多数是国内著名的旅游城市和商务城市。这样的航线格局,有力地保证了春秋在民营航空公司中的客源优势。由此可见,旅行社业务与航空业务相辅相成,良性循环。春秋航空依托母公司上海春秋国旅在全国的31个全资分公司和4000多个代理销售和服务网络以及旅游优势,为乘客提供不同价位的机票和"机票+酒店"等商务和旅游套票服务。通过"旅游+航空"的捆绑式营销,拥有了稳定的客源。

2. 品牌和营销网络优势

春秋国旅自1981年成立以来,历经23年发展,目前已拥有2000余名员工,营业收入逾30亿元,业务涉及旅游、航空、机票、展览等行业,1994年至今,连续荣获国内旅游全国第一,是国内最强的旅行社之一。它是中国最著名的旅游品牌之一,在顾客中拥有较好口碑。同时,它也是国际会议协会(ICCA)在中国旅行社中最早的会员,与国际旅游经销商有着良好的业务往来和合作。近七年来,公司进行了一系列低成本航空运营的尝试,为春秋开辟航空业务积累了宝贵经验。同时,它是国内连锁经营、最多全资公司、最具规模的旅游批发商和包机批发商。

3. 成本优势

航空公司的成本可分为刚性成本和柔性成本两大块。刚性成本主要包括飞机购买成本、航油成本、起降服务费以及飞机维修保养费;柔性成本主要包括员工工资福利费用和公司管理费用。刚性成本在目前的经营环境下很难降低,但是可以通过降低柔性成本来取得成本优势。春秋航空通过减少服务项目、节省人力成本、降低泊机费,甚至节约油料等方式降低运营成本,通过低成本低票价赢得了市场竞争优势。

春秋航空实现年度持续盈利,客座率高达95%

据经济之声《天下公司》报道,在证监会刚刚公布的拟上市企业名单中,中国第一家低成本民营航空公司春秋航空股份有限公司的名字赫然在列。春秋航空2011年的净利润达到5亿元,也出乎许多人的意料。春秋航空新闻发言人张武安表示,为了使这种廉价模式继续下去,避免股权分散导致战略方向改变,这次融资并不打算引进战略投资者和私募。

2004年成立的春秋航空,是中国第一家民营航空公司。创办者王正华是中国改革开放后的第一批民营企业家,他在1981年创办的春秋国旅,在国旅、中青旅等大型国有旅游公司为主导的市场中,成为中国最大的境内旅游公司,年销售额约30亿元。航空公司不是好干的生意,至少对中国民营资本来说是这样的。与春秋同为第一批崛起的民营航空还有鹰联航空和奥凯航空有限公司(Okay Airways Company Limited,简称"奥凯航空")。因运营受困,鹰联航空已将控股权出让给国有航空公司;奥凯航空由于股东纠纷曾被勒令停航,后来也将股份转让给物流公司大田集团。

在涉足航空业的民营企业中,春秋航空也是唯一一家廉价航空公司。其他同行,如上海吉祥航空有限公司(Shanghai Juneyao Airlines Co., Ltd.,简称"吉祥航空")在品牌定位、机票价格、服务上,都与大型国有航空公司是一致的。这些航空公司的老板大多都说过,现在的中国航空市场并不适合廉价航空模式。尽管春秋航空的业绩增长很好,也并没有迎来追随者。春秋航空在本土最强大的竞争对手是中国国际航空股份有限公司(Air China Limited,简称"国航")、中国东方航空股份有限公司(China Eastern Airlines Corporation Limited,简称"东航")、中国南方航空股份有限公司(China Southern Airlines Company Limited,简称"南航")三大国有航空公司,三大航在2008年合计亏损高达278亿元,但陆续获得政府150亿元的注资。而春秋航空自2005年飞出第一班航班开始,就保持着年度的持续盈利。

持续盈利归功于高达95%的平均客座率,"年度的持续盈利"让业内其他航空公司羡慕不已,公司新闻发言人张武安表示,这要归功于公司高达95%的平均客座率,这个数字在全世界范围来看都是比较高的。对此,王正华有自己的想法。

王正华:我的理念和别人不一样,我是认为飞机控制一起飞整个价值就全部浪费了,所以我是主张位置尽可能多坐客人,也就是说淡季的时候为什么会搞99元、199元,原因就是这个位置估计会有20%~30%的票卖不完,干脆就早点拿出来卖给对价格很敏感的人。

要吸引这么多的人来乘坐飞机,廉价航空靠的就是低价格。在创立之初,春秋航空就坚持把目标客户群盯在普通旅游者,以及对价格比较敏感的商务旅客上。重磅推出了"1元"、"99元"、"199元"、"299元"等一系列低价机票的春秋航空引起业内一片哗然之声。所谓的薄利多销不过如此,那么怎么去尽可能多地提高这个"薄"利,从而实现几亿元的年度净利润,王正华没有用高深的管理理论来解释,他坚持认为"一半靠赚,一半靠省",春秋航空有着严格的成本控制体系。

在成本控制方面,春秋航空借鉴了世界范围其他廉价航空的运行模式,首先从座位上下工夫,机舱内只设置经济舱,座位数量最大化,达到180个座位。王正华表示,细算是要体现在方方面面的。比如为了缩减飞机停泊在机场的费用,进港、出港的时间最快18分钟就要搞定。而为了节约人力资源成本,春秋航空的空乘都是身兼数职。男空乘兼做安全员,女空乘则还要负责清洁机舱卫生的工作。

当然,另一个重中之重的方面就是餐食,延续国际上廉价航空的惯例,春秋航空不会在机上供应免费餐食,所有食物和饮料都要花钱购买。一瓶果粒橙8元,一个卤蛋2元,一顿饭总价大概20元。有人质疑,为何不像推出特价票一样,也推出餐食的优惠价格来吸引更多客人购买呢?王正华认为,相比较节省了几百元的机票钱来说,多花几十元的餐费钱确实不足引起客人的非议。但是想在机上售卖上大作文章的王正华也有另一方面的烦恼,有客人开始抱怨,空乘人员推车叫卖,这到底是飞机还是菜市场呢?

对此,《经济之声》特约评论员张春蔚认为:首先,我觉得还是有一定的区别,因为春秋航空早期是做旅行社出身的,更了解自己的用户需求,航空公司基本上是为用户量身定制的;其次,王正华做这样一个廉价航空,其核心我觉得是在做减法,而不是像我们通常所说的航空标准业不断地做加法的这样一个标准。如我们对于空姐的服务要求,对于空乘的服务要求包括接机的服务、头等舱的服务等,这一系列东西使得消费者不断地为航空公司的高标准付出更多的成本;而现在是在做减法,就是一段时间最快、最便宜的航空旅程,我觉得这其实是一种守正出奇的方式,回到大家省钱的目的,出奇的话,我的利润是靠我省出来的。

资料来源:http://finance.cnr.cn/gs/201202/t20120219_509180304.shtml。

以上案例展现了春秋集团总结的"两高两低两单两减"降低成本措施的一部分。"两高"即保持85%以上的高客座率和11～12小时的高飞机日利用率。"两低"即低销售费用、低管理费用。春秋航空将大幅减少营销体系,利用现有的春秋国旅销售系统销售70%,另外的30%通过互联网电子机票和呼叫中心销售。"两单"即单一机型、单一舱位。春秋飞机机型将只有一种,这有利于减少航材备件、降低维修成本与管理费用等成本;机舱布局也只有单一的经济舱位,在同等座距中有利于增加飞机座位数量,增加单机运力。"两减"即减少非必要成本、减少日常管理费用,如在办公差旅、财务支出管理以及日常细节上千方百计降低成本。

4. 价格优势

春秋航空采取多种方法、渠道降低航空成本,通过低票价吸引乘机者。第一,不进入中航信的全国销售联网系统,自行开发了 B2C(商业机构对消费者)网上机票销售系统,直接降低销售费用 70%~80%;第二,通过折扣等形式保证每个架次飞机的高客座率,降低平摊在每个乘客的成本;第三,在合理范围内提高飞机日飞行时间,提高飞机的利用率。

5. 运营机制和管理体制的优势

民营航空公司的资本金主要来自民间资本,"民营"的角色决定了民营航空公司在运营体制和机制方面更加灵活。如在管理决策、资金使用、员工聘任、市场营销策略等方面,民营航空公司有较大的自主权,受政府管理部门的约束较少,可以自主经营、自主决策,对市场变化能作出及时迅速的反应。

6. 延伸服务优势

春秋航空凭借春秋国旅在旅游市场的优势资源,为乘客提供"机票+酒店"和旅游套票服务。低价机票和低价住宿打包,低价的诱惑和一站式服务的便捷,吸引了大量的商务客和"自游人"。春秋把航空和旅游两大业务强强联合,把成本最低化,效益最大化,让客户得到更多的实惠。

第二节 春秋集团的发展战略分析

本书第一章已对春秋国旅当时的发展背景以及公司本身的发展历程做了详细梳理,下面仅对发展中的战略性措施做简要分析。

一、"包机+网络"

1. 旅游包机

旅游包机是旅行社包用航空公司的飞机,在固定和非固定的航线上,按约定的时间、航程、载运游客的飞行活动。此类业务具有航路灵活、成本低廉、运费不受国际航协规定约束、所需地面支持较少等多重优势,有望实现旅行社、航空公司和机场公司的资源优势互补和三方"共赢"。

春秋国旅的定位是"包机网络批发商"。从20世纪80年代中期至90年代末,春秋国旅运用"包机+网络"模式,累计包租超过3万架次,成为全国最大旅游包机批发商。1994年至今,春秋国旅获国家旅游局国内旅游排名全国第一。正是服从这一模式,春秋国旅在全国和海外分别发展了43家和7家分公司,并在全国旅行社中最早开始了信息化建设。

2. 独特的网络销售机制

春秋航空是国内第一家独立成功研发出电子商务信息系统化的航空公司,是唯一一家不参加中航信(中国民航信息网络股份有限公司)的民航联网销售系统(Central Reservation System,GRS)的航空公司,而是利用投资方春秋国旅推出销售渠道包括春秋的各个分社以及独立的网上售票系统来自行售票,如此节省了大量的代理费用。而国内其他航空公司均使用由中航信提供的票务销售和离港系统,在机票销售方面每年要缴纳上亿元的代理费用,并且还要缴纳不菲的离港系统使用和维护费。春秋航空也是最早采用IT技术的旅行社,公司的IT开发团队创立的春秋航空电子商务(www.china.sss.com)可以提供方便快捷的航空票务、旅游和酒店等在线服务。如果使用中航系统销售客票,成本将占到每张机票的7%~9%,而现在利用春秋航空网这样的网络平台来销售电子客票可以节约成本2%。

春秋航空电子商务总体目标:构建公司业务管理平台、航空机票交易平台和用户网友交流平台。它的三层结构:第一层面,主要为春秋航空提供基础信息服务;第二层面,主要为春秋航空提供业务流转,信息化服务;第三层面,主要是面对终端消费者,直接为用户提供信息化服务。

二、"航空+旅游"

春秋国旅是国内旅游业的领头羊,占据了旅游行业很高的市场份额,单纯立足旅游市场也能获得不错的发展。但春秋国旅并不满足原有的旅游业务格局,致力于延伸旅游产业链,成立春秋航空就是其走出的重要一步。

1. 旅游业寻求出路

国内旅游业多年来一直停留在较低的发展水平,广阔的市场并没有给旅行业的整体实力带来太多提升,低进入门槛使得业内充斥小企业,经营手段单一、管理方式落后成为行业通病,在这种背景下,旅游业的低价竞争不可避免。行业的不规范使得春秋国旅这样的业内老大也难以招架,春秋国旅必须谋求新的出路。

对旅行社而言,在旅游产业链中充当的是第三方的角色,其盈利来源在于通过向供需双方提供服务而获利,而客户大多希望以尽可能低的价格享受高质量的服务,因此在增加客户数量的同时降低成本无疑是旅行社的出路所在。

旅行社固然可以采用其他行业的传统手段,即通过并购实现快速扩张,从而获得规模效应和集聚效应。但春秋国旅却独辟蹊径,开创了旅游与航空联姻的先例。

2. 借力航空公司

一直以来,交通费用在旅游成本中占了很大的比例,国内游交通费用占到旅游费用的50%,出境游更是高达70%,对此许多旅行社无能为力,使得旅游产品的价格空间有限。春秋国旅之所以成立春秋航空,并不是要与国内航空公司一争高下,而是将旅游过程中的交通环节牢牢抓在手中。

春秋航空从诞生之日起就采取低价策略,使更多人能够乘得起飞机,吸引了大量客源,但更重要的原因是为了配合旅游产品提供低价、优质服务,这样一来,春秋国旅的旅游产品便有了巨大的价格优势。另外,旅游也能为航空带来充足的客流,可以保证春秋航空的客座率,降低了运营风险。此外,航空为春秋国旅的品牌形象带来的提升也不容忽视。

三、"转型+升级"

春秋国旅是目前唯一一家成功经营廉价航空的旅行社。2012年,春秋航空计划将在上海证券交易所上市,为规模化发展提供更大动力。春秋国旅也将在"航空+旅游"模式下,进行深度资源整合,谋求更大发展。

1978年改革开放以来,国内旅游市场开始进入转型期,旅游者出行的主要方式已不再是旅游团,而是自由行,这也是携程旅行网和艺龙旅行网等在线旅游的重要市场基础,传统旅行社面临非常大的转型。此外,旅行社还进入传统操作方式变成电子商务的转型期。春秋国旅经过这样的市场洗礼,一定会形成一个大型旅行集团,盈利模式会有全面升级,信息化基本完成,电子商务相对成熟。

春秋国旅正在由"航空+旅游"的模式朝着"季节性、多点、低密度"的方向运作。根据旅游的淡、旺季来安排航线,冬季会加大南方航线,夏季会加大北方航线;选择很多航点、很多旅游城市作为旅游目的地,满足游客多样化需求;这些航点、旅游城市不会像热门的商务航线一样天天有航班,可能会三天一个航班或者一周一个航班。

春秋拟开多条赴日航线　远期计划在日设公司

尽管"3·11"日本大地震与核辐射打乱了国内第一家低成本航空公司春秋航空有限公司执行日本航班的计划,但并未影响春秋航空拓展日本市场的信心。

记者7月5日从春秋航空了解到,目前日本旅游和商务市场逐步回暖,春秋航空将于7月15日正式开通上海到高松定期航线,今年可能还将开拓到日本九州地区的航线。为此,春秋还与日本最大的在线支付平台Digital Garage达成了合作协议。

春秋航空拟开通的上海到香川高松的直飞航线每周两班。此前,春秋已经开通了上海到茨城的直飞航线,每周三班。春秋航空日本市场开发部部长孙振诚5日对记者表示,上海到茨城主要是商务客居多,而上海到香川高松则是旅游客比较多。目前,这两个航班的销售情况都比较好,7月15日首航到7月底的航班只有少量的余票。

据记者了解,目前日本航线市场的需求的确有所恢复,在上海到日本航线的最大承运商中国东方航空股份有限公司(China Eastern Airlines Corporation Limited,简称"东航")的一位高层告诉记者,现在很多旅游团队和自由行旅客在借机"抄底"日本游。

孙振诚也告诉记者,今后春秋在日本大力发展的计划不变,下一步的计划是在日本九州地区选择一家机场,希望年内能够开通到那里的新航线,之后还将开通到北海道的航线,更长远的是在日本成立分公司或者子公司,不过这需要双方政府长时间的审批。

值得注意的是,目前日本还没有低成本航空在运作,而日本大城市周围县级市的二级小机场又很多,因此春秋航空才选择日本作为其国际航线拓展的桥头堡,而在东南亚,低成本航空公司的竞争已经很激烈了。不过,目前日本的两家航空公司全日空和日航都在准备成立低成本航空,与春秋争夺低成本市场。

而对于国内市场,京沪高铁的开通也部分影响了春秋航空上海到天津和上海到石家庄的航班,"目前这两条航线的票价水平有所下降,99系列特价票的比例以前旺季时候在10%以内,现在最多却到30%了。"

资料来源:http://www.yicai.com/news/2011/07/913690.html.

随着国内需求的增长,航空公司运力的增长也是很快的,因此国内的竞争日趋激烈。面对国内诸多航空公司尤其是大型航空公司的激烈竞争以及旅游市场的转型,春秋集团主动出击,抢占国外旅游团队及自由行游客市场,开通多条日本航线及包机业务。同时打破了传统的机票销售方式,与日本最大的在线支付平台Digital Garage达成了合作协议。

四、"传统+创新"

2011年,春秋航空陆续开通了上海—高松的包机航班、上海—日本茨城的航线、上海往返澳门"空中快线"、上海浦东至佐贺的航线等。这些都意味着春秋国旅正在实现从国内包机走向国际包机的"两翼齐飞"新格局。国内方面,2011年下半年获得京沪航线经营权并开始运营。开通这些新航线,也将为春秋集团的旅游市场带来新客源。

春秋国旅的旅游包机运作也在不断创新,如尝试"6+3的模式",将业务涉及的6个主体串联起来,以包机、集中采购以及整合营销3种基本经营方式对资源进行整合,让游客得实惠,企业效益最大化。

春秋国旅还将在自由行的转型方面投入更大力量,将包机和春秋航空的部分航班机位拿出来,使自由行游客拿到具有更高性价比的机票,企业也在差异化竞争中占据更多市场份额。

从2010年10月1日起,春秋国旅开通了上海观光巴士,自由行游客可在24小时内随时在15个站点上下车,以经济、省时的方式和最佳角度领略上海的都市风情。春秋国旅还在海南三亚市开通了酒店之间的穿梭巴士,为自由行游客提供更加多样化的服务。

遍布全国的43家分公司自行接待到达游客,较之一般旅行社交由地接社接待,质量更有保证,针对旅游产品非常复杂的情况,分公司的销售门店可以当面倾听游客要求,甚至提供上门服务,发挥在线旅游没有的传统旅游的优势。

与此同时,春秋国旅也在扩充呼叫中心,尽可能缓解目前800部电话的紧张状况,加快更新网站,增加资讯、互动和游客体验,优化电子商务平台,让电子商务在整个销售中的比重有一个大的提升。

上海都市观光巴士"十一"正式营运广受好评

在上海市旅游局和市交运局的支持和推动下,由春秋国旅筹建和经营的"都市观光巴士"于2010年10月1日国庆节当天以崭新的面貌亮相上海滩。

都市观光巴士,车身设计以红色为主,将上海的特色景观作为车身图案主题配以涂鸦风格,充分展现上海的城市魅力。

首期投放10辆双层敞开式旅游观光巴士,成为国内目前最大规模的都市旅游观光巴士。每15分钟一班,囊括沪上最著名景观。沿途停靠15个站点,串联起人民广场、南京路、外滩、城隍庙、淮海路、新天地、金茂大厦、东方明珠等著名景观,构成了旅游、购物及娱乐休闲为一体的经典都市旅游观光线。

为了让世博精神、世博理念有效地得到延续和光大,上海旅游业将重点打造都市品质游。"都市观光巴士"作为上海城市旅游功能的又一次提升,将成为上海都市旅游重点打造的品牌之一,通过团队游客与散客服务的有机结合,观光线路与15个站点的有机结合,智能化多语种"导游"功能与游客现时感受的有机结合,让海内外游客充分发现和体验上海的都市魅力。

"十一"黄金周运营期间,观光巴士每天接待游客4000～5000人次,10月1日至7日累计接待游客31652人次。乘客中70%为外地游客,25%为上海本地市民,5%为外国游客。观光巴士受到了中外游客的广泛欢迎和好评。游客普遍反映该观光巴士乘坐舒适,适宜观光,线路设计精彩,价格实惠,让游客深度体验了上海都市旅游的魅力。

资料来源:上海市旅游局。

在世界各大城市,都市观光巴士普遍受到游客欢迎。多年来,上海街头的观光巴士一直采用普通公交线路的运营模式。上海春秋国旅打破传统的旅游产品模式,根据旅游市场的不同需求,抓住市民及游客的消费心理,大胆尝试,找准时机在黄金周推出此项活动,得到广大好评。"十一"黄金周期间,观光巴士每天接待游客达到4000～5000人次,其中70%为外地游客,25%为上海本地市民,5%为外国游客。黄金周以后,客流虽然略有回落,但依然稳定在3000人次左右,已处于盈利状态。

第三节　展望春秋

无论是从春秋国旅的发展历程来看,还是随后的春秋航空,春秋集团的整个发展过程都是中国民营航空业的"神话"。本节重点梳理春秋集团2011年发生的重大事件,以及探讨未来春秋集团的发展趋势。

一、2011年春秋大事记

2011年的春秋集团主要着力于准备上市和开发国际航线,具体有以下方面:

1. 春秋航空

2011年1月,春秋航空股份有限公司拟在境内证券市场首次公开发行股票并上市,并在中国证券监督管理委员会上海监管局辅导备案。如果上市成功,将成为国内第五家在 A 股上市的航空企业。

2011 年 2 月,春秋航空推出飞往香港的团购产品,这是国内首家参与团购营销的民营航空公司。

2011 年 2 月 28 日,春秋航空与河北省政府签署了《共同推进河北航空运输发展战略合作框架协议》。根据协议,春秋航空将运用自身低成本优势,在有关部门的支持下,把石家庄正定国际机场打造成"价格洼地"。

2011 年 3 月起,开通上海至高松的包机航班,有望成为开通香川国际航班的中国首家航空公司。春秋航空还希望开辟更多赴日航线,日本市场已经被春秋航空作为开拓国际航线的重要市场。

2011 年 3 月,春秋航空在每月 9 日、19 日上午 10:00,连续推出大型秒杀活动,最低票价仅 9 元起。

2011 年 4 月 8 日起,开通上海往返澳门"空中快线",每天一班。这是低成本航空公司第一次把澳门和上海及中国经济最活跃的长江三角洲连接起来,拉近了澳门和上海的空中距离。

2011 年 4 月,继开设日本航线后,春秋航空计划前往日本成立合资低成本航空公司,如果一切顺利,这也将是中国廉价航空首个海外合资航企。

2011 年 6 月 1 日起,春秋航空尝试取消机上"脱口秀"销售模式,保留静态展示的销售和空中商城及送货上门等方式。

2011 年 7 月,春秋航空与日本高速旅游巴士公司——WILLER TRAVEL 合作开展网上业务,消费者可在两家公司任一网站购得所需票券,为旅客提供便利服务,计划到 2015 年来日游客利用者增至 15 万人。

2011 年 8 月 16 日,春秋航空获得民航局的批复,获得京沪航线经营权,9 月中下旬开始运营。春秋航空成为国内首家获得京沪航线运营的民营航空公司。

2011 年 8 月,春秋航空宣布为开拓日本廉价航空市场,拟设立日本分公司。

2011 年 12 月,春秋航空宣布开通上海浦东至佐贺的航线,将于 2012 年 1 月 18 日首航,一周两班,这是春秋航空的第三条日本航线。

春秋航空计划于 2011 年底前将营运客机数量增加到 28 架,并新增 4 条往返日本的国际航线。

2. 春秋国旅

2011 年 8 月,加拿大安大略省旅游局、加拿大多伦多旅游局携手春秋国旅开展全方位合作,合作推出高端旅游产品。

2011年9月,春秋国旅在门市设置新西兰旅游专区,将由新西兰旅游专家坐镇,以"百分百纯净新西兰"为依托,提供自由行及其他丰富多彩的新西兰团队旅游产品。

2011年10月29日,春秋国旅正式进驻石家庄。进驻石家庄后,该公司将依托得天独厚的"航空+旅游"优势,强力支撑开发石家庄高端旅游市场。

2011年12月30日,春秋国旅启动春秋国旅出境旅游主题馆暨CLUBMED(地中海俱乐部)。首批主题馆由台湾馆、港澳馆、泰国馆、菲律宾馆、澳洲馆和日本馆组成,并配有摄影长廊,旨在向游客介绍这些国家和地区的风光、风俗、风情,其独特的馆内布置和艺术长廊使游客有身临其境的感觉。

中国旅行社协会发布"2011年度旅行社旅游包机业务20强"中,春秋国旅居于首位。

二、春秋国旅发展趋势

春秋国旅应该在保持现有发展优势的基础上,未来主要发展以下方面:

1. 将专业优势与电子商务相结合

在日新月异的时代中,要求任何产业的发展都必须以高科技为依托,真正做到准确和高效。春秋国旅应该进一步优化企业网站,清晰明白地介绍所经营的旅游线路的具体内容;尽量与门店同步发布新产品信息,并适时更新线路;继续保持目前通过网络购买旅游产品的优惠活动;还可加强在一些知名度比较高的专业旅游网站上投入广告,进一步提高品牌知名度,并与之建立友情连接以通过更多途径推广独具特色的新旅游产品。

春秋国旅还应主动适应时代的发展,将自身的专业优势与旅游电子商务相结合,积极开展旅游电子商务。旅行社要迅猛发展,就必须使用现代科技作为相互沟通的新工具,全面实行网络化运作,提高工作效率,为客户及合作商提供准确、及时的信息。可从以下几个方面发展:一是运用科技提供给市场;二是利用科技行销及推广;三是利用科技来贩售旅游产品。需要注意的是在注重网上经营的同时,别忘了回归到最基本的服务上。因为任何运作方式只是争取客源的表面手段,而提供优质服务具有恒久的魅力。

2. 找准目标市场,创新经营项目

市场开拓是关系旅行社生存发展的重大问题,旅游市场细分和目标市场的选择是市场开拓的中心内容。春秋国旅应与春秋航空的经营特点相结合,一方面继续主要瞄准中低收入旅游者,其中又可细分为年轻中低收入旅游群体和中老年中低收入旅游群体。根据对他们的需求了解,继续推出大众的、经济的、性价比高的旅游产品。另一方面,近年来由于游客对游程规划的自主性相对提高,自由行的市场逐渐扩大。并且随着人们旅行次数的增多,经验日渐丰富,旅游档次也随之提高。旅游的类型已从简单的观光旅游,逐步变化为有目的的参与型旅游。散客、组合式旅游、家庭式旅游必将快速发展。自由旅行作为一种旅行方式,个人可以自由支配时间,不受任何约束,深受游客的欢迎。因此春秋国旅下一步应逐步对这些旅游需求加以重视,可以加大对自由行旅游产品的投入,从单纯为游客提供设计好的旅游线路到为游客量身定做他们需要的旅游线路。特别是在客源竞争十分激烈的中国旅游市场,不管是国内游还是出境游,加强自由行及自由度高、个性化的旅游产品是一个总体趋势。

3. 制定明确的战略目标和发展规划,提高创新能力,突出品牌效应

春秋国旅在发展过程中,需要制定自己的战略目标,对未来的发展要有明确的发展规划,并尽量随着企业发展和市场的变化在可控范围内灵活调整目标和规划。发展战略能够决定企业的寿命,决定着企业能否持续发展。一个旅行社在成立之时就需要有自己明确的战略目标、发展规划、思维格局。

旅游产品具有无形性、不可储存性的特点。旅游产品的这些特点使得旅游者在旅游产品的选择上,难以对不同产品进行优劣的比较。为了降低购买风险,大多数旅游者在对不同的旅游产品进行选择时,除了考虑价格因素外,品牌知名度和产品的新颖度成为重要的参考因素。因此,特色旅游产品的开发和品牌的打造尤为重要。春秋国旅的发展应当朝着提高创新能力、为游客提供优质诚信服务的方向发展。

4. 提高旅游质量,提升行业竞争力

春秋国旅在提高旅游质量方面应强调:提供售前服务时,应做好详尽的告知服务;提供售中服务时,应加强对导游队伍的培训,提升导游的专业素养,树立导游的对客服务意识;提供售后服务时,可以利用旅游电子商务开辟游客评价系统,及时解决游客可能存在的各种问题,或是打电话、发短信、写信、发送电子邮件等方式问候客人并征询意见。

在提升行业竞争力方面应改善竞争模式,注重旅行社企业形象品牌的建设,明确"诚信、优质、高效、安全"的质量方针,使竞争模式从现在的价格竞争转向企业品牌、产品质量等无形资产的高级竞争模式。改变市场结构,在企业能力允许的前

提下扩大规模取得竞争优势,走紧密型的集团化发展道路,加强旅行社和地接社、旅游饭店、交通部门、景区等的紧密联合,提升旅行社经营水平和市场竞争力。

5. 运用科学的管理制度,加强团队与企业文化的建设

春秋国旅应以提高游客满意度为目标,以强化员工服务意识为重点,向社会作出更高层次、更为全面的文明服务承诺制。应向顾客和社会公开企业的服务内容和标准,接受其监督批评;对员工建立终身培训制度,尤其是直接服务消费者的员工,更应该加强专业素质的锤炼;尽量针对不同岗位人员制定规章制度和绩效评价体系,做到有据可评,有规可依。同时,优良的企业文化能够凝聚人心,成为旅行社发展的力量源泉。同时还要广泛引进专业人才,以保证企业的长远发展。

6. 集团化发展

社会生产力的发展必然要求生产关系有所变革。当前,我国旅行社小型、分散、粗放、低效的小作坊、小企业生产方式必然向着大型、联合、精细、高效的大集群、大企业生产方式转化。这是社会化分工、专业化协作、网络连锁式服务的必然走向,是市场激烈竞争的必然结果,也是适应经济发展规律的必然产物。

春秋国旅自成立30余年来,规模不断发展壮大,如今"旅游 + 航空"的业务体系已具备一定规模,称得上国内较大旅行社之一。发展的长期规划应着眼于通过合并、兼并或其他方式重新组合,形成一定数量人、财、物一体化的紧密型旅行社集团。实现集团化之后,其基本业务包括三方面,即产品(特别是适合大众旅游市场的标准化旅游产品)开发、市场开拓和旅游接待。而销售业务(这里限指国内旅游和出境旅游)则主要由数量众多的中小旅行社代理,势必会提高自身和整个行业产品开发和市场开拓的力度,提高总体接待质量。

三、春秋航空发展趋势

在未来的发展道路上,春秋航空在保持现有的经营策略的基础上,继续发扬及发展以下方面:

1. 继续推行差异化营销策略

(1)产品定位的差异化。产品定位的最终目标是要让产品在潜在消费者心中占有有利位置,为企业实施发展战略提供方向。春秋航空应找准自己的市场定位,发挥比较优势,在激烈的市场竞争下体现自己的特点。

首先要以科学的市场定位为基础,更准确地把握消费者的需求。分析满足不同消费者之间的需求差异,最大限度满足客户,进而占有客户市场。春秋航空应坚

持从成立以来便奉行的低成本运营策略,继续定位于以观光度假游客和中低收入商务人士为主的低成本航空市场,主打大众的、经济的航空消费模式,以适合中国的航空消费特点。

(2)服务的差异化。服务差异化的更高要求是人性化服务。企业根据服务产品的特点以及消费者的需求,针对不同消费者提供有效的、个性化的服务,会使顾客的满意度得到提升。春秋航空应该及时把握顾客差异化的需求,为其营造更为良好的消费环境和全面的售后服务,真诚地为顾客解决各种问题,以此良性循环,最终建立以顾客需求为导向的差异化服务体系,提升企业的核心竞争力。

(3)消费群体的差异化。春秋航空应进一步准确地定位自己的客户群,根据不同的航空产品细分目标客户群,这是可持续发展的基础。客户群的不同意味着他们对产品的需求及评价的差异,决定了其是否会成为最终产品的消费者。消费需求的差异会导致产品的差异;产品的差异又会反过来决定不同的消费群。因此,春秋航空在制定产品种类的同时一定要正确瞄准其目标顾客及特点。企业应继续针对大众的、"让更多人坐得起飞机"的理念,推出价格有优势的产品,争取更多的中低收入消费群体,在这一市场细分领域中占据更多份额。

(4)市场渠道的差异化。即便是同一产品面对不同的消费群体和消费区域,也应通过差异化的市场渠道满足消费者的消费习惯和特点。针对目标市场,结合区域市场策略,春秋航空应继续采取灵活的区域渠道和群体渠道政策。根据不同的区域和消费群,实行不同的渠道定位,以传统渠道和互联网渠道相结合的形式,开拓市场占有率。例如针对网络电子客票系统更加适合网络覆盖较为发达的区域的年轻中低收入消费者;中老年中低收入消费群体更加适合传统的售票渠道。

2. 继续坚持低成本策略,发挥规模经济效益

春秋航空应继续发挥目前在成本控制战略上积累的经验,未来继续强化"两高两低两单两控"的措施,降低成本。在遵循低成本策略的同时,应同时尽量避免和改进可能出现的问题,例如尽最大可能避免航班延误的现象;改善空乘人员飞机上推销商品的方式,避免乘客对此的反感;在符合国家政策的条件下实施低价机票;处理顾客投诉方面加强行政的执行力度以及加强上级对下级的监管力度。

春秋航空备战 IPO

两年前就曾谋求上市的春秋航空终于迎来了进入资本市场的最佳时机。

"春秋航空在 2011 年底提交了上市申请,目前正处于证监会的审批阶段,最终上市的时间仍难确定。"春秋航空董秘兼新闻发言人张武安告诉《中国经济时报》

第五章 春秋集团的发展趋势

记者,上市主要是为募集资金购买飞机和模拟机。

"去资本市场寻求融资手段一直是我们所追求的。由于前两年的金融形势不好,而且对春秋航空来说,上市并不是迫在眉睫,所以去年底才正式提交上市申请。"张武安说,上市融资的目的正是为扩大机队规模。

事实上,2006年,春秋航空就曾计划于2009年上市,上市地点为上海或香港,花旗银行为其担当财务顾问,由于对当时资本市场的前景不太看好,春秋航空将IPO计划搁置至今。

"企业上市需要契机,一般而言,企业会把握最佳上市时间,契合企业发展以及资本市场的支持情况。"中投顾问交通行业研究员申正远告诉本报记者,春秋航空是我国民营航空公司中廉价战略的主推者,其经营收益在前期以积累资本运作能力、拓展市场为主,在2011年获得黄金航线的准入证之后,意味着在市场开拓方面掌握了一定的主动权。在此基础上,企业为了保证扩张优势,进军资本市场在所难免。值得注意的是,与之前两次公布的上市计划不同,春秋航空明确表示此次上市"不会引进战略投资者或私募"。

张武安告诉本报记者,"春秋航空目前的'盘子'比较小,如果引进战略投资者或私募的话,公司自身的控制权会减弱。股权分散可能会导致战略方向发生转变,经营这种低成本航空公司就很艰难了。"他还表示,春秋航空目前的现金流比较充裕,通过融资手段就可以正常运行,所以也不会考虑引入战略投资者或私募。

根据春秋航空方面透露的信息显示,继2010年公司实现4.7亿元净利润,同比增长240%的超常规业绩下,2011年预计净利润达到5亿元人民币,保持了连续增长的势头。

申正远认为,春秋航空选择这一时机上市,具有一定的优势条件。一方面,从目前春秋航空的经营行业以及企业的成长性来看,我国的航空业独树一帜的发展趋势为春秋航空的上市提供了市场基础;另一方面,春秋航空的成长性以及企业经营情况都属于优质企业(相对于社会行业平均收益),因此,春秋航空的上市压力并不太大,只要不出现重大的负面报道,春秋航空上市可能性非常大。

"具体融资额尚未最终确定。"张武安说。不过,在2006年筹备上市时,花旗银行当时给出的市值估算是80亿元。相比以前,现在春秋航空的机队规模已扩大,这意味着此次IPO募资金额有望超过80亿元。

业内人士表示,春秋航空上市后,需要接受股东的问询和查证,这有利于完善公司治理、提高公司管理质量、提高经营效力,进而可以提升经济效益。

"上市融资是我国民营航空企业扩张市场竞争力,提高企业经营战略布局的有效方法。"申正远表示。

"春秋航空上市后,定位是不会变的,相反是为更好地服务于低成本航空。"张武安表示。

春秋航空董事长王正华曾表示,"财务上获得融资渠道并不是我们最看重的,我们希望借此促进公司治理结构的改革和完善。"

"春秋航空在国内航空业的市场占比只有2%左右,其市场扩容潜力非常巨大,由于企业掌握了廉价竞争的主动优势,只要能够获得足够多的资本融资,企业将在后续的市场扩容中进一步掌握主动权。"申正远说。

"通过上市,带来融资新渠道,扩充机队规模的同时,风险也伴随而来,春秋航空肯定会积极应对。"张武安表示。

申正远认为,在面临企业扩张瓶颈时期进行上市融资,在短期内企业将获得市场扩容机遇,但是从中长线来看,由于春秋航空在业务方面始终遵循着廉价、降低综合成本等管控手段,这就决定了在扩张时期,春秋航空有可能会遭遇成本管控风险,短期的成本增长不可控或者中期业绩波动的可能性都比较大。

"我们认为只要春秋航空能够充分发挥其民营航空企业在中低层市场的号召力,那么市场扩张将迎来长期利好。通过国内市场的巩固,进而进军国际市场的战略布局将更容易得到实现。"申正远表示。

资料来源:http://finance.eastmoney.com/news/1354,20120301194085094.html.

自1994年国务院开始放宽对中国民营航空业的管制,中国航空业便有了更为广阔的市场。我国民航市场逐渐向民营企业开放,同时全球航空业看好中国航空市场,因此中国民航企业加快了在境外上市的步伐,这样一方面可以加速民营航空企业的投资多元化,另一方面使我国民航企业也可以筹集到发展投资所需的足够资金。

1997年2月4日、5日和11月5日,中国东方航空股份有限公司分别在纽约证券交易所、香港联合交易所和上海证券交易所成功挂牌上市。2003年7月10日南方航空公司成功登陆中国香港和美国的股市,完成其多年来国内A股上市的夙愿。首日公开发行10亿股A股,发行价格为每股2.7元,发行市盈率为18倍;2004年12月15日,中国国际航空股份有限公司在香港和伦敦证券交易所成功挂牌上市,共融资12.4亿美元,折合为当时的人民币总计达102亿元,使得中国国际航空至2004年12月31日,资本金总额超过160亿元人民币,资产负债率降至73.54%。2011年6月14日,中国海南航空股份有限公司在上海证券交易所成功上市。

　　航空业向来是高资产高负债行业,引进飞机动辄就需花费上亿元资金。这些资金多数需要通过直接或间接的融资渠道完成,通过 IPO 或者之后的二级市场融资无疑是成本最低的融资方式。早在 2006 年,花旗银行为春秋航空做过一份上市计划,估计市值为 80 亿元。在春秋运营的后几年,也曾有多家投资机构或业内同行表达参股意向,这其中包括新加坡航空和国航,但是一方面由于当时春秋航空在资金上并没有出现过短缺问题,没有太多必要引入新的股份;另一方面其董事长王正华当时将春秋航空的发展战略定位成低成本航空,一旦有参股,这样的愿景实施可能将遇到或大或小的阻碍。最终,王正华坚持春秋航空独立发展。

　　春秋航空的上市计划始于 2008 年,由于各种原因一直推迟上市时间。为了上市,春秋航空由成立时的有限公司变成如今的股份有限公司,同时变更了股权架构。春秋航空股份有限公司的发起人有 4 家,分别为上海春秋国旅、上海春秋包机旅行社有限公司、上海春翔投资有限公司和上海春翼投资有限公司。上海春秋国旅由王正华担任法定代表人,注册资本为 4000 万元;上海春秋包机旅行社有限公司注册资本 6000 万元,由张秀智任法定代表人;而上海春翔投资有限公司和上海春翼投资有限公司均为管理层持股公司,两公司均于 2010 年 9 月 30 日注册成立,随即入股春秋航空。上海春翔投资有限公司注册资本 2400 万元,法定代表人为春秋航空 CEO 张秀智;上海春翼投资有限公司注册资本 1200 万元,法定代表人为王煜,王煜现任春秋航空高级副总裁,为春秋航空创始人王正华之子。王正华此前曾对外表示,目前春秋航空股份由他以及 400 多位员工、干部持有,其本人仅持有春秋航空 19.7% 的股份,另外 80% 多的股份则被分配给了公司职工。此后,清理过于分散的股权结构的工作,延缓了春秋航空的上市进程。

　　当很多民营航空如东星航空由于资金成为中国第一家宣布破产的民营航空公司;或者鹰联航空公司由于高层管理不力最终改制成都航空,转型政府管制;以及奥凯航空同样类似的遭遇,在这种紧张的民营航空大环境下,春秋航空仍然是国内首批民营航空公司中一直处于平稳发展的航空公司,仍然保持着每年盈利的势头,经营业务逐年壮大。但是春秋航空的目标远远不止如此,公司一直计划上市,以获取更方便的融资渠道,而其融资的主要目的仍然是增加飞机和增开航线。2012 年 2 月 1 日,证监会(中国证券监督管理委员会)官网公布的拟上市企业名单中,春秋航空作为首家低成本航空名列其中。目前为止,状态为落实反馈意见中。春秋航空有望成为继中国国航、东方航空、南方航空和海南航空后第五家在国内 A 股市场上市的航空企业。

3. 建立以员工为核心的企业文化

企业文化是在企业长期发展过程中形成的，为企业员工所共有的思想作风、价值观念和行为规范，它是一种具有企业个性的信念和行为方式。营造优秀的企业文化是为了延续企业的竞争优势，拉开与对手的距离。春秋集团董事长王正华将企业文化打造成了春秋航空的立身之本——核心就是奋斗、远虑、节俭、感恩。正是自强不息的奋斗精神，使得春秋航空从无到有，创造了众多中国民营航空史上的"第一"。长远的眼光决定了企业的可持续发展的长度和高度。"钱一半是赚的，还有一半是省的"是春秋人奉行的名言。公司全部领导都无专车，董事长、CEO合用一辆车。多年来春秋航空参加或举办多项慈善活动，感恩社会、感恩别人。

积极工作的员工是成本控制的关键。任何一个企业，战略由管理层制定，但必须靠员工来付诸实施。快速中转要靠航空公司员工的积极努力工作，良好的服务质量也要靠员工的热情、主动才能从诺言变成现实。无论哪个航空公司，无论在哪种情况下，员工的士气都是最重要的。有一支士气高昂的、热爱企业、热爱民航事业的员工队伍，这是航空公司实现战略设想不可缺少的重要基础。

因此，在服务好社会和顾客的同时，春秋航空在企业文化建设中应注重员工的个人价值同企业发展的完美结合，加强以员工为本的企业文化，为其营造和谐的工作氛围，尊重并关爱每一位"春秋人"，不断提升其专业素质，通过各种方法鼓励员工发挥自身的特长和比较优势，最终总体提升企业的竞争优势。

4. 信息化建设

当今的时代早已是信息化的时代。现代旅游的生产、营销、服务和管理等各个领域都发生了革命性的信息化变革。随着旅游地距离的不断扩大，旅游需求的日益多样化和旅游服务的智能化和特色化的发展，势必要求旅游企业全面推进信息化建设的步伐。

春秋航空不断增加在信息化建设方面的投入，其管理效率和竞争优势也正是得益于信息化建设。在未来很长一段时间，信息化程度仍然是企业非常重要的竞争因素。春秋航空应完善网络电子售票系统，发展旅游电子商务，并重视其系统的维护，保证稳定运行，从而保障企业业务的顺利进行。在未来，可尝试投入建设航空离港值机系统和运行控制系统，从而改进服务和流程，为未来的竞争打好基础。

5. 品牌经营管理

微利时代的到来，特别是春秋航空以低成本策略为主要营销策略之一，以品牌建设为中心的企业整体竞争力的打造就尤为重要。以品牌为核心的发展道路成为新时期企业发展的重要特征。

春秋航空应发挥春秋国旅的品牌优势,优化企业内部运营模式,提升春秋航空品牌的知名度和美誉度。春秋航空自成立以来走低成本营销路线,打出"让每个人都坐得起飞机"的口号,首创了"旅游+航空"的独特运营模式,经过几年的成功发展,已经成为中国低价航空的象征。春秋航空应继续利用消费者的现有印象和良好口碑,发挥春秋国旅的品牌优势和影响力,进行品牌建设,以独特、新颖、鲜明的形象通过灵活多变的公关宣传手段为品牌扩张的手段,并以深厚的企业文化作为品牌的生命根基,通过企业明确的战略定位和发展目标,提高企业的服务品质。

6. 人力资源管理

航空企业是高投入、技术密集、需要各部门系统合作的企业,绝大多数企业员工都是直接面对消费者提供服务,他们对企业的归属感和认同感以及工作态度都直接影响着航空服务产品的质量和工作效率,从而影响着顾客满意度。因此企业人力资源管理战略的实施的意义可见一斑。

春秋航空在人力资源管理与建设方面应创造一个自由宽松的环境,鼓励并培养员工发挥创造力和团队协作精神。针对春秋航空乃至整个航空业都存在的专业飞行员短缺的现状,建立相应的人员补充计划。此外,提高管理的弹性,重视员工的培训和工作中的可持续发展,储备多种专门技能的人才,帮助员工制定必要的职业生涯规划,调动全体成员的积极性;设计一套合理公平、具有强烈激励效果的薪酬制度,设计以职位和能力为核心的绩效体系,帮助企业吸引人才,留住人才。

附 录

上海春秋航空股份有限公司顾客满意度调查研究

一、研究背景和现实意义

随着新经济时代的到来,经济全球化的步伐在加快,总成本领先战略(Overall Cost Leadership Strategy)和标奇立异战略(Differentiation Strategy)已经不足以维持企业原有的竞争优势。20世纪80年代以来,以顾客为导向,力求满足顾客需求,追求顾客满意,以期获得顾客忠诚日益成为企业关注的热点。在这样的趋势下,对顾客满意度的测评工作相对于市场调查而言是个双赢策略。一方面对顾客而言,能够获得物超所值的产品和服务,对企业顾客满意度的测评,使得顾客较易获得市场上以往其他顾客对不同厂商的同类产品的质量评价信息,从而降低顾客在产品或服务购买中的决策风险。另一方面对企业而言,有利于更加全面深入了解顾客需求,甚至在测评过程中了解竞争对手的优势,从而更好地把握需求市场的动态,同时依据测评结果调整员工工作状态、服务水平、产品设计以及外观等满足顾客个性需求,增加企业竞争力。而且,树立"以顾客为中心"的企业文化,有利于形成强大的凝聚力和战斗力,最大限度地激发员工的积极性,提高工作效率和工作热情,使企业良性循环。因此,对顾客满意度测评有重要的现实意义。

中国民营航空经营环境一直以来并不景气,直到2005年8月15日国家正式实施的《国内投资民用航空业规定(试行)》首次明确包括集体企业、私营企业在内的非公有制企业可以投资民用航空业,在权利方面与国有投资主体相同,这意味着我国民营航空的大门向民营资本开放。同年,国内民营航空公司如雨后春笋般开始出现。奥凯航空公司、鹰联航空公司、东星航空公司以及春秋航空均于2005年前后诞生。然而,毕竟是民营航空,国家对其在航线准予、班机时刻以及票价限定等方面并没有完全地放松管制,民营航空经营环境仍然举步维艰。在三大国有航空公司,分别是中国国际航空股份有限公司(代码"CA",简称"国航")、中国东方航空股份有限公司(代码"MU",简称"东航")、中国南方航空股份有限公司(代码"CZ",简称"南航")占据绝大部分市场份额的环境下艰难生存。最终由于2008年金融危机的爆发以及2009年中国国内民营航空业普遍受挫的宏观环境下,奥凯航空、鹰联航空以及东星航空在成立不久后均由于资金短缺或者管理不力等问题于2009年相继宣布破产、或改制为政府管制。与此同时,唯一一家屹立不倒的春秋航空经营业绩非但没有下滑,反而依旧稳步上升,营业额从2006年的2000万元到2010年的4.7亿元,逐年上升,并于2012年2月份拟上市。春秋航空以低成本和差异化的服务为经营战略,自2005年7月18日首航以来,一直保持95%[①]以上的高客座率。公司的单一机型飞机A320也逐年增加,预计至2015年增加至100架。

面对大浪淘沙的经营环境,春秋航空如何在其中独树一帜,是业内企业日益好奇的问题;然而针对春秋航空可以持续积累如此巨大并不断增长的顾客群,本文试图通过社会科学研究方法来研究顾客对春秋航空的满意度情况,企图从理论分析出春秋航空经营业绩良好的原因之一正是拥有较高的顾客满意度和忠诚度;并通过此次调查研究,总结顾客对春秋航空的总体评价,能够为春秋航空提出中肯的意见,进一步提高其与顾客之间的沟通协调,加强春秋航空的客户管理。同时,春秋航空成功的经营战略能够为其他民营航空公司提供有价值的借鉴,对中国国内民营航空业的发展有一定的促进作用。

二、文献综述

(一)顾客满意度的国内外研究现状

1. 国外研究现状

从20世纪六七十年代开始,国外专家学者对顾客总体满意度作了大量的研究,并取得了相当的成果,其研究如下:Cardozo(1965)对消费者的期望与劳心劳力程度进行了实验,发现满意度较高的客户会花费较多的心力来获得一项产品和服务;而当产品不合期望时,将会产生期望——知觉绩效的失验现象,客户对产品的满意度降低。70年代早期,美国开始对顾客满意度进行大量研究,在这一时期起主导作用的是Oliver、Olson、Dove等人,他们相继发表许多论著,提出了"期望不确认"模型(Expectation Disconfirmation)。他们认为顾客的期望是衡量顾客满意度的标准。当实际绩效(Actual Performace)等于顾客的期望时,顾客就满意;当实际绩

[①] www.china-sss.com/Statics/Airplane.

效大于顾客期望时,顾客非常满意;反之,顾客则不满意。美国的学者 A. V. Parasuraman、V. A. Zeithaml、L. L. Berry 于 1988 年研究了五个服务属性,即影响服务业顾客满意度因素是:可靠性、响应性、保证性、移情性、有形性。

1989 年美国密歇根大学商学院质量研究中心 Forwell 总结了理论研究成果,提出了把顾客期望、购买后的感知和购买后的价格等多方面因素组成一个计量经济学的模型,即费奈尔逻辑模型。这个模型将顾客满意度的数学运算方法和顾客购买商品或服务的心理感知结合起来,运用偏微分最小二次方求解指数,就是顾客满意度(Customer Satisfaction Index, CSI)。Forwell 所研究出的顾客满意度理论是目前为止最为成熟的顾客满意度理论。

20 世纪 90 年代中期,美国的 Spreng、Macken 和 Olshavsky 提出了新的顾客满意模型。这一模型认为,当顾客把他们对产品或服务绩效的感知与愿望和期望相比较时,就能决定满意感是否会产生。到此为止,顾客满意度一直被当作空谈的理论,随后才逐渐发展成为企业的管理哲学,并迅速在发达国家早期应用。从 1990 年开始,美国国民经济研究协会(NERA)委托美国质量协会(ASQ)和国家质量研究中心(NQRC)等机构,开始进行关于美国顾客满意度指数(American Customer Satisfaction Index, ASCI)的调查和研究。1992 年,德国开始搜集全国范围内的顾客满意度数据,建立顾客满意度指数。

1994 年以后,对顾客满意度的研究日渐深化,开始对服务质量构成要素研究。比较经典的研究是来自瑞典斯德哥尔摩大学教授 Gummesson 提出的"4Q 产品/服务质量模型"。这个模型的思想是企业试图超越服务和有形产品的差异,将服务质量和有形产品质量的概念进行有效整合,并将整个业务流程都纳入到了质量管理的考虑范围。2000 年,包括英国、法国在内的欧盟国家启动了欧洲顾客满意度测评模型。

2. 国内研究现状

国内顾客总体满意度研究开始得比较晚,从 1998 年开始,国内学术界开始讨论测评顾客满意度的定性和定量方法,在方法上为顾客满意度的调查和实施奠定基础。

王永清、严浩仁(2000)在顾客满意度测评体系上做了研究,提出了一个包括顾客满意度指标、顾客满意级数、调查问卷、市场调查和结果分析的定量测评体系,他们提出的二维分析模型,在实证中得到验证。刘宇(2001)在 Forwell 顾客满意度模型的基础上,主要针对顾客满意的评价方法进行了分析研究。论文在顾客满意理论基础上,利用模糊集合中的贴近度在顾客满意度方面引入了新的测评方法,提出应用于一般行业的行业顾客总体满意度测评体系,并对其综合应用提出了建议。随着2000版的ISO9000标准在中国的颁布和实施以及新的质量管理奖评审标准的公布实施,企业顾客满意度的测量成为企业经营管理中非常重要的一项内容。沙振权、丁文(2003)进一步探讨顾客满意度和顾客忠诚度之间的关系,认为顾客忠诚度是指建立在顾客对企业产品和服务以及企业本身满意的基础上,顾客对企业形成一种偏爱,而重复购买同一个产品或同一个企业的行为。刘向阳(2005)从顾客满意与顾客盈利能量力的角度分析质量投资和营销决策,利用"容忍区域"、"双因素理论"和"顾客盈利能力"研究客户满意度与企业盈利之间的关联,指出了顾客满意利润链中可能存在五种陷阱,通过研究表明两者之间存在不均匀性和非线性相关。王祥翠(2006)在客户让渡价值模型的基础上分析了港口物流业客户满意度和客户让渡价值之间的关系,并以此为基础构造了港口物流系统客户满意度评价指标模型。

(二)影响春秋航空顾客满意度的因素

通常情况下,航空公司的顾客总体满意度影响因素有:售票服务因素、空中服务因素、航班正点服务因素、机票价格因素、运输能力因素以及安全因素等。本文以上海春秋航空股份有限公司为例,通过发放问卷调查得出相关数据,并进行处理分析得出,影响春秋航空顾客总体满意度的最主要驱动因素是售票服务因素和机票价格因素,航班正点服务因素也有一定的驱动作用。

三、调查方案设计

(一)调查研究的思路和过程

在明确调查研究主题后,通过随机采访一些搭乘过春秋航空航班的顾客,发现影响春秋航空顾客总体满意度的因素有很多。通过查阅相关资料,最终确定了最常见的六个方面影响因素,即售票服务因素、空中服务因素、航班正点服务因素、机票价格因素、运输能力因素和安全因素,并同时考虑这些因素与顾客的满意度之间的关系,希望得出顾客总体满意度与这其中某些因素的回归方程。该案例的具体调查研究过程如图1所示。

(二)问卷设计

1. 问卷的结构

初步假设售票服务因素、空中服务因素、航班正点服务因素、机票价格因素、运输能力因素和安全因素六个影响因素。围绕这六个因素,在前期访谈与调研的基础上进行了调查问卷的初步设计,通过先后两次小范围的试发对问卷进行了相应

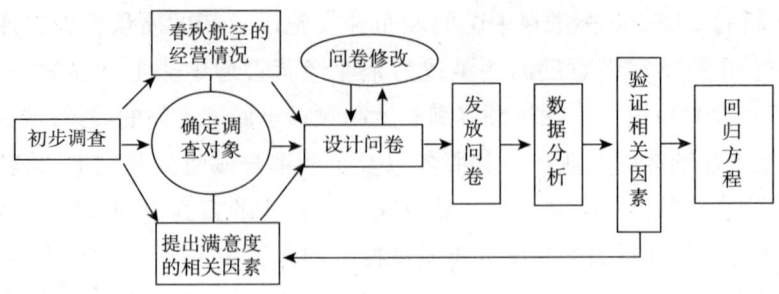

图1 调查研究过程

修改,最终确定了使用的问卷(附后)。调查问卷在结构上除去标题和结束语外,还包括以下三个部分:

(1)封面信。包括调查的内容、目的与意义;关于匿名的保证,消除被调查者的顾虑;对被调查者内容的保密情况;调查者的个人身份或组织名称;对被调查者的合作与支持表示感谢。

(2)指导语。向被调查者说明填写问卷的具体方法。

(3)主体部分。包含了调查主体内容;被访者个人信息。

2.调查形式和样本量的确定

调查问卷采用全封闭方式,问题选项采用李克特(Likert)五级量表,即"非常同意"、"同意"、"不确定"、"不同意"、"非常不同意"五个备选答案。根据调查研究的主要目标、调研对象总体以及本文用到的分析方法对样本容量的客观要求,该调研最终确定样本规模不少于150份。

通过论坛或微博以及在亲戚朋友中一共发放问卷300份,回收问卷231份,回收率为77%,其中有效问卷是190份,有效回收率是82.25%。

四、数据分析

(一)样本描述性信息统计分析

1.性别分布状况

就性别分布情况来看,男性顾客135人,占总有效顾客的71%;女性顾客55人,占总有效顾客的29%,见图2。通过前期小范围随机访问知道目前乘坐春秋航空的多为商务男士,同时也有少量的商务女士,其余是旅游或者探亲的旅客,调查样本也基本符合这一情况。

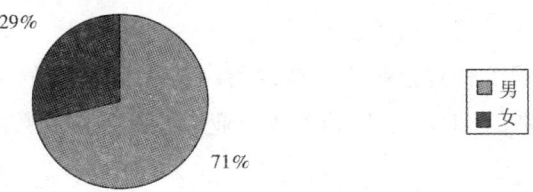

图2　性别分布情况

2. 年龄分布状况

30~45岁占样本大多数,有114人。这在某种程度上也说明了春秋航空的主要顾客年龄群集中在这个年龄段,具体见图3。

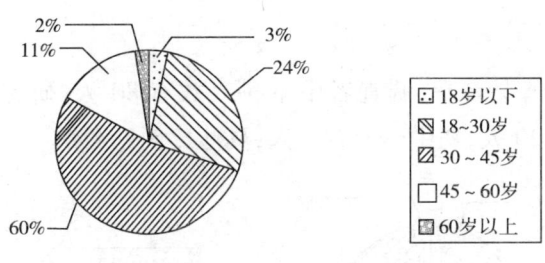

图3　年龄分布情况

3. 平均月收入情况

被调查者中月均收入为5000~10000元的人数是82人,占总数的43%,10000元以上的人数是38人,占总数的20%,2000~5000元的有68人,占36%,具体见图4。

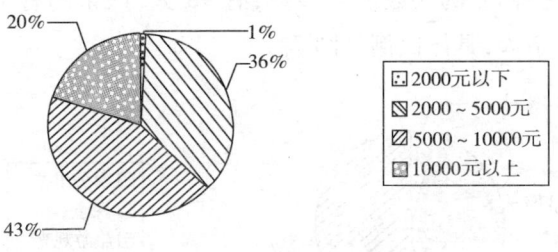

图4　月均收入情况

4. 职业状况

被调查者中供职于私营企业的居多,共有98人,占总数的52%;其中供职于国企的有76人,占总数的41%;学生和个体企业以及其他占总数的7%,具体见图5。

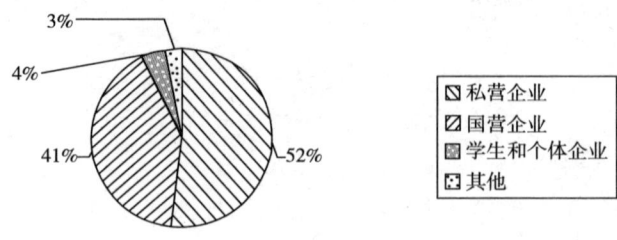

图5 被调查者供职状况

5. 受教育程度

就受教育分布情况来看,调查者中本科人数有80人,研究生及其以上有85人,高职、大专的有20人,初中以下有5人,具体比例见图6。

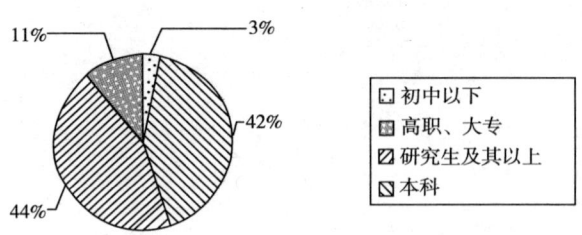

图6 被调查者受教育程度

6. 乘坐飞机原因

被调查者中因公出差的人数占大多数,有98人;探亲的有15人,旅游观光的有70人,其余的有7人,具体比例见图7。

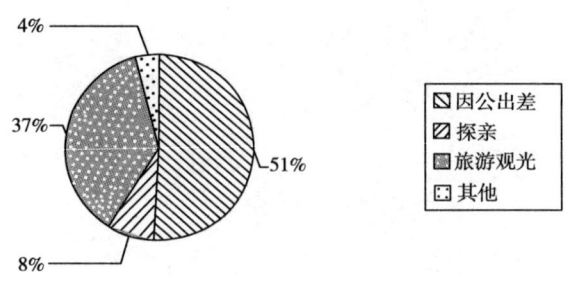

图7 被调查者出行原因调查

7. 被调查者乘坐春秋航空的次数调查

调查对象中,2~5次的人有100人,6次以上有80人,只有1次或者以下的只有10人。具体比例情况见图8。

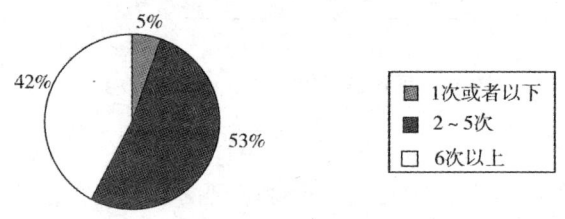

图8 被调查者乘坐春秋航空次数分布

8. 评价最高的三个题目分析

所有被调查的顾客在对问卷所有题目的回答中,第1题"春秋航空'99'系列的票价觉得比正常价格便宜得多"、第2题"您愿意看到春秋航空提高'99'系列票价数占总票价数的份额"和第8题"春秋航空再次推出'一元'机票是吸引旅客的很好方式"的平均得分最高,这三个题目主要是针对春秋航空机票价格所提出的问题,由此可见春秋航空股份有限公司在价格上具有竞争优势(见图9)。

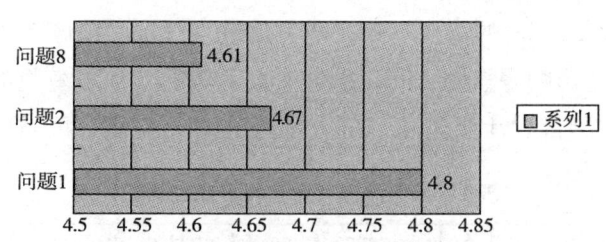

图9 评价最高的三个题目总得分均值

9. 评价最低的三个题目

所有被调查的顾客在对问卷所有题目的回答中,第15题"春秋航空在飞行中提供的娱乐设施及项目很好"、第16题"春秋航空飞机上环境好"和第17题"春秋航空机上餐饮质量好"的平均得分最低,这三个题目主要是针对春秋航空机上服务所提出的问题,由此可见春秋航空股份有限公司还需要在机上服务作出更多的努力(见图10)。

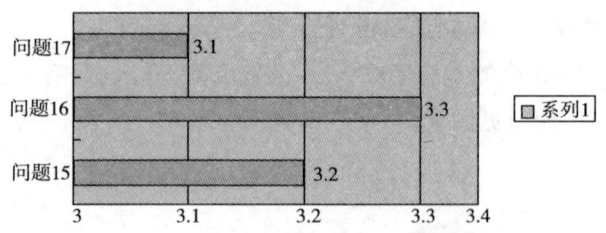

图10 评价最低的三个题目总得分均值

(二)信度分析

收集到有效问卷190份,须对问卷中收集到的数据进行信度分析,验证数据的可靠性,为后期对春秋航空顾客总体满意度测评工作做准备。如果所设立度量项目无法获得相应变量的同一特征则表示该量表可靠性差,即信度低。

信度可以从多个角度进行测定,常用的信度系数有重测信度(Test - Retest reliability)、复本信度(Alternate form Reliability)、分半信度(Split - half Reliability)以及内部一致性信度系数(Cronbach's α)。本文采用内部一致性信度系数分别计算出售票服务因素、空中服务因素、航班正点服务因素、机票价格因素、运输能力因素、安全因素六个变量的内部一致性系数(表中为Alpha),以及若将某一题目从量表中剔除,则相应Cronbach's α(Alpha if Item Deleted)会是多少,若删除该题目可以使Cronbach's α值得到显著提高,则应将该问题从问卷量表中删除,具体参见表1至表6。一般而言,Alpha的值在0.65~0.7是最小可接受信度范围。从表中可以看出问卷根据六个影响因素的Alpha系数均大于0.7,表明各变量的度量均比较可靠,并且可以看出题目设计合理,没有需要删除的题目来增大可靠性系数。

表1 售票服务度量项目可靠性系数

	Scale Mean if Item Deleted	Scale Variance if Item Deleted	Corrected Item - Total Correlation	Alpha if Item Deleted
VAR00007	8.6471	2.1712	0.7483	0.8123
VAR00012	8.8039	2.0206	0.8727	0.7448
VAR00022	8.7843	2.5471	0.7196	0.8054
VAR00023	8.5678	2.0989	0.6776	0.7980
VAR00024	8.6789	2.4567	0.7656	0.8089
VAR00025	8.0765	2.3409	0.7098	0.8290
Reliability Coefficients N of Items = 6 Alpha = 0.8316				

表2　空中服务度量项目可靠性系数

	Scale Mean if Item Deleted	Scale Variance if Item Deleted	Corrected Item – Total Correlation	Alpha if Item Deleted
VAR00006	39.8911	29.0780	0.7576	0.8939
VAR00014	39.8515	28.2477	0.7748	0.8914
VAR00015	40.1287	28.0533	0.6235	0.9000
VAR00016	40.0792	28.3337	0.6285	0.8994
VAR00017	40.1485	28.3677	0.6207	0.8999
VAR00027	39.8614	28.5606	0.7087	0.8949
Reliability Coefficients N of Items = 6 Alpha = 0.9069				

表3　航班正点服务度量项目可靠性系数

	Scale Mean if Item Deleted	Scale Variance if Item Deleted	Corrected Item – Total Correlation	Alpha if Item Deleted
VAR00018	13.3529	3.9336	0.7378	0.8045
VAR00019	13.4216	3.8700	0.6577	0.8282
VAR00020	13.5882	3.1753	0.7205	0.8068
VAR00021	13.5490	3.4382	0.6997	0.8113
Reliability Coefficients N of Items = 4 Alpha = 0.8529				

表4　机票价格度量项目可靠性系数

	Scale Mean if Item Deleted	Scale Variance if Item Deleted	Corrected Item – Total Correlation	Alpha if Item Deleted
VAR00001	17.1471	8.3841	0.4864	0.7591
VAR00002	17.1569	9.4801	0.4618	0.7601
VAR00005	17.1176	8.4217	0.5873	0.7235
VAR00008	17.0490	7.4926	0.6658	0.6923
VAR00010	16.9412	8.2143	0.6210	0.7119
VAR00011	17.0047	7.2546	0.6348	0.6995
Reliability Coefficients N of Items = 6 Alpha = 0.7766				

表5 运输能力度量项目可靠性系数

	Scale Mean if Item Deleted	Scale Variance if Item Deleted	Corrected Item – Total Correlation	Alpha if Item Deleted
VAR00013	8.0000	2.7600	0.6548	0.4619
VAR00027	7.9010	2.7501	0.5893	0.5122
VAR00028	8.8317	2.6014	0.5690	0.6715
VAR00029	8.3223	2.7656	0.5670	0.6453

Reliability Coefficients
N of Items = 4
Alpha = 0.6862

表6 安全问题度量项目可靠性系数

	Scale Mean if Item Deleted	Scale Variance if Item Deleted	Corrected Item – Total Correlation	Alpha if Item Deleted
VAR00003	15.0103	13.2395	0.6832	0.8701
VAR00004	14.8763	12.3387	0.8369	0.8281
VAR00009	14.5979	13.6596	0.7397	0.8530
VAR00030	14.5464	14.9379	0.7101	0.8618
VAR00031	14.3299	15.5984	0.6649	0.8721
VAR00032	15.0543	15.0078	0.8009	0.8079

Reliability Coefficients
N of Items = 6
Alpha = 0.8831

（三）各个层面满意度的T检验

问卷中是通过李克特五级量表对春秋航空售票服务因素、空中服务因素、航班正点服务因素、机票价格因素、运输能力因素和安全因素等层面因素进行的评价，因此通过单样本T检验来检验各个层面获得的评价均值是否显著高于常数3。SPSS分析结果见表7和表8：

表7　各层面变量的描述性统计

	N	Mean	Std. Deviation	Std. Error Mean
售票服务	190	4.4481	0.58519	0.05794
空中服务	190	3.6549	0.90457	0.08957
航班正点	190	4.3922	0.75984	0.07524
机票价格	190	4.4926	0.61786	0.06118
运输能力	190	4.3725	0.72863	0.07215
安全问题	190	4.2892	0.76974	0.07622
满意度	190	4.4898	0.67098	0.08769

表8　单样本T检验的结果

	Test Value = 3					
	T	Df	Sig. (2-tailed)	Mean Difference	95% Confidence Interval of the Difference	
					Lower	Upper
售票服务	16.915	189	0.000	1.2892	1.1380	1.4404
空中服务	7.312	189	0.000	0.6549	0.4772	0.8326
航班正点	24.399	189	0.000	1.4926	1.3713	1.6140
机票价格	24.993	189	0.000	1.4481	1.3332	1.5631
运输能力	19.025	189	0.000	1.3725	1.2294	1.5157
安全问题	18.504	189	0.000	1.3922	1.2429	1.5414
满意度	19.789	189	0.000	1.3335	1.2345	1.5623

从表8中,双边的P值[Sig. (2-tailed)]均小于最小显著值0.01,故与顾客总体满意度相关的这几个因素的满意度与校验值3有显著性差异。又从表7中知各个因素的均值都大于3,因此说明,顾客对春秋航空的售票服务因素、空中服务因素、航班正点服务因素、机票价格因素、运输能力因素、安全问题这六个方面总体是满意的。

(四) 多元线性回归模型以及分析

虽然从表7和表8中已经知道顾客对春秋航空在售票服务、空中服务、航班正点服务、机票价格、运输能力、安全问题表现是满意的,但是,这六个因素对该航空公司顾客总体满意度的影响并不是同样的程度。因此建立顾客总体满意度与这六个因素之间的回归方程,理解这六个方面如何影响顾客总体满意度。

由于春秋航空目前采用统一机型A320,其运输能力有限。顾客有可能表现出来的满意行为是由于航空公司的运输能力这一暂时无法改善的因素造成的,因此判断运输能力是否会对顾客总体满意度造成影响。首先将运输能力作为自变量,总体满意度作为因变量进行一元线性回归,结果见表9所示,由于回归模型中变量运输能力的系数没有通过显著性检验($P = 0.439 > 0.1$),即说明运输能力没有对顾客总体满意度造成影响。

表9 运输能力对顾客总体满意度的影响分析结果

Model	Unstandardized Coefficients		Standardized Coefficients	T	Sig.
	B	Std. Error	Beta		
Constant	4.043	0.431		9.377	0.000
运输能力	0.074	0.095	0.077	0.777	0.439

由于运输能力对顾客总体满意度不造成影响,因此可以直接将售票服务、空中服务、航班正点服务、机票价格以及安全问题等作为自变量,将顾客总体满意度作为因变量进行多元回归分析,来进一步分析影响春秋航空顾客总体满意度的驱动因素。多元回归结果如表10所示。

表10 顾客总体满意度主要驱动因素的分析结果

Model	Unstandardized Coefficients		Standardized Coefficients	T	Sig.
	B	Std. Error	Beta		
Constant	-0.140	0.375		-0.375	0.708
售票服务	0.225	0.083	0.228	2.690	0.008
航班正点	0.110	0.066	0.131	1.671	0.002

续表

Model	Unstandardized Coefficients		Standardized Coefficients	T	Sig.
	B	Std. Error	Beta		
机票价格	0.582	0.212	0.448	2.739	0.000
空中服务	0.049	0.045	0.060	1.079	0.033
安全问题	0.611	0.146	0.571	4.869	0.000

由表10可以知道安全问题和机票价格显著影响了春秋航空的顾客总体满意度，即安全问题和机票价格是该航空公司顾客总体满意度的主要驱动因素，而且安全问题是相对最重要的驱动因素(0.611＞0.582)，说明该航空公司如果想要继续保持高顾客满意度，安全问题是关键，其次保持较低的机票价格仍然是竞争优势。从表10中还可以看出空中服务这一因素对顾客总体满意度影响程度相对其他几个因素较小。

在显著性水平为0.1的情况下，由表10中数据可以整理出春秋航空顾客总体满意度的回归方程，即顾客满意度 = 0.571 × 安全问题 + 0.448 × 机票价格 + 0.228 × 售票服务 + 0.131 × 航班正点服务 + 0.060 × 空中服务。根据此回归方程，可以知道：

(1) 当航空公司其他四个因素的满意度不变，机票价格满意度每提高1时，顾客总体满意度提高0.448；

(2) 当航空公司其他四个因素的满意度不变，售票服务满意度每提高1时，顾客总体满意度提高0.228；

(3) 当航空公司其他四个因素的满意度不变，航班正点服务满意度每提高1时，顾客总体满意度提高0.131；

(4) 当航空公司其他四个因素的满意度不变，空中服务满意度每提高1时，顾客总体满意度提高0.060；

(5) 当航空公司其他四个因素的满意度不变，安全问题满意度每提高1时，顾客总体满意度提高0.571。

五、结论与不足

1. 此次调查研究得出的结论

(1) 春秋航空的主要顾客群：男性，30～45岁，月均收入在5000～10000元，研究生及其以上，供职于私营企业，因公出差，并且乘坐春秋航空已经有过2～5次的居多。

(2) 顾客对春秋航空的售票服务、航班正点服务、机票价格、运输能力、安全问题等表现出不同程度的满意度，其中最满意的是对航空公司的安全问题及机票价格；从数据中也可以得出机上服务在很小程度上影响了春秋航空的总体满意度。

(3) 分析表明春秋航空在迎合顾客需求方面，除了安全问题须时刻置在首要位置外，机票价格也是重要驱动因素之一。春秋航空采用独立的网上订票系统，并且在全国设立多家售票代理，不断推出"99"系列票价，这些都是春秋航空在众多民营航空公司中经营的竞争优势。

2. 此次调查研究中的局限性

本研究虽然得出一些结论，但仍存在一定的局限性。鉴于调查样本数量较小，这可能对本文的结论造成一定的影响。本文已经对影响春秋航空顾客满意度有关的六个方面因素作出分析，这六个因素虽然具有一定的典型性，但由于航空公司实际运营中影响顾客满意度的因素可能更复杂，本文无法对所有影响因素穷尽，因此可能造成对数据的分析有一定的局限性，最终对本次调查作出的结论有一定程度的影响。

在未来研究中，可以通过以下几个方面继续严谨对航空公司顾客满意度的影响研究：第一，大幅度增加调查样本数量，提高有效样本回收率，使数据更具有真实性和说服力；第二，扩大调查对象的范围，可以对多个不同区域的顾客做调查，从多角度分析顾客满意度的影响因素；第三，本研究主要采用回归方程评价顾客满意度，还可以采用更深的方法提高科学性。

调查问卷
上海春秋航空顾客服务满意度的调查问卷

尊敬的顾客：

您好！我们现正在做有关上海春秋航空顾客服务满意度的问卷调查，希望您予以支持！谢谢！问卷会耽误您几分钟时间，敬请谅解！

本问卷采取完全匿名方式进行，您在问卷上表示的意见或看法，仅用于学术研究的统计数据分析，不具有任何商业目的，我们将对您个人情况实行严格保密。对于您热心的协助，谨致上万分的谢意！

第一部分：本部分答案设计为：非常不同意，不太同意，不能确定，同意，非常同意。请根据您的真实感受，就春秋航空的服务给出客观的评价，根据问题的陈述在相应的答案后面画"√"。

1. 春秋航空"99"系列的票价觉得比正常价格便宜得多。（   ）
2. 您愿意看到春秋航空提高"99"系列票价数占总票价数的份额。（   ）
3. 我乘坐春秋航空飞机时，尤其是买到"99"系列机票时，心里很放心。（   ）
4. 春秋航空全部使用 A320 机型，飞行员对同一机型熟练的飞行技术对飞机的安全更有保障。（   ）
5. 春秋航空机票价格以后也许会有所上浮。（   ）
6. 春秋航空提供的票价和所提供的服务的相符程度。（   ）
7. 春秋航空提供多元化的订票渠道。（   ）
8. 春秋航空再次推出"一元"机票是吸引旅客的很好方式。（   ）
9. 即使买的是"一元"机票，我也不担心飞机的安全问题。（   ）
10. 春秋航空由于低价票减少个人可承载重量的上限。（   ）
11. 春秋航空计划推出站票。（   ）
12. 春秋航空网上订票操作程序简单。（   ）
13. 春秋航空全部使用经济舱，没有舱位等级。（   ）
14. 春秋航空乘务员小姐形象气质佳。（   ）
15. 春秋航空在飞行中提供的娱乐设施及项目很好。（   ）

16. 春秋航空飞机上环境好。（　　）

17. 春秋航空机上餐饮质量好。（　　）

18. 春秋航空有正确的航班信息。（　　）

19. 如有延误,春秋航空会提前通知。（　　）

20. 春秋航空能够及时提供准确的航班信息。（　　）

21. 您在乘坐春秋航班遇到航班延误时,春秋航空提供了很好的住宿以及餐饮条件。（　　）

22. 春秋航空退票程序简单。（　　）

23. 您更愿意选择使用电子客票和自助值机服务。（　　）

24. 人工售票处员工服务都很耐心地告诉您各段航线的票价。（　　）

25. 春秋航空的人工售票处等候秩序良好。（　　）

26. 春秋航空提供舒适的座位和装潢。（　　）

27. 春秋航空尽量避免旅客机上如厕。（　　）

28. 你每次乘坐春秋航空航班时,客座率都很好。（　　）

29. 春秋航空降低机上可携带物的重量上限。（　　）

30. 我非常想要看到春秋航空的飞行安全记录。（　　）

31. 春秋航空在天气恶劣的情况下飞行没有安全隐患。（　　）

32. 我相信既然民航局同意对民营航空准予开通航线,它的安全性与其他航空公司是一样的,不需要格外担心。（　　）

33. 我愿意向其他朋友介绍春秋航空。（　　）

34. 春秋航空提供的服务相对于其他航空公司更具特色。（　　）

35. 即使春秋航空以后略微提高票价,您还是会选择春秋航空。（　　）

36. 总之,我觉得春秋航空好。（　　）

37. 我觉得春秋航空工作人员的服务态度很好。（　　）

第二部分:您的个人信息:请在您认为的选项上画"√"。

1. 您的性别:

(1)男;(2)女。

2. 您的年龄:

(1)18岁以下;(2)18~30岁;(3)30~45岁;(4)45~60岁;(5)60岁以上。

3. 您的平均月收入:

(1)2000元以下;(2)2000~5000元;(3)5000~10000元;(4)10000元以上。

4. 您供职于:
(1)学生;(2)私营企业;(3)国营企业;(4)个体企业;(5)其他。

5. 您的学历:
(1)初中以下;(2)高职、大专;(3)本科;(4)研究生及其以上。

6. 您乘坐飞机的原因:
(1)因公出差;(2)旅游观光;(3)探亲;(4)其他。

7. 您乘坐过春秋航空飞机的次数:
(1)1次以下(含1次);(2)2~5次;(3)6次以上。

问卷到此结束,请您再从头到尾检查一次是否有漏答与错答的问题。最后,衷心地感谢您对我们调查的热情支持!

北京第二外国语学院
2012年2月

参考文献

[1] Graham Francis. Airlines within Airlines:An Analysis of US Network Airline Responses to Low Cost Carriers[J]. Air Transport Management,2005(11):30-32.

[2] H. Meersman,P. Roosens. Optimising Strategies in the Air Transport Business, Survivial of the Fittest[M]. Garant,2004.

[3] HUNTER C,SHAW J. The Ecological Footprint as a Key Indicator of Sustainable Tourism [J]. Tourism Management,2007:46-57.

[4] TEPELUS C M. Aiming for Sustainability in the Tour Operating Business [J]. Journal of Cleaner Production,2005(13):99-107.

[5] 陈丹红. 中国旅游电子商务发展现状及对策[J]. 经济研究导刊,2006(1).

[6] 陈建斌. 旅行社经营管理[M]. 广州:中山大学出版社,2007.

[7] 陈文兴. 民营航空的生存空间[J]. 商业文化(学术版),2009(1):80.

[8] 陈雪东. 春秋航空电子商务信息化研究[J]. 商业经济,2008(7):107-108.

[9] 德克·格莱泽. 旅游业危机管理[M]. 北京:中国旅游出版社,2004,4.

[10] 邓嘉本. 小公司如何有大作为[J]. 民航管理,2002(12):22-24.

[11] 丁春宇. 全球航空联盟[J]. 中国民用航空,2003(3):42-45.

[12] 丁力. 旅行社经营管理[M]. 北京:高等教育出版社,1998.

[13] 丁正山,黄彦婷. 旅行社经营管理[M]. 北京:化学工业出版社,2009.

[14] 董苏昊. 试论新时期我国旅行社发展出路[J]. 现代经济信息,2011(3):201.

[15] 范保宁. 国际旅游业发展的格局与趋势[J]. 湖南商学院学报,2006(5):45-48.

[16] 冯飞. 中国B2C旅游电子商务盈利模式比较研究——以携程旅行网和春秋旅游网为例[J]. 旅游学刊,2003(4):70-75.

[17] 公鹏. 撼动天空:全球低成本航空公司发展扫描[M]. 北京:中国民航出版社,2005.

[18]何晓怡.浅析旅行社的危机管理[J].贵州民族学院学报,2007(5).

[19]胡智斌,邹凤莲.关于旅行社经营管理的有效措施探讨[J].中国商贸,2011,5(10):68-69.

[20]黄浏英.旅游市场营销[M].北京:旅游教育出版社,2007.

[21]贾博.中国民航企业国际竞争力研究[D].天津:天津财经学院硕士论文,2005.

[22]蒋京涛.春秋航空的质量体系构建[J].中国民用航空,2009(5):67-68.

[23]蒋运通,韩荚.企业竞争战略优势的创建及评价[OL].http://www.54479.com.

[24]孔祥,雷珍细.差异化战略助跑春秋航空"蓝海之旅"[J].空运商务,2011(21):20-24.

[25]兰宜生.新编电子商务概论[M].北京:中国财政经济出版社,2001.

[26]李宏,杜江.旅行社经营与管理(第二版)[M].天津:南开大学出版社,2011.

[27]李凯,陈韬.物联网背景下旅行社发展及生存策略研究[J].经济研究导刊,2011,29(139):112-113.

[28]李晓光.国内航空公司的质量管理[J].中国民用航空,2002(2).

[29]李艳华.低成本航空公司在我国运作的可行性[J].中国民用航空,2003(2):30-32.

[30]刘桂山."9·11"事件导致世界航空业遭遇寒流[OL].http://finance.Sina.com.cn.

[31]刘晖.论我国民航的收益管理[J].技术经济,2003(4):28-30.

[32]刘岚,刘旸.中国民营航空业发展战略探讨[J].西安财经学院学报,2006,19(2):51-55.

[33]马妍.春秋航空的成本控制与运营模式重构[J].商业文化,2010(7):70-71.

[34]马勇,毕斗斗.旅游市场营销[M].汕头:汕头大学出版社,2003.

[35]潘宝明.旅行社管理概论[M].武汉:华中师范大学出版社,2006.

[36]潘海颖.我国民营航空经营战略研究报告[J].北方经济,2008(17):48-49.

[37]潘海颖.中外民营航空比较研究[J].新西部(下半月),2007(11):35-36.

[38]彭澎.中国旅游业的发展特征与趋势研究[J].理论学习,2010(1):18-20.

[39]邱连中,李桂进."非典"阴云笼罩下的航空公司——影响、对策与教训[J].中国民用航空,2003(5):35-43.

[40]邱连中,李桂进.从春秋到战国[J].民航管理,2002(1):28-34.

[41]邱连中,李桂进.低成本战略启示记录[J].中国民用航空,2001(4):16-21.

[42]邱连中,李桂进.静悄悄的革命[J].中国民用航空,2002(1):32-38.

[43]邱连中."强秦梦"——中国民航重组后的竞争战略和定位[J].中国民用航空,2002(8):37-40.

[44]屈文原.电子客票在航空运输业的应用[J].中国南方航空,2003(25):54-56.

[45]宋俊德.我国CTI、呼叫中心与CRM技术的发展和应用[J].电信科学,2001(10).

[46]孙艳.我国旅行社发展趋势研究[J].价格月刊,2009(3):60-61.

[47]孙扬.中美两大鳌头旅行社成功之处比较——美国运通公司与中国春秋国旅[J].商业经济,2008(1):105-107.

[48]覃卓燕.春秋航空:"一元机票"的公关法则[J].市场观察,2007(12):28-29.

[49]汪蕊.春秋航空高管减薪三分之一[OL].http://finance.qq.com/20081212/00.

[50]王璟.中国低成本航空浅析[M].北京:中国民航出版社,2002.

[51]王军.民航经济[M].北京:民航干部管理学院出版社,2001.

[52]王柳花.浅论旅行社的经营策略[J].知识经济,2011(14):140.

[53]王双武.试析航空公司收益管理与营销战略的关系[J].空运商务,2007(11):16-17.

[54]王勇.世界民航业的发展与中国民航的战略思考[J].改革与战略,2011(4):131-133.

[55]王玉芳.国内航空公司的电子商务之路[J].空运商务,2006,12(163):34-36.

[56]魏成元,王红.旅游市场营销[M].北京:中国旅游出版社,2007.

[57]魏小安.中国旅游业发展的十大趋势[J].湖南社会科学,2003(6):91-98.

[58]吴金林,李丹.旅游市场营销[M].北京:高等教育出版社,2010.

[59]吴倩.谈旅行社企业文化的建设[OL].http://www.studa.net.

[60]肖敏.中国民营航空公司营销战略研究[D].武汉:华中科技大学硕士学位论文,2010.

[61]徐工大,石丽娜.航空旅客运输管理[M].北京:航空工业出版社,2003.

[62]轩余恩.中国民航运输市场发展与创新[M].北京:中国民航出版社,2003.

[63]薛灵霞.浅谈我国旅游管理体制的发展与改革[J].职业技术,2011,9(133):128.

[64]杨冬妮,刘慧芬.新制度环境下中国旅行社发展对策研究[J].现代商业,2009(33):163-164.

[65]杨青.航空公司重组之后会怎样[J].中国民用航空,2002(2):18-19.

[66]易伟新.陈光甫人本管理思想与实践的伦理意蕴[J].求索,2011(5):136-138.

[67]殷平,原思敏,宋慧,安紫霞.国外旅游业可持续发展研究述评[J].技术经济,2009(6):120-126.

[68]余扬.旅游电子商务[M].北京:旅游教育出版社,2010.

[69]俞郁.春秋航空的差异化竞争力[J].中国商贸,2007(9):94-95.

[70]郁翔,郁斌.浅谈春秋航空的低成本策略[J].网络财富,2010(7):51-52.

[71]袁林.中国低成本航空观察报告[J].现代商业,2008(2):41-42.

[72]岳鹏飞.我国低成本航空公司发展战略[J].中外企业家,2010(14):32-33.

[73]张广瑞,刘德谦.2009年中国旅游发展分析与预测[M].北京:社会科学文献出版社,2009.

[74]张红,席岳婷.旅游业管理[M].北京:科学出版社,2006.

[75]张军.大型旅行社开展旅游电子商务的成功案例分析——以上海春秋国旅为例[J].技术经济与管理研究,2005(6):60-61.

[76]张凌云.旅行社服务质量管理理论与实践[M].北京:社会科学文献出版社,2009.

[77]张满林,周广鹏.旅游企业人力资源管理[M].北京:中国旅游出版社,2007.

[78] 张小平. 试论我国航空公司组织管理模式的基本框架[J]. 航空运输, 2006(4):45-47.

[79] 张言国. 金鹰航空创建低成本航空公司问题研究[D]. 兰州:兰州大学硕士论文,2010.

[80] 张翼. 中国航空业实施收益管理势在必行[J]. 中小企业管理与科技(上半月),2008(2):61.

[81] 赵爱玲. 春秋航空:将低成本航空进行到底[J]. 中国对外贸易,2006(3):56-58.

[82] 赵伟. 亚洲航空公司:亚洲第一家低成本航空公司[J]. 中国民用航空,2003(2):33.

[83] 郑晶. 旅行社质量保证金赔偿问题研究[J]. 旅游学刊,2010,1(25):82-84.

[84] 郑亚杰,胡成琴. 携程和春秋旅游电子商务模式比较[J]. 安庆师范学院学报(社会科学版),2011(4):48-51.

[85] 中国民用航空总局规划科技司. 从统计看民航[M]. 北京:中国民航出版社,2002.

[86] 钟伟,王玉玲. 关于春秋国旅涉足低成本航空的SWOT分析及对策[J]. 商场现代化,2006(9):241-242.

[87] 周季刚,刘黎明. 春秋航空低价之谜——中国民航改革的试验田[J]. 商界名家,2005(11).

[88] 周三多. 管理学原理与方法(第四版)[M]. 上海:复旦大学出版社,2008.

[89] 周云成,曹一方. 春秋航空:王正华的平民经济[OL]. http://www.sina.com.cn.

[90] 朱国秋. 美国西南航空:比长途车[OL]. http://economy.Enorth.com.on/system.Shtml.

[91] 朱文蔚. 在激烈竞争中轻舞飞扬——解读深圳航空公司低成本运营策略[J]. 深圳特区报,2002(11):25.

[92] 邹建军. 向服务要利润——春秋航空客户服务管理精要[M]. 北京:中国民航出版社,2007.